中国水利统计年鉴2011

中华人民共和国水利部 编

中国水利水电出版社
www.waterpub.com.cn

图书在版编目（CIP）数据

中国水利统计年鉴. 2011 / 中华人民共和国水利部编. -- 北京 : 中国水利水电出版社, 2011.10
ISBN 978-7-5084-9059-5

Ⅰ. ①中… Ⅱ. ①中… Ⅲ. ①水利建设－统计资料－中国－2011－年鉴 Ⅳ. ①F426.9-54

中国版本图书馆CIP数据核字(2011)第205023号

责任编辑　王　丽　李金玲

书　　名	**中国水利统计年鉴 2011**
作　　者	中华人民共和国水利部　编
出版发行	中国水利水电出版社 (北京市海淀区玉渊潭南路 1 号 D 座　100038) 网址：www. waterpub. com. cn E - mail：sales@ waterpub. com. cn 电话：(010) 68367658 (发行部)
经　　售	北京科水图书销售中心 (零售) 电话：(010) 88383994、63202643、68545874 全国各地新华书店和相关出版物销售网点
排　　版	中国水利水电出版社微机排版中心
印　　刷	北京新华印刷有限公司
规　　格	210mm×297mm　16 开本　16.75 印张　605 千字
版　　次	2011 年 10 月第 1 版　2011 年 10 月第 1 次印刷
印　　数	0001—1500 册
定　　价	**139.00** 元

凡购买我社图书，如有缺页、倒页、脱页的，本社发行部负责调换

《中国水利统计年鉴2011》

编委会和编写人员名单

编　委　会

主　　任：矫　勇

副 主 任：周学文

委　　员：（以姓氏笔画为序）

邢援越　乔世珊　刘冬顺　关业祥　杨晓东　杨得瑞　李仰斌　李　鹰

束庆鹏　肖向红　张学俭　赵　卫　段　虹　顾洪波　顾斌杰　高　军

郭孟卓　董安建　程晓冰　蔡建元

编　写　人　员

主　　编：周学文

副 主 编：吴　强　黄　河

执行编辑：杜国志　王　瑜　乔根平

编辑人员：（以姓氏笔画为序）

王国新　王　瑜　卢　琼　叶莉莉　田庆奇　田　琦　付永杰　巩劲标

曲　鹏　乔根平　乔殿新　刘金梅　许丽芬　阮本清　杜国志　杜崇玲

杨志军　李　玉　李春明　张　岚　张象明　张淑娜　陆　煜　赵海宏

徐　岩　郭慧滨　韩　涛　潘云生

英文翻译：谷丽雅　侯小虎　盛晓莉　王　玎

《China Water Statistical Yearbook 2011》

Editorial Board and Editorial Staff

编者说明

一、《中国水利统计年鉴 2011》系统收录了全国和各省、自治区、直辖市 2010 年水资源、水环境、水利建设投资、水利工程设施、水电等各方面的统计数据，以及新中国成立以来的全国主要水利统计数据，是一部全面反映中华人民共和国水利发展情况的资料性年刊。

二、本年鉴正文内容分为 9 个篇章，即：江河湖泊及水资源、江河治理、农业灌溉、供用水、水土保持、水利建设投资、农村水电、水文站网、从业人员情况。为方便读者使用，各篇章前均设有简要说明，概述本篇章的主要内容、数据来源、统计范围、统计方法以及历史变动情况。篇末附有主要统计指标解释。

三、本年鉴的全国性统计数据，如未作特殊说明均不包括香港特别行政区、澳门特别行政区和台湾省数据。

四、本年鉴在编辑上采用了以下方法。

（1）部分统计资料从 1949 年至 2010 年均被记录，但一些年份指标数据由于历史记录不详没有收录。

（2）分省统计资料均按当年各省的行政区域范围收集，行政区域范围变化后没有调整统计资料。例如：四川省的资料，在重庆市划出前，包括在内。

（3）部分统计资料按流域或水资源一级分区分组。

（4）历史数据基本保持原貌，未作改动。

（5）部分指标未单列新疆生产建设兵团数据，其数据含在“新疆”的数据中。

五、所使用的计量单位，大部分采用国际统一法定标准计量单位，小部分沿用水利统计惯用单位。

六、部分数据合计数量由于数字位数取舍而产生的计算误差，均未作机械调整。

七、凡带有续表的资料，有关注释均列在第一张表的下方。

八、符号使用说明：各表中的“空格”表示该项统计指标数据不足本表最小单位数、数据不详或无该项数据；“#”表示其中主要项；“*”或数字标示（如①等）表示本表下有注解。

EDITOR'S NOTES

A. *China Water Statistical Yearbook 2011*, as an annual reference book that introduces water resources development of the People's Republic of China, has systematically collected a wide range of statistical data of water resources, water environment, water investments in fixed assets, water projects and infrastructures, hydropower development etc. of the whole country and of each province, autonomous region and municipality directly under the administration of Central Government in 2010. In addition, the Yearbook provides main statistical data of water sector since the founding of the People's Republic of China in 1949.

B. The contents of the Yearbook include nine chapters:

1. Rivers, lakes and water resources
2. Control of rivers
3. Agricultural irrigation
4. Water supply and water use
5. Soil and water conservation
6. Investments in water development
7. Rural hydropower development
8. Hydrological network
9. Employees

To help readers clearly understand the statistical data, a brief introduction is placed before each chapter, to make a briefing on main contents, data sources, statistical scope and method, and historical changes. Moreover, explanation of main statistical indices is given at the end of each chapter.

C. In the Yearbook, if not have special explainatian, the national statistics excludes those of Hong Kong Special Administrative Region, Macao Special Administrative Region and Taiwan Province.

D. Following methods are adopted when statistical data are produced and the Yearbook is edited:

1. Some statistical data from 1949 to 2010 are recorded, however some yearly data are excluded because the historical record is incomplete.

2. Statistical data of each year are collected on the basis of scope of administrative region of each province, and no adjustment is made after the changes of division of administrative region. For example, the data of Chongqing are covered by Sichuan Province before Chongqing changed to the Municipality.

3. Some statistical data are grouped based on river basins or grade-Ⅰ water resources regions.

4. Historical data are kept unchanged.

5. Statistical data of Xinjiang cover that of the Xinjiang Production and Construction Corps.

E. Metric System is commonly applied for most of the data in the Yearbook as the unit of measurements, but in a few circumstances, units that widely used locally are adopted.

F. No automatic adjustment is made for calculation error of some total figures herein as a result of the dropping of a certain digit.

G. Where statistical data has continued table, the relevant annotations is listed at the bottom of the first table continued.

H. Notes on symbol-use: the space in tables of the Yearbook means that index data are less than the required minimum, or not quite clear or not available; # represents the main item; * or ① means that there are annotations at the bottom of the table.

目　录

CONTENTS

2 江河治理
Control of Rivers

3 农业灌溉
Agricultural Irrigation

4 供用水
Water Supply and Water Use

7 农村水电
Rural Hydropower Development

8 水文站网
Hydrological Network

9 从业人员情况
Employees

1　江河湖泊及水资源

Rivers，Lakes and Water Resources

简要说明

江河湖泊及水资源统计资料包括主要江河、湖泊、自然资源与水资源的状况、降水量、水资源量、水旱灾害及水质等。

1. 自然状况包括国土、气候等资料，国土和气候资料来源于《中国统计年鉴 2011》。

2. 降水量资料，按照水资源一级分区和地区整理。

3. 水资源量资料汇总了 1997 年以来的数据，按水资源一级分区和地区整理。

4. 主要河流、内陆水域、湖泊资料，按照主要河流水系整理。

5. 河流水质、湖泊水质资料按水资源一级分区整理。

6. 主要江河年径流量为 50 年平均值。

Brief Introduction

Statistical data of rivers, lakes and water resources includes main rivers and lakes, conditions of natural resources and water resources, precipitation, volume of water resources, flood or drought disasters, water quality, etc.

1. Condition of natural resources covers the summary of land and meteorological data, which comes from *China Statistical Yearbook 2011*.

2. Data of precipitation is sorted according to grade-Ⅰ water resources regions and regions.

3. Data of volume of water resources is collected from 1997 until present, and classified according to regions and grade-Ⅰ water resources regions.

4. Data of main rivers, inland water bodies and lakes is classified according to main watersheds.

5. Data of water quality in rivers and water quality in lakes is classified according to grade-Ⅰ water resources regions.

6. Data of mean annual runoff of main rivers are accumulated data of past 50 years.

1-1 中国主要河流水系表

Water System of Major Rivers in China

河名	River	河长（千米）Length (km)	注入 Running into
长江	Yangtze River	6300	东海 East China Sea
黄河	Yellow River	5464	渤海 Bo Hai
松花江	Songhua River	2308	黑龙江 Heilong River
珠江	Pearl River	2214	南海 South China Sea
辽河	Liaohe River	1390	渤海湾 Gulf of Bo Hai
海河	Haihe River	1090	渤海湾 Gulf of Bo Hai
淮河	Huaihe River	1000	长江 Yangtze River
滦河	Luanhe River	877	渤海湾 Gulf of Bo Hai
闽江	Minjiang River	541	东海 East China Sea
钱塘江	Qiantang River	428	东海 East China Sea
南渡江	Nandu River	311	琼州海峡 Qiongzhou Strait
浊水溪	Zhuoshuixi River	186	台湾海峡 Taiwan Strait

1-2 七大江河基本情况
Basic Conditions of Seven Major Rivers

河名 River	流域面积（平方千米）Drainage Area (km^2)	年径流量（亿立方米）Annual Runoff (10^8m^3)	多年平均① Average①						
			径流量（亿立方米）Mean Annual Runoff (10^8m^3)	人口（亿人）Population (10^8 persons)	耕地（千公顷）Cultivated Land (10^3hm^2)	人均占有年径流量（立方米每人）Annual Runoff per Capita (m^3/person)	耕地亩均占有年径流量（立方米）Annual Runoff per mu of Farmland (m^3)	粮食总产量（万吨）Total Yield of Grain Production (10^4t)	播种面积平均亩产（千克）Average Yield per mu of Cultivated Land(kg)
长　江 Yangtze River	1808500	9513	9280	3.79	23467	2449	2636	14334.42	279
黄　河 Yellow River	752443	661	628	0.92	12133	683	345	2757.98	160
松花江 Songhua River	557180	762	733	0.51	10467	1437	467	2920.97	224
辽　河 Liaohe River	228960	148	126	0.34	4400	371	191	1770.64	308
珠　江 Pearl River	453690	3338	3360	0.82	4667	1098	4800	2195.58	236
海　河 Haihe River	263631	228	288	1.10	11333	262	169	3731.24	221
淮　河 Huaihe River	269283	622	611	1.42	12333	430	330	6122.13	247

注　①是指50年平均值。

Note　① means the average of 50 years.

1-3 主要江河年径流量

Annual Runoff of Major Rivers

水系 Water System	河名 River	集水面积（平方千米） Catchment Area (km^2)	河长（千米） Length of River (km)	多年平均[①] Average[①]		
				年径流量（亿立方米） Annual Runoff (10^8m^3)	年径流深（毫米） Depth of Annual Runoff (mm)	年均流量（立方米每秒） Mean Annual Runoff (m^3/s)
黑龙江 Heilong River	松花江 Songhua River	557180	2308	733	134	2320
	嫩江 Nenjiang River	282748	1369	225	80	713
	第二松花江 Second Songhua River	78723	799	165	210	517
	牡丹江 Mudan River	37023	726	84	228	267
辽河 Liaohe River	辽河 Liaohe River	228960	1390	126	55	400
	浑河 Hunhe River	11481	415	29	248	90
	太子河 Taizi River	13883	413	36	264	114
辽宁沿海 Coastal Rivers of Liaoning Province	大凌河 Daling River	23549	397	21	89	66
海滦河 Hai-Luan Rivers	滦河 Luanhe River	44750	877	48	109	152
	海河 Haihe River	263631	1090	228	87	723
	潮白河 Chaobai River	19559	467	19	109	61
	永定河 Yongding River	50830	681	20	45	65
	大清河 Daqing River	39244	483	44	113	140
	子牙河 Ziya River	46300	751	44	95	139
	漳卫南运河 Zhangweinan Canal	37200	959	42	128	133
黄河 Yellow River	黄河 Yellow River	752443	5464	628	84	1990
	洮河 Taohe River	25527	673	53	2080	168
	湟水 Huangshui River	32863	374	50	153	159
	无定河 Wuding River	30261	491	15	48	46
	汾河 Fenhe River	39471	694	27	67	84

注 ① 根据河口控制站1956～1979年资料推算。

Note ① The data is calculated based on the data of 1956-1979 of control stations in river mouthes.

1-3 续表 continued

水 系 Water System	河 名 River	集水面积（平方千米） Catchment Area (km^2)	河长（千米） Length of River (km)	多年平均[①] Average[①] 年径流量（亿立方米） Annual Runoff (10^8m^3)	年径流深（毫米） Depth of Annual Runoff (mm)	年均流量（立方米每秒） Mean Annual Runoff (m^3/s)
黄河 Yellow River	渭河 Weihe River	134766	818	104	77	330
	伊洛河 Yiluo River	18881	447	35	184	110
	沁河 Qinhe River	13532	485	18	136	58
淮河 Huaihe River	淮河 Huaihe River	269283	1000	611	231	1940
	淮河水系 Huaihe River Water System	188497	1000	443	235	1400
	颍河 Yinghe River	39890	557	59	149	188
	史河 Shihe River	6850	211	35	511	111
	淠河 Pihe River	6450	248	39	601	123
	沂河 Yihe River	10315	220	34	331	108
	沭河 Shuhe River	6161	206	19	300	59
长江 Yangtze River	长江 Yangtze River	1808500	6300	9280	513	29460
	金沙江 Jinsha River	473242	2920	1520	321	4820
	雅砻江 Yalong River	128444	1190	586	456	1860
	岷江 Minjiang River	135868	711	921	678	2918
	嘉陵江 Jialing River	157928	1120	696	441	2210
	乌江 Wujiang River	87241	1020	530	608	1680
	湘江 Xiangjiang River	94660	856	759	802	2405
	资水 Zishui River	81422	653	239	849	759
	沅江 Yuanjiang River	89164	1033	667	748	2114
	澧水 Lishui River	18496	388	165	892	523
	汉江 Hanjiang River	159000	1565	557	350	1761
	赣江 Ganjiang River	80948	744	664	820	2105
	抚河 Fuhe River	15811	276	147	930	465

1-3　续表　continued

水　系 Water System	河　名 River	集水面积（平方千米） Catchment Area (km^2)	河长（千米） Length of River (km)	多年平均[①] Average[①] 年径流量（亿立方米） Annual Runoff (10^8m^3)	年径流深（毫米） Depth of Annual Runoff (mm)	年均流量（立方米每秒） Mean Annual Runoff (m^3/s)
珠江 Pearl River	柳江 Liujiang River	58270	775	527	904	1670
	北江 Beijiang River	46710	468	510	1092	1620
	东江 Dongjiang River	27010	520	257	950	815
韩江 Hanjiang River	韩江 Hanjiang River	30100	470	261	867	828
海南岛诸河 Rivers in Hainan Island	南渡河 Nandu River	7176	311	70	977	222
浙闽诸河 Rivers in Zhejiang and Fujian	钱塘江 Qiantang River	12156	428	364	874	1160
	瓯江 Oujiang River	17859	388	189	1058	599
	闽江 Minjiang River	60992	541	586	961	1870
河西内陆河 Inland Rivers of Hexi	昌马河 Changma River	13405	320	10	74	32
	黑河 Heihe River	10009	303	16	155	49
新疆内陆河 Inland Rivers of Xinjiang	乌伦古河 Wulungu River	32040	821	11	33	34
青海内陆河 Inland Rivers of Qinghai	格尔木河 Golmud River	18648	227	8	40	24

1-4 河 流 流 域 面 积

Drainage Area of Rivers

流 域 名 称	River	流域面积（平方千米）Drainage Area (km^2)	占外流河、内陆河流域面积合计（%）Percentage to Total (%)
合计	**Total**	**9559370**	**100.00**
外流河	**Out-Flowing Rivers**	**6114728**	**63.97**
黑龙江及绥芬河	Heilong River and Suifen River	875342	9.16
辽河、鸭绿江及沿海诸河	Liaohe River, Yalu River and Coastal Rivers	345207	3.61
海滦河	Hai-Luan Rivers	318161	3.33
黄河	Yellow River	752443	7.87
淮河及山东沿海诸河	Huaihe River and Coastal Rivers in Shandong	329211	3.44
长江	Yangtze River	1808500	18.92
浙闽台诸河	Rivers in Zhejiang, Fujian and Taiwan	239803	2.51
珠江及沿海诸河	Pearl River and Coastal Rivers	580640	6.07
元江及澜沧江	Yuanjiang River and Lancang River	240652	2.52
怒江及滇西诸河	Nujiang River and Rivers in West Yunnan	157156	1.64
雅鲁藏布江及藏南诸河	Yarlung Zangbo River and Rivers in South Tibet	396258	4.15
藏西诸河	Rivers in West Tibet	57340	0.60
额尔齐斯河	Irtysh River	50000	0.52
内陆河	**Inland Rivers**	**3408659**	**35.66**
内蒙内陆河	Inland Rivers in Inner Mongolia	300067	3.14
河西内陆河	Inland Rivers in Hexi	488301	5.11
准噶尔内陆河	Inland Rivers in Junggar Basin	316530	3.31
中亚细亚内陆河	Inland Rivers in Central Asia	93130	0.97
塔里木内陆河	Inland Rivers in Tarim Basin	1074810	11.24
青海内陆河	Inland Rivers in Qinghai	316285	3.31
羌唐内陆河	Inland Rivers in Qiangtang	721182	7.54
松花江、黄河、藏南闭流区	Closed-Drainage Area of Songhua River, Yellow River and Rivers in Southern Tibet	90353	0.95

注　本表数据来源于《中国统计年鉴2011》。

Note　Figures in the table come from *China Statistical Yearbook 2011*.

1-5 内陆水域面积

Inland Water Area

单位：千公顷 unit: 10^3hm^2

水域	Water Area	总水面面积 Total Water Area	#可养殖水面面积 Cultivatable Water Area	已养殖水面面积 Cultivated Water Area	尚可利用水面面积 Utilizable Water Area
合计	**Total**	**17471**	**6749**	**4669**	**2080**
河沟	Brook	5278	766	347	419
水库	Reservoir	2302	1884	1516	368
湖泊	Lake	7524	2151	824	1327
池塘	Pool	1922	1922	1858	64
其他	Others	445	26	124	

注 本表数据来源于《中国统计年鉴 2011》。

Note Figures in the table come from *China Statistical Yearbook 2011*.

1-6 全国主要湖泊

Main Lakes in China

湖　名 Lake	主要所在地 Main Location	湖泊面积 （平方千米） Area (km^2)	湖水贮量 （亿立方米） Storage (10^8m^3)
青海湖 Qinghai Lake	青海 Qinghai	4200	742
鄱阳湖 Poyang Lake	江西 Jiangxi	3960	259
洞庭湖 Dongting Lake	湖南 Hunan	2740	178
太湖 Taihu Lake	江苏 Jiangsu	2338	44
呼伦湖 Hulun Lake	内蒙古 Inner Mongolia	2000	111
纳木错 Namtso Lake	西藏 Tibet	1961	768
洪泽湖 Hongze Lake	江苏 Jiangsu	1851	24
色林错 Selincuo Lake	西藏 Tibet	1628	492
南四湖 Nansi Lake	山东 Shandong	1225	19
扎日南木错 Zharinanmucuo Lake	西藏 Tibet	996	60
博斯腾湖 Bostan Lake	新疆 Xinjiang	960	77
当惹雍错 Dangreyongcuo Lake	西藏 Tibet	835	209
巢湖 Chaohu Lake	安徽 Anhui	753	18
布伦托海 Buluntuohai Lake	新疆 Xinjiang	730	59
高邮湖 Gaoyou Lake	江苏 Jiangsu	650	9
羊卓雍错 Yamdrok Lake	西藏 Tibet	638	146
鄂陵湖 Eling Lake	青海 Qinghai	610	108
哈拉湖 Hala Lake	青海 Qinghai	538	161
阿雅格库木湖 Ayakkum Lake	新疆 Xinjiang	570	55
扎陵湖 Gyaring Lake	青海 Qinghai	526	47
艾比湖 Aibi Lake	新疆 Xinjiang	522	9
昂拉仁错 Anglarencuo Lake	西藏 Tibet	513	102
塔若错 Taruocuo Lake	西藏 Tibet	487	97
格仁错 Gerencuo Lake	西藏 Tibet	476	71
赛里木湖 Sayram Lake	新疆 Xinjiang	454	210
松花湖 Songhua Lake	吉林 Jilin	425	108
班公错 Palgon Lake	西藏 Tibet	412	74
玛旁雍错 Manasarovar Lake	西藏 Tibet	412	202
洪湖 Honghu Lake	湖北 Hubei	402	8
阿次克湖 Acike Lake	新疆 Xinjiang	345	34
滇池 Dianchi Lake	云南 Yunnan	298	12
拉昂错 Raksas Tal Lake	西藏 Tibet	268	40
梁子湖 Liangzi Lake	湖北 Hubei	256	7
洱海 Erhai Lake	云南 Yunnan	253	26
龙感湖 Longgan Lake	安徽 Anhui	243	4
骆马湖 Luoma Lake	江苏 Jiangsu	235	3
达里诺尔 Dalinuoer Lake	内蒙古 Inner Mongolia	210	22
抚仙湖 Fuxian Lake	云南 Yunnan	211	19
泊湖 Pohu	安徽 Anhui	209	3
石臼湖 Shijiu Lake	江苏 Jiangsu	208	4
月亮泡 Yueliangpao Lake	吉林 Jilin	206	5
岱海 Daihai Lake	内蒙古 Inner Mongolia	140	13
波特港湖 Botegang Lake	新疆 Xinjiang	160	13
镜泊湖 Jingpo Lake	黑龙江 Heilongjiang	95	16

1-6 续表 continued

湖　名 Lake	所 在 流 域 River Basin 内陆湖区 Inland Lake Area	 外流湖区 Out-Flowing Lake Area	水　型 Type of Lake
青海湖 Qinghai Lake	柴达木区 Qaidam		咸水湖 Saltwater Lake
鄱阳湖 Poyang Lake		长江流域 Yangtze River Basin	淡水湖 Freshwater Lake
洞庭湖 Dongting Lake		长江流域 Yangtze River Basin	淡水湖 Freshwater Lake
太湖 Taihu Lake		长江流域 Yangtze River Basin	淡水湖 Freshwater Lake
呼伦湖 Hulun Lake	内蒙古区 Inner Mongolia		咸水湖 Saltwater Lake
纳木错 Namtso Lake	藏北区 North Tibet		咸水湖 Saltwater Lake
洪泽湖 Hongze Lake		淮河流域 Huaihe River Basin	淡水湖 Freshwater Lake
色林错 Selincuo Lake	藏北区 North Tibet		咸水湖 Saltwater Lake
南四湖 Nansi Lake		淮河流域 Huaihe River Basin	淡水湖 Freshwater Lake
扎日南木错 Zharinanmucuo Lake	藏北区 North Tibet		咸水湖 Saltwater Lake
博斯腾湖 Bostan Lake	甘新区 Gansu-Xinjiang Region		咸水湖 Saltwater Lake
当惹雍错 Dangreyongcuo Lake	藏北区 North Tibet		咸水湖 Saltwater Lake
巢湖 Chaohu Lake		长江流域 Yangtze River Basin	淡水湖 Freshwater Lake
布伦托海 Buluntuohai Lake	甘新区 Gansu-Xinjiang Region		咸水湖 Saltwater Lake
高邮湖 Gaoyou Lake		淮河流域 Huaihe River Basin	淡水湖 Freshwater Lake
羊卓雍错 Yamdrok Lake	藏北区 North Tibet		咸水湖 Saltwater Lake
鄂陵湖 Eling Lake		黄河流域 Yellow River Basin	淡水湖 Freshwater Lake
哈拉湖 Hala Lake	柴达木区 Qaidam		咸水湖 Saltwater Lake
阿雅格库木湖 Ayakkum Lake	藏北区 North Tibet		咸水湖 Saltwater Lake
扎陵湖 Gyaring Lake		黄河流域 Yellow River Basin	淡水湖 Freshwater Lake
艾比湖 Aibi Lake	甘新区 Gansu-Xinjiang Region		咸水湖 Saltwater Lake
昂拉仁错 Anglarencuo Lake	藏北区 North Tibet		咸水湖 Saltwater Lake
塔若错 Taruocuo Lake	藏北区 North Tibet		咸水湖 Saltwater Lake
格仁错 Gerencuo Lake	藏北区 North Tibet		淡水湖 Freshwater Lake
赛里木湖 Sayram Lake	甘新区 Gansu-Xinjiang Region		咸水湖 Saltwater Lake
松花湖 Songhua Lake		黑龙江流域 Heilong River Basin	淡水湖 Freshwater Lake
班公错 Palgon Lake	藏北区 North Tibet		东淡西咸 Freshwater in the East and Saltwater in the West
玛旁雍错 Manasarovar Lake	藏南区 South Tibet		淡水湖 Freshwater Lake
洪湖 Honghu Lake		长江流域 Yangtze River Basin	淡水湖 Freshwater Lake
阿次克湖 Acike Lake	藏北区 North Tibet		咸水湖 Saltwater Lake
滇池 Dianchi Lake		长江流域 Yangtze River Basin	淡水湖 Freshwater Lake
拉昂错 Raksas Tal Lake	藏南区 South Tibet		淡水湖 Freshwater Lake
梁子湖 Liangzi Lake		长江流域 Yangtze River Basin	淡水湖 Freshwater Lake
洱海 Erhai Lake		西南诸河 Southwest Region	淡水湖 Freshwater Lake
龙感湖 Longgan Lake		长江流域 Yangtze River Basin	淡水湖 Freshwater Lake
骆马湖 Luoma Lake		淮河流域 Huaihe River Basin	淡水湖 Freshwater Lake
达里诺尔 Dalinuoer Lake	内蒙古区 Inner Mongolia		咸水湖 Saltwater Lake
抚仙湖 Fuxian Lake		珠江流域 Pearl River Basin	淡水湖 Freshwater Lake
泊湖 Pohu		长江流域 Yangtze River Basin	淡水湖 Freshwater Lake
石臼湖 Shijiu Lake		长江流域 Yangtze River Basin	淡水湖 Freshwater Lake
月亮泡 Yueliangpao Lake		黑龙江流域 Heilong River Basin	淡水湖 Freshwater Lake
岱海 Daihai Lake	内蒙古区 Inner Mongolia		咸水湖 Saltwater Lake
波特港湖 Botegang Lake	甘新区 Gansu-Xinjiang Region		淡水湖 Freshwater Lake
镜泊湖 Jingpo Lake		黑龙江流域 Heilong River Basin	淡水湖 Freshwater Lake

1-7 湖 泊 面 积

Area of Lakes

湖 区	Area of Lakes	湖水面积（平方千米） Area of Lakes (km^2)	湖水贮量（亿立方米） Reserve of Lakes (10^8m^3)	#淡水贮量 Reserve of Fresh Water	占湖泊淡水总贮量（%） As Percentage of Total Lake Reserve of Fresh Water (%)
合 计	**Total**	**75610**	**7510**	**2150**	**100.0**
青藏高原	Tibet Plateau	36560	5460	880	40.9
东部平原	Eastern Plain	23430	820	820	38.1
蒙新高原	Mongolia and Xinjiang Plateau	8670	760	20	0.9
东北平原	Northeast Plain	4340	200	160	7.4
云南高原	Yunnan Plateau	1100	240	240	11.2
其 他	Others	1510	30	30	1.4

注 本表数据来源于《中国统计年鉴2011》。

Note Figures in the table come from *China Statistical Yearbook 2011*.

1-8 各地区湖泊面积和贮水量①

Area and Storage of Lakes by Regions①

地区	Region	湖泊数量（个）Number of Lake (unit)	外流湖区 Out-Flowing Lake	内陆湖区 Inland Lake	湖泊面积（平方千米）Lake Area (km^2)	外流湖区 Out-Flowing Lake	内陆湖区 Inland Lake	湖水贮量（亿立方米）Reserve of Lakes (10^8m^3)	外流湖区 Out-Flowing Lake	#淡水贮量 Reserve of Fresh Water	内陆湖区 Inland Lake	#淡水贮量 Reserve of Fresh Water
合 计	**Total**	**2305**	**1097**	**1208**	**71787**	**30650**	**41137**	**7043**	**2145**	**1806**	**4943**	**455.5**
河 北	Hebei	16	6	10	187	92	95	5	2	2	3	
内蒙古	Inner Mongolia	258		258	4244		4244	174			174	0.5
辽 宁	Liaoning	3	3		70	70		2	2	2		
吉 林	Jilin	43	43		679	679		133	133	133		
黑龙江	Heilongjiang	57	57		1617	1617		55	55	54		
上 海②	Shanghai	7	7		75	75		2	2	2		
江 苏	Jiangsu	106	106		6385	6385		97	97	97		
浙 江	Zhejiang	36	36		88	88		3	3	3		
安 徽	Anhui	92	92		2976	2976		65	65	65		
江 西	Jiangxi	71	71		4411	4411		270	270	270		
山 东	Shandong	2	2		1326	1326		22	22	22		
湖 北	Hubei	182	182		2417	2417		44	44	44		
湖 南	Hunan	185	185		3871	3871		206	206	206		
云 南③	Yunnan	30	30		1108	1108		288	288	288		
西 藏	Tibet	778	103	675	25111	2876	22235	3427	630	326	2842	300
青 海	Qinghai	241	132	109	11778	2401	9377	1710	300	269	1410	140
新 疆	Xinjiang	137	2	135	5072	54	5018	520	8	8	512	15
其 他④	Others	61	40	21	372	204	168	20	18	15	2	

注 ① 面积大于或等于 $1km^2$，不包括时令湖。
② 淀山湖跨上海市、江苏省，面积统计在上海市内。
③ 草海系贵州省湖泊，已统计在云南省内。
④ 指四川、甘肃、宁夏、山西、陕西、广东、广西、河南、台湾。

Note ① Area larger or equal to 1 km^2, excluding seasonal lakes.
② Dianshan Lake covers both Shanghai Municipality and Jiangsu Province; its data is included in the data of Shanghai.
③ Caohai is a lake placed in Guizhou Province, but its data is included in Yunnan Province.
④ It refers to Sichuan, Gansu, Ningxia, Shanxi, Shaanxi, Guangdong, Guangxi, Henan and Taiwan.

1-9 海区海域及渔场面积

Sea Area and Areas of Fishing Ground

名 称	Sea	海域总面积（千公顷）Sea Area (10^3hm^2)	大陆架渔场面积（千公顷）Area of Fishing Ground of Continental Shelf (10^3hm^2)	深度（米）Depth (m)	
				平均 Average	最大 Maximum
合 计	**Total**	**472700**	**280000**		
渤 海	Bo Hai	7700	7700	18	70
黄 海	Yellow Sea	38000	35300	44	140
东 海	East China Sea	77000	54900	370	2719
南 海	South China Sea	350000	182100	1212	5559

注　本表数据来源于《中国统计年鉴 2011》。

Note　Figures in the table come from *China Statistical Yearbook 2011*.

1-10 民族自治地方自然资源

Natural Resources in Ethnic Minority Autonomous Regions

项　目	Item	2010	占全国百分数（%） Percentage in National Total (%)
总面积(万平方千米)	**Total Area (10^4km^2)**	**611.73**	**63.72**
牧区、半农半牧区草原面积 (万公顷)	Area of Grasslands in Pastoral and Semi-pastoral Areas (10^4hm^2)	30000.00	75.00
森林面积(万公顷)	Area of Forest (10^4hm^2)	5648.00	42.20
森林蓄积量(亿立方米)	Stock Volume of Forests (10^8m^3)	52.49	51.80
水力资源蕴藏量(亿千瓦)	Hydropower Resources (10^8kW)	4.46	66.00

注　1. 本表数据来源于《中国统计年鉴2011》。
　　2. 除总面积外，其他资源为以前清查数，有待进一步勘测。

Note　1. Figures in the table come from *China Statistical Yearbook 2011*.
　　2. The figures of resources, except total area, were obtained from surveys in previous years, and are subject to further verification.

1-11 2010年自然状况及水资源

Natural Conditions and Water Resources in 2010

项　目	Item	2010
国土	**Territory**	
国土面积（万平方千米）	Area of Territory (10^4km^2)	960
海域面积（万平方千米）	Area of Sea (10^4km^2)	473
海洋平均深度（米）	Average Depth of Sea (m)	961
海洋最大深度（米）	Maximum Depth of Sea (m)	5377
岸线总长度（千米）	Length of Coastline (km)	32000
大陆岸线长度	Mainland Shore	18000
岛屿岸线长度	Island Shore	14000
气候	**Climate**	
热量分布(积温≥0℃)	Distribution of Heat (Accumulated Temperature≥0℃)	
黑龙江北部及青藏高原	Northern Heilongjiang and Tibet Plateau	2000～2500
东北平原	Northeast Plain	3000～4000
华北平原	North China Plain	4000～5000
长江流域及以南地区	Yangtze River Drainage Area and the Area to the South of it	5800～6000
南岭以南地区	Area to the South of Nanling Mountain	7000～8000
降水量(毫米)	**Precipitation (mm)**	
台湾中部山区	Mid-Taiwan Mountainous Region	≥4000
华南沿海	Coastal Region in South China	1600～2000
长江流域	Yangtze River Basin	1000～1500
华北、东北	North and Northeast China	400～800
西北内陆	Northwest Inland Area	100～200
塔里木盆地、吐鲁番盆地和柴达木盆地	Tarim Basin, Turpan Basin and Qaidam Basin	≤25
气候带面积比例(国土面积=100)	**Percentage of Climatic Zones to Total Arca of Territory**	
湿润地区(干燥度<1.0)	Humid Zone(aridity<1.0)	32
半湿润地区(干燥度=1.0～1.5)	Semi-Humid Zone (aridity 1.0-1.5)	15
半干旱地区(干燥度=1.5～2.0)	Semi-Arid Zone (aridity 1.5-2.0)	22
干旱地区(干燥度>2.0)	Arid Zone (aridity>2.0)	31
水资源总量(亿立方米)	**Total Water Availability (10^8m^3)**	**30906.4**
地表水资源量	Surface Water	29797.6
地下水资源量	Groundwater	8417.0
地表水与地下水资源重复量	Duplicated Measurement between Surface Water and Groundwater	7308.2
降水总量(亿立方米)	**Total Precipitation(10^8m^3)**	**65849.6**

注 1. 气候资料为多年平均值。
2. 岛屿面积未包括香港、澳门特别行政区和台湾省。
3. 本表部分数据来源于《中国统计年鉴2011》。

Note 1. Climate data is the average of many years.
2. Island area does not include that of Hong Kong Special Administrative Region, Macao Special Administrative Region and Taiwan Province.
3. Part of figures in the table come from *China Statistical Yearbook 2011*.

1-12　2010年各地区降水量与2009年和常年值比较
Comparison of Precipitation of 2010 with 2009 and Normal Year by Regions

地区	Region	降水量（毫米）Precipitation (mm)	与2009年比较 增减（%）Increase or Decrease Comparing to 2009(%)	与常年值比较 增减（%）Increase or Decrease Comparing to Normal Year(%)
合　计	**Total**	**695.4**	**17.7**	**8.2**
北　京	Beijing	523.3	16.6	−12.6
天　津	Tianjin	470.4	−22.2	−18.2
河　北	Hebei	525.9	13.7	−1.1
山　西	Shanxi	481.2	−3.5	−5.4
内蒙古	Inner Mongolia	260.6	12.5	−7.6
辽　宁	Liaoning	984.2	78.9	45.1
吉　林	Jilin	798.8	44.1	31.1
黑龙江	Heilongjiang	560.5	−10.3	5.1
上　海	Shanghai	1171.7	−11.4	7.5
江　苏	Jiangsu	989.5	−4.1	−0.5
浙　江	Zhejiang	2021.9	26.8	26.2
安　徽	Anhui	1308.9	9.6	11.6
福　建	Fujian	2084.3	45.2	24.2
江　西	Jiangxi	2086.2	49.9	27.3
山　东	Shandong	696.3	1.0	2.5
河　南	Henan	841.7	11.7	9.1
湖　北	Hubei	1279.3	20.0	8.4
湖　南	Hunan	1639.4	30.8	13.1
广　东	Guangdong	1927.1	22.1	8.8
广　西	Guangxi	1580.3	22.2	2.8
海　南	Hainan	2251.8	−1.0	28.7
重　庆	Chongqing	1058.3	2.8	−10.6
四　川	Sichuan	943.4	4.7	−3.6
贵　州	Guizhou	1105.9	16.4	−6.2
云　南	Yunnan	1185.1	23.0	−7.3
西　藏	Tibet	601.3	12.5	5.2
陕　西	Shaanxi	729.5	3.9	11.2
甘　肃	Gansu	287.6	9.9	−4.5
青　海	Qinghai	343.6	−8.0	18.3
宁　夏	Ningxia	293.0	24.6	1.5
新　疆	Xinjiang	226.9	57.4	46.6

1-13 2010年各水资源一级区降水量与2009年和常年值比较

Comparison of Precipitation of 2010 with 2009 and Normal Year in Grade-Ⅰ Water Resources Regions

水资源一级区	Grade-I Water Resources Region	降水量（毫米）Precipitation (mm)	与2009年比较增减（%）Increase or Decrease Comparing to 2009 (%)	与常年值比较增减（%）Increase or Decrease Comparing to Normal Year (%)
合　计	**Total**	**695.4**	**17.7**	**8.2**
松花江区	Songhua River	529.1	-1.7	4.9
辽河区	Liaohe River	719.5	72.0	32.0
海河区	Haihe River	533.6	8.9	-0.4
黄河区	Yellow River	449.2	2.0	0.7
淮河区	Huaihe River	835.5	4.2	-0.4
长江区	Yangtze River	1160.4	16.2	6.8
其中：太湖区	Among Which: Taihu Lake	1222.2	-9.7	3.1
东南诸河区	Rivers in Southeast	2096.2	37.6	26.3
珠江区	Pearl River	1622.8	19.9	4.8
西南诸河区	Rivers in Southwest	1097.3	15.1	0.8
西北诸河区	Rivers in Northwest	205.7	36.7	27.5

1-14 2010年主要城市降水量

Monthly Precipitation of Major Cities in 2010

单位：毫米　　　　unit: mm

城市	City	1月 Jan.	2月 Feb.	3月 Mar.	4月 Apr.	5月 May	6月 June	7月 July	8月 Aug.	9月 Sept.	10月 Oct.	11月 Nov.	12月 Dec.	全年 Total of the Year
北　京	Beijing	10.4	2.6	22.2	17.5	29.5	88.7	34.0	177.8	80.8	59.0			522.5
天　津	Tianjin	5.0	4.4	8.1	7.9	21.0	49.8	124.7	56.4	44.5	32.1		1.5	355.4
石家庄	Shijiazhuang	1.2	12.0	16.1	15.7	19.3	15.7	75.8	155.3	109.6	10.4		1.8	432.9
太　原	Taiyuan		9.8	6.6	27.7	26.5	4.2	52.8	124.8	104.5	19.7			376.6
呼和浩特	Hohhot	2.8	2.0	23.8	21.9	75.2	17.1	37.3	97.4	125.6	64.8		1.6	469.5
沈　阳	Shenyang	11.6	26.2	30.6	72.7	134.8	35.5	149.1	356.9	56.0	52.4	87.1	23.7	1036.6
长　春	Changchun	7.1	9.6	23.4	42.2	162.0	30.5	276.3	205.9	7.9	41.0	51.7	20.7	878.3
哈尔滨	Harbin	4.6	17.6	26.8	44.4	115.6	68.3	184.7	57.8	16.5	13.9	22.2	18.9	591.3
上　海	Shanghai	40.6	80.2	172.8	96.3	60.9	100.4	124.0	202.0	120.5	81.0	5.0	45.2	1128.9
南　京	Nanjing	18.8	115.6	117.8	197.9	56.1	62.1	343.2	142.1	181.1	32.1	7.6	24.0	1298.4
杭　州	Hangzhou	37.1	151.2	300.4	127.9	65.1	163.3	256.5	164.6	212.9	158.0	25.5	65.6	1728.1
合　肥	Hefei	19.7	84.2	120.7	160.7	91.7	106.5	340.5	150.5	185.7	27.7	8.0	20.9	1316.8
福　州	Fuzhou	63.4	138.8	166.1	326.2	173.9	315.0	122.8	53.2	132.2	61.7	10.8	40.4	1604.5
南　昌	Nanchang	86.9	109.4	276.7	302.5	501.0	404.4	144.1	63.1	104.5	55.5	19.6	143.5	2211.2
济　南	Ji'nan	6.7	21.2	15.7	11.0	37.4	84.1	155.4	421.8	64.6	1.5		1.5	820.9
郑　州	Zhengzhou	0.2	13.2	15.4	54.6	21.6	18.7	152.6	178.6	141.1	2.8	1.5		600.3
武　汉	Wuhan	28.5	49.5	150.6	140.3	138.7	152.7	389.7	83.6	91.0	83.5	14.6	15.2	1337.9
长　沙	Changsha	31.0	63.8	141.2	174.6	323.1	276.4	75.3	141.9	173.6	61.3	36.5	127.7	1626.4
广　州	Guangzhou	69.5	71.7	19.0	256.7	584.5	322.7	164.9	250.5	558.6	28.9	2.1	24.5	2353.6
南　宁	Nanning	150.7	3.8	9.1	126.8	168.4	282.1	326.1	103.8	161.5	2.5	10.1	32.0	1376.9
海　口	Haikou	52.0	22.1	7.5	60.9	136.9	113.1	219.3	424.5	109.3	1212.9	64.9	21.7	2445.1
重　庆（沙坪坝）	Chongqing(Shapingba)	20.8	13.4	47.4	141.6	121.9	197.1	185.0	105.6	57.2	62.5	56.7	35.5	1044.7
成都（温江）	Chengdu(Wenjiang)	0.3	3.1	21.5	29.1	66.1	106.3	238.2	291.9	150.0	16.6	6.2	7.5	936.8
贵　阳	Guiyang	7.1	6.3	23.3	57.2	95.0	189.9	140.3	144.1	156.7	104.2	38.8	47.1	1010.0
昆　明	Kunming	3.4		22.1	27.9	43.6	84.3	159.5	215.4	98.8	150.1	34.9	29.1	869.1
拉　萨	Lhasa		0.1	2.9	5.0	8.8	35.2	86.3	142.7	70.1	8.7			359.8
西　安	Xi' an		11.0	18.8	47.1	41.9	25.6	106.4	150.1	72.0	43.4	10.3	0.7	527.3
兰　州（皋兰）	Lanzhou(Gaolan)	0.8	0.5	0.2	16.0	47.0	44.8	10.3	18.6	31.8	20.6		1.4	192.0
西　宁	Xining	1.2	1.2	4.2	17.6	99.0	50.8	58.2	65.4	72.6	33.2	0.4	1.2	405.0
银　川	Yinchuan		10.1	0.6	5.3	31.1	67.8	34.6	4.0	39.4	13.4			206.3
乌鲁木齐	Urumqi	15.6	9.5	46.8	30.0	26.2	31.2	13.2	12.5	5.1	32.5	28.3	31.5	282.4

注　本表数据来源于《中国统计年鉴2011》。

Note　Figures in the table come from *China Statistical Yearbook 2011*.

1-15 各流域片年平均降水量、径流量

Mean Annual Precipitation and Runoff of River Basin

各流域片	River Basin	计算面积（平方千米） Calculated Area (km^2)	多年平均* Average* 年降水量（毫米） Annual Precipitation (mm)	年径流深（毫米） Annual Runoff (mm)	年降水总量（亿立方米） Annual Precipitation (10^8m^3)	年径流量（亿立方米） Annual Runoff (10^8m^3)
合计	**Total**	**9545322**	**648**	**284**	**61889**	**27115**
一、黑龙江流域片	Ⅰ. Heilong River Basin	903418	496	129	4476	1166
1. 嫩江	1. Nenjiang River	267817	450	94	1205	251
2. 第二松花江	2. Second Songhua River	78723	666	210	524	165
3. 松花江干流	3. Mainstream of Songhua River	210640	573	164	1206	346
松花江流域	Songhua River Basin	557180	527	137	2935	762
二、辽河流域片	Ⅱ. Liaohe River Basin	345027	551	141	1901	487
4. 辽河流域	4. Liaohe River Basin	228960	473	65	1082	148
5. 辽宁沿海诸河	5. Coastal Rivers of Liaoning Province	60740	639	207	388	126
三、海滦河流域片	Ⅲ. Hai-Luan Rivers Basin	318161	560	91	1781	288
6. 滦河(含冀东沿海诸河)	6. Luanhe River (Including Coastal Rivers in the East of Hebei Province)	54530	565	110	308	60
7. 海河北系	7. North System of Haihe River	83119	507	80	421	67
8. 海河南系	8. South System of Haihe River	148669	580	98	862	145
9. 徒骇马颊河	9. Tuhaimajia River	31843	597	52	190	17
海河流域	Haihe River Basin	263631	559	87	1473	228
四、黄河流域片	Ⅳ. Yellow River Basin	794712	464	83	3691	661
10. 湟水	10. Huangshui River	32863	502	153	165	50
11. 洮河	11. Taohe River	25527	603	208	154	53
12. 兰州以上干流区间	12. Mainstream above Lanzhou	164161	473	149	777	244
13. 兰州—河口镇	13. Lanzhou-Hekou Town	163415	271	9	443	14
黄河上游	Upper Reaches of Yellow River	385966	399	94	1539	362
14. 河口镇—龙门	14. Hekou Town-Longmen	111595	460	54	513	60
15. 汾河	15. Fenhe River	39471	530	67	209	27
16. 泾河	16. Jinghe River	45421	539	46	245	21
17. 洛河	17. Luohe River	26905	550	37	148	10
18. 渭河	18. Weihe River	62440	629	117	393	73
19. 龙门—三门峡干流区间	19. Mainstream of Longmen-Sanmenxia	16623	573	73	95	12

注 “*”是指1956～1979年数据平均。

Note “*” refers to average data in 1956-1979.

1-15 续表 continued

各流域片	River Basin	计算面积（平方千米） Calculated Area (km^2)	多年平均* Average* 年降水量（毫米） Annual Precipitation (mm)	年径流深（毫米） Annual Runoff (mm)	年降水总量（亿立方米） Annual Precipitation (10^8m^3)	年径流量（亿立方米） Annual Runoff (10^8m^3)
20. 伊洛河	20. Yiluo River	18881	694	184	131	35
21. 沁河	21. Qinhe River	13532	642	136	87	18
22. 三门峡—花园口干流区间	22. Mainstream of Sanmenxia-Huayuankou	9202	648	133	60	12
黄河中游	Middle Reaches of Yellow River	344070	547	78	1881	267
23. 黄河下游	23. Lower Reaches of Yellow River	22407	674	130	151	29
黄河流域	Yellow River Basin	752443	475	88	3571	658
24. 鄂尔多斯内流区	24. Internal Flow Area of Erdos River	42269	284	8	120	3
五、淮河流域片	V. Huaihe River Basin	329211	860	225	2830	741
25. 淮河上中游	25. Upper and Middle Reaches of Huaihe River	160837	889	234	1430	376
26. 淮河下游	26. Lower Reaches of Huaihe River	30337	1015	258	308	78
27. 沂沭泗河	27. Yi-Shu-Si Rivers	78109	836	215	653	168
淮河流域	Huaihe River Basin	269283	889	231	2390	622
28. 山东沿海诸河	28. Coastal Rivers of Shandong Province	59928	733	199	439	119
六、长江流域片	VI. Yangtze River Basin	1808500	1071	526	19360	9513
29. 金沙江	29. Jinsha River	490650	706	313	3466	1535
30. 岷沱江	30. Min-Tuo Rivers	164766	1083	627	1785	1033
31. 嘉陵江	31. Jialing River	158776	965	443	1532	704
32. 乌江	32. Wujiang River	86976	1164	620	1012	539
33. 长江上游干流区间	33. Mainstream of Upper Reaches of Yangtze River	100504	1169	653	1175	656
长江上游	Upper Reaches of Yangtze River	1001672	896	446	8570	4467
34. 洞庭湖水系	34. Water System of Dongting Lake	262344	1414	767	3709	2012
35. 汉江	35. Hanjiang River	155204	900	361	1396	560
36. 鄱阳湖水系	36. Water System of Poyang Lake	162274	1598	853	2593	1384
37. 长江中游干流区间	37. Mainstream of Middle Reaches of Yangtze River	57069	1243	550	1207	534
长江中游	Middle Reaches of Yangtze River	676891	1316	663	8905	4490
38. 太湖水系	38. Water System of Taihu Lake	37464	1105	366	414	137
39. 长江下游干流区间	39. Mainstream of Lower Reaches of Yangtze River	92473	1158	453	1071	419
长江下游	Lower Reaches of Yangtze River	129937	1143	428	1485	556
七、珠江流域片	VII. Pearl River Basin	580641	1544	807	8967	4685
40. 南北盘江	40. South and North Panjiang River	82480	1122	467	925	385
41. 红水河与柳黔江	41. Hongshui River and Liuqian River	115525	1480	782	1710	903
42. 北江	42. Beijiang River	44725	1757	1096	786	490

1-15 续表 continued

各流域片	River Basin	计算面积（平方千米） Calculated Area (km^2)	多年平均* Average*			
			年降水量（毫米） Annual Precipitation (mm)	年径流深（毫米） Annual Runoff (mm)	年降水总量（亿立方米） Annual Precipitation (10^8m^3)	年径流量（亿立方米） Annual Runoff (10^8m^3)
43. 东江	43. Dongjiang River	28191	1788	993	504	280
44. 珠江三角洲	44. Pearl River Delta	31443	1791	996	563	313
珠江流域	Pearl River Basin	444304	1469	751	6528	3338
45. 韩江	45. Hanjiang River	32457	1630	881	529	286
46. 粤东沿海诸河	46. Coastal Rivers of East Guangdong	13653	2058	1260	281	172
47. 桂南粤西沿海诸河	47. Coastal Rivers of South Gaungxi and West Guangdong	56093	1836	1032	1030	579
48. 海南岛和南海诸岛	48. Hainan Island and South China Sea Islands	34134	1755	908	599	310
八、浙闽诸河片	Ⅷ. Rivers in Zhejiang and Fujian	239803	1758	1066	4216	2557
49. 钱塘江(含浦阳江)	49. Qiantang River (Including Puyang River)	42156	1587	875	669	369
50. 浙东诸河	50. Rivers in East Zhejiang	18592	1442	715	268	133
51. 浙南诸河	51. Rivers in South Zhejiang	32775	1718	1062	563	348
52. 闽江	52. Minjiang River	60992	1710	961	1043	586
53. 闽东沿海诸河	53. Coastal Rivers of East Fujian	15394	1747	1156	269	178
54. 闽南诸河	54. Rivers in South Fujian	33913	1563	902	530	306
九、西南诸河片	Ⅸ. Rivers in Southwest	851406	1098	688	9346	5853
55. 藏南诸河	55. Rivers in South Tibet	155778	1689	1253	2631	1952
56. 藏西诸河	56. Rivers in West Tibet	57340	129	35	74	20
十、内陆诸河片	Ⅹ. Inland Rivers	3321713	154	32	5113	1064
57. 内蒙古内陆河	57. Inland Rivers in Inner Mongolia	308067	254	4	783	12
58. 河西内陆河	58. Inland Rivers in Hexi	488708	123	14	599	69
59. 准噶尔内陆河	59. Inland Rivers of Junggar	316530	168	40	532	125
60. 中亚细亚内陆河	60. Inland Rivers in Central Asia	93130	468	207	436	193
61. 青海内陆河	61. Inland Rivers in Qinghai	319286	138	23	441	72
62. 羌塘内陆河	62. Inland Rivers in Qiangtang	721182	170	34	1226	246

1-16 历年水资源量

Water Resources by Years

年份 Year	水资源总量（亿立方米） Total Available Water Resources (10^8m^3)	地表水资源量（亿立方米） Surface Water Resources (10^8m^3)	地下水资源量（亿立方米） Groundwater Resources (10^8m^3)	地表水与地下水资源重复量（亿立方米） Duplicated Measurement between Surface Water and Groundwater (10^8m^3)	降水总量（亿立方米） Total Precipitation (10^8m^3)	人均水资源量（立方米每人） Per Capita Water Resources (m^3/person)
1997	27855	26835	6942	5923	58169	2253
1998	34017	32726	9400	8109	67631	2723
1999	28196	27204	8387	7395	59702	2219
2000	27701	26562	8502	7363	60092	2194
2001	26868	25933	8390	7456	58122	2112
2002	28261	27243	8697	7679	62610	2207
2003	27460	26251	8299	7090	60416	2131
2004	24130	23126	7436	6433	56876	1856
2005	28053	26982	8091	7020	61010	2152
2006	25330	24358	7643	6671	57840	1932
2007	25255	24242	7617	6604	57763	1916
2008	27434	26377	8122	7065	62000	2071
2009	24180	23125	7267	6212	55966	1812
2010	30906	29798	8417	7308	65850	2310

1-17 多年平均水资源量（按地区分）

Mean Annual Water Resources (by Regions)

地区	Region	平均年水资源总量（亿立方米）Mean Annual Total Available Water Resources (10^8m^3)	平均年地表水资源量（亿立方米）Mean Annual Surface Water Resources (10^8m^3)	平均年地下水资源量（亿立方米）Mean Annual Groundwater Resources (10^8m^3)	平均年地表水与地下水资源重复量（亿立方米）Duplicated Measurement between Surface Water and Groundwater (10^8m^3)	平均年产水模数（万立方米每平方千米）Mean Annual Water Generation Model ($10^4m^3/km^2$)
合 计	**Total**	**27460.3**	**26478.2**	**8149.0**	**7166.9**	**29.5**
北 京	Beijing	40.8	25.3	26.2	10.7	24.3
天 津	Tianjin	14.6	10.8	5.8	2.0	12.9
河 北	Hebei	236.9	167.0	145.8	75.9	12.6
山 西	Shanxi	143.5	115.0	94.6	66.1	9.2
内蒙古	Inner Mongolia	506.7	371.0	248.3	112.6	4.4
辽 宁	Liaoning	363.2	325.0	105.5	67.3	25.0
吉 林	Jilin	390.0	345.0	110.1	65.1	20.7
黑龙江	Heilongjiang	775.8	647.0	269.3	140.5	16.6
上 海	Shanghai	26.9	18.6	12.0	3.7	43.5
江 苏	Jiangsu	325.4	249.0	115.3	38.9	31.9
浙 江	Zhejiang	897.1	885.0	213.3	201.2	88.1
安 徽	Anhui	676.8	617.0	166.6	106.8	48.5
福 建	Fujian	1168.7	1168.0	306.4	305.7	96.3
江 西	Jiangxi	1422.4	1416.0	322.6	316.2	85.1
山 东	Shandong	335.0	264.0	154.2	83.2	21.9
河 南	Henan	407.7	311.0	198.9	102.2	24.4
湖 北	Hubei	981.2	946.0	291.3	256.1	52.8
湖 南	Hunan	1626.6	1620.0	374.8	368.2	76.8
广 东	Guangdong	2134.1	2111.0	545.9	522.8	100.7
广 西	Guangxi	1880.0	1880.0	397.7	397.7	79.1
四 川	Sichuan	3133.8	3131.0	801.6	798.8	55.2
贵 州	Guizhou	1035.0	1035.0	258.9	258.9	58.8
云 南	Yunnan	2221.0	2221.0	738.0	738.0	57.9
西 藏	Tibet	4482.0	4482.0	1094.3	1094.3	37.3
陕 西	Shaanxi	441.9	420.0	165.1	143.2	21.5
甘 肃	Gansu	274.3	273.0	132.7	131.4	6.9
青 海	Qinghai	626.2	623.0	258.1	254.9	8.7
宁 夏	Ningxia	9.9	8.5	16.2	14.8	1.9
新 疆	Xinjiang	882.8	793.0	579.5	489.7	5.4

注 本表数据来源于《中国水资源评价》。

Note Figures in the table come from *China Water Resources Evaluation Report.*

1-18 2010年水资源量（按地区分）

Water Resources in 2010 (by Regions)

地区	Region	水资源总量（亿立方米）Total Available Water Resources (10^8m^3)	地表水资源量（亿立方米）Surface Water Resources (10^8m^3)	地下水资源量（亿立方米）Groundwater Resources (10^8m^3)	地表水与地下水资源重复量（亿立方米）Duplicated Measurement between Surface Water and Groundwater (10^8m^3)	降水总量（亿立方米）Total Precipitation (10^8m^3)	人均水资源量（立方米每人）Per Capita Water Resources (m^3/person)
合 计	**Total**	**30906.4**	**29797.6**	**8417.0**	**7308.2**	**65849.6**	**2310.4**
北 京	Beijing	23.1	7.2	18.9	3.0	85.9	124.2
天 津	Tianjin	9.2	5.6	4.5	0.8	56.1	72.8
河 北	Hebei	138.9	56.6	112.9	30.6	987.0	195.3
山 西	Shanxi	91.5	52.8	77.4	38.7	752.0	261.5
内蒙古	Inner Mongolia	388.5	253.4	227.6	92.5	3014.3	1576.1
辽 宁	Liaoning	606.7	554.0	146.8	94.1	1432.1	1392.1
吉 林	Jilin	686.7	622.1	141.9	77.3	1497.0	2503.3
黑龙江	Heilongjiang	853.5	725.2	277.9	149.6	2549.2	2228.6
上 海	Shanghai	36.8	30.9	8.9	3.0	74.3	163.1
江 苏	Jiangsu	383.5	291.2	108.9	16.6	1008.7	489.2
浙 江	Zhejiang	1398.6	1382.9	264.7	249.1	2097.8	2608.7
安 徽	Anhui	922.8	876.3	197.8	151.3	1825.7	1526.9
福 建	Fujian	1652.7	1651.5	353.8	352.6	2581.3	4491.7
江 西	Jiangxi	2275.5	2255.2	486.8	466.5	3482.9	5116.7
山 东	Shandong	309.1	199.1	181.2	71.2	1090.9	324.4
河 南	Henan	534.9	415.7	214.7	95.5	1393.4	566.2
湖 北	Hubei	1268.7	1239.1	306.1	276.5	2378.2	2216.5
湖 南	Hunan	1906.6	1899.4	430.0	422.8	3472.7	2938.7
广 东	Guangdong	1998.8	1989.5	478.3	468.9	3422.2	1943.3
广 西	Guangxi	1823.6	1823.6	355.8	355.8	3740.0	3852.9
海 南	Hainan	479.8	474.3	105.7	100.2	769.1	5538.7
重 庆	Chongqing	464.3	464.3	96.3	96.3	872.1	1616.8
四 川	Sichuan	2575.3	2573.7	595.0	593.4	4568.3	3173.5
贵 州	Guizhou	956.5	956.5	251.4	251.4	1948.1	2726.8
云 南	Yunnan	1941.4	1941.4	686.0	686.0	4541.4	4233.1
西 藏	Tibet	4593.0	4593.0	1033.6	1033.6	7230.4	153681.9
陕 西	Shaanxi	507.5	482.5	142.9	117.9	1499.9	1360.3
甘 肃	Gansu	215.2	206.7	124.2	115.7	1143.4	841.7
青 海	Qinghai	741.1	715.8	340.1	314.8	2454.4	13225.0
宁 夏	Ningxia	9.3	7.0	22.8	20.4	151.8	148.2
新 疆	Xinjiang	1113.1	1051.2	624.3	562.3	3728.9	5125.2

1-19　2010 年水资源量（按水资源分区分）

Water Resources in 2010 (by Water Resources Regions)

单位：亿立方米　　unit: 10^8m^3

水资源一级区	Grade-Ⅰ Water Resources Region	水资源总量 Total Available Water Resources	地表水资源量 Surface Water Resources	地下水资源量 Groundwater Resources	地表水与地下水资源重复量 Duplicated Measurement between Surface Water and Groundwater	降水总量 Total Precipitation
合　计	**Total**	**30906.4**	**29797.6**	**8417.0**	**7308.2**	**65849.6**
松花江区	Songhua River	1640.0	1433.2	476.4	269.6	4946.0
辽河区	Liaohe River	812.8	702.3	235.1	124.7	2260.2
海河区	Haihe River	307.2	149.0	224.4	66.2	1705.6
黄河区	Yellow River	679.8	568.9	385.2	274.3	3571.3
淮河区	Huaihe River	962.9	709.8	412.2	159.2	2756.8
长江区	Yangtze River	11264.1	11146.1	2619.1	2501.1	20686.4
其中：太湖区	Among Which: Taihu Lake	209.8	187.2	46.7	24.0	451.0
东南诸河区	Rivers in Southeast	2869.0	2858.2	559.9	549.1	4368.3
珠江区	Pearl River	4936.1	4921.3	1115.9	1101.1	9377.0
西南诸河区	Rivers in Southwest	5787.7	5787.7	1422.6	1422.6	9262.7
西北诸河区	Rivers in Northwest	1646.7	1521.0	966.1	840.4	6915.2

1-20 2010年河流水质状况（按水资源分区分）

Water Quality of Rivers of 2010 (by Water Resources Regions)

水资源一级区	Grade-I Water Resources Region	评价河长（千米）Assessed Length of River (km)	分类河长占评价河长百分比（%）Percentage of Classed River Length in the Total Assessed Length (%)					
			I类 Class-I	II类 Class-II	III类 Class-III	IV类 Class-IV	V类 Class-V	劣V类 Inferior to Class-V
合 计	**Total**	**175713**	**4.8**	**30.0**	**26.6**	**13.1**	**7.8**	**17.7**
松花江区	Songhua River	13347	0.5	8.4	41.9	21.2	8.8	19.2
辽河区	Liaohe River	5316	1.4	31.1	9.2	7.3	17.0	34.0
海河区	Haihe River	12680	1.8	21.2	14.2	8.4	6.2	48.2
黄河区	Yellow River	14295	4.7	20.1	17.7	13.3	10.3	33.9
淮河区	Huaihe River	24072	1.2	12.0	25.7	25.7	13.2	22.2
长江区	Yangtze River	53489	5.3	34.7	27.4	11.2	8.0	13.4
其中：太湖区	Among Which: Taihu Lake	5722	0.0	1.9	11.7	21.8	23.8	40.8
东南诸河区	Rivers in Southeast	6216	1.1	44.9	29.7	8.8	3.4	12.1
珠江区	Pearl River	19805	1.5	34.0	35.3	14.4	4.9	9.9
西南诸河区	Rivers in Southwest	16427	3.9	51.6	31.4	5.9	3.7	3.5
西北诸河区	Rivers in Northwest	10066	31.7	49.7	14.4	3.2	0.7	0.3

1-21 2010年全国重点湖泊水质及富营养化状况

Water Quality and Eutrophication Condition of Lakes of 2010

湖泊名称 Lake	所属行政区 Region	总体水质类别 Water Quality			营养状况 Eutrophication Condition
		全年 Total of the Year	汛期 Flood Season	非汛期 Non-Flood Season	
昆明湖 Kunming Lake	北京 Beijing	Ⅱ	Ⅱ	Ⅱ	中营养 Mesotropher
白洋淀 Baiyangdian Lake	河北 Hebei	Ⅴ	Ⅴ	Ⅴ	中度富营养 Middleeutropher
千顷洼 Qianqingwa Lake	河北 Hebei	Ⅴ	劣Ⅴ Inferior to Class-Ⅴ	Ⅴ	中度富营养 Middleeutropher
查干湖 Chagan Lake	吉林 Jilin	Ⅴ	Ⅴ	Ⅳ	轻度富营养 Lighteutropher
淀山湖 Dianshan Lake	上海 Shanghai	劣Ⅴ Inferior to Class-Ⅴ	劣Ⅴ Inferior to Class-Ⅴ	劣Ⅴ Inferior to Class-Ⅴ	中度富营养 Middleeutropher
太湖（含五里湖） Taihu Lake(Including Wuli Lake)	江苏、浙江、上海 Jiangsu, Zhejiang, Shanghai	劣Ⅴ Inferior to Class-Ⅴ	劣Ⅴ Inferior to Class-Ⅴ	劣Ⅴ Inferior to Class-Ⅴ	中度富营养 Middleeutropher
西湖 Xihu Lake	浙江 Zhejiang	Ⅳ	Ⅳ	Ⅳ	轻度富营养 Lighteutropher
巢湖 Chaohu Lake	安徽 Anhui	劣Ⅴ Inferior to Class-Ⅴ	劣Ⅴ Inferior to Class-Ⅴ	劣Ⅴ Inferior to Class-Ⅴ	中度富营养 Middleeutropher
鄱阳湖 Poyang Lake	江西 Jiangxi	Ⅳ	Ⅳ	Ⅴ	中营养 Mesotropher
南四湖 Nansihu Lakes	山东 Shandong	Ⅴ	劣Ⅴ Inferior to Class-Ⅴ	Ⅴ	轻度富营养 Lighteutropher
大明湖 Daming Lake	山东 Shandong	Ⅳ	Ⅳ	Ⅳ	中度富营养 Middleeutropher
洪湖 Honghu Lake	湖北 Hubei	Ⅳ	Ⅴ	Ⅳ	中营养 Mesotropher
长湖 Changhu Lake	湖北 Hubei	Ⅲ	Ⅲ	Ⅲ	中营养 Mesotropher
梁子湖 Liangzi Lake	湖北 Hubei	Ⅲ	Ⅲ	Ⅲ	中营养 Mesotropher
龙感湖 Longgan Lake	湖北 Hubei	Ⅳ	Ⅳ	Ⅳ	轻度富营养 Lighteutropher
洞庭湖 Dongting Lake	湖南 Hunan	劣Ⅴ Inferior to Class-Ⅴ	劣Ⅴ Inferior to Class-Ⅴ	劣Ⅴ Inferior to Class-Ⅴ	轻度富营养 Lighteutropher
星湖 Xinghu Lake	广东 Guangdong	Ⅲ	Ⅲ	Ⅲ	轻度富营养 Lighteutropher
湖光岩湖 Huguangyan Lake	广东 Guangdong	Ⅱ	Ⅱ	Ⅱ	中营养 Mesotropher

1-21　续表　continued

湖泊名称 Lake	所属行政区 Region	总体水质类别 Water Quality			营养状况 Eutrophication Condition
		全年 Total of the Year	汛期 Flood Season	非汛期 Non-Flood Season	
邛海 Qionghai Lake	四川 Sichuan	Ⅲ	Ⅲ	Ⅲ	中营养 Mesotropher
马湖 Mahu Lake	四川 Sichuan	Ⅲ	Ⅲ	Ⅲ	中营养 Mesotropher
程海 Chenghai Lake	云南 Yunnan	劣Ⅴ Inferior to Class-Ⅴ	劣Ⅴ Inferior to Class-Ⅴ	劣Ⅴ Inferior to Class-Ⅴ	中营养 Mesotropher
泸沽湖 Lugu Lake	云南 Yunnan	Ⅰ	Ⅰ	Ⅰ	贫营养 Oligotrophic
滇池 Dianchi Lake	云南 Yunnan	劣Ⅴ Inferior to Class-Ⅴ	劣Ⅴ Inferior to Class-Ⅴ	劣Ⅴ Inferior to Class-Ⅴ	中度富营养 Middleeutropher
抚仙湖 Fuxian Lake	云南 Yunnan	Ⅱ	Ⅱ	Ⅱ	中营养 Mesotropher
星云湖 Xingyun Lake	云南 Yunnan	劣Ⅴ Inferior to Class-Ⅴ	劣Ⅴ Inferior to Class-Ⅴ	劣Ⅴ Inferior to Class-Ⅴ	中度富营养 Middleeutropher
杞麓湖 Qilu Lake	云南 Yunnan	劣Ⅴ Inferior to Class-Ⅴ	劣Ⅴ Inferior to Class-Ⅴ	劣Ⅴ Inferior to Class-Ⅴ	中度富营养 Middleeutropher
异龙湖 Yilong Lake	云南 Yunnan	劣Ⅴ Inferior to Class-Ⅴ	劣Ⅴ Inferior to Class-Ⅴ	劣Ⅴ Inferior to Class-Ⅴ	中度富营养 Middleeutropher
洱海 Erhai Lake	云南 Yunnan	Ⅲ	Ⅲ	Ⅲ	中营养 Mesotropher
纳木错 Namtso Lake	西藏 Tibet	Ⅴ	Ⅴ		中营养 Mesotropher
普莫雍错 Pumoyongcuo Lake	西藏 Tibet	Ⅲ		Ⅲ	中营养 Mesotropher
羊卓雍错 Yamdrok Lake	西藏 Tibet	Ⅴ		Ⅳ	中营养 Mesotropher
青海湖 Qinghai Lake	青海 Qinghai	Ⅱ	Ⅱ	Ⅱ	轻度富营养 Lighteutropher
沙湖 Shahu Lake	宁夏 Ningxia	劣Ⅴ Inferior to Class-Ⅴ	劣Ⅴ Inferior to Class-Ⅴ	劣Ⅴ Inferior to Class-Ⅴ	轻度富营养 Lighteutropher
乌伦古湖 Wulungu Lake	新疆 Xinjiang	劣Ⅴ Inferior to Class-Ⅴ	劣Ⅴ Inferior to Class-Ⅴ	劣Ⅴ Inferior to Class-Ⅴ	中营养 Mesotropher
赛里木湖 Sailimu Lake	新疆 Xinjiang	Ⅱ	Ⅱ	Ⅱ	中营养 Mesotropher
博斯腾湖 Bostan Lake	新疆 Xinjiang	Ⅲ	Ⅳ	Ⅴ	轻度富营养 Lighteutropher

主要统计指标解释

地表水资源量 河流、湖泊以及冰川等地表水体中可以逐年更新的动态水量，即天然河川径流量。

地下水资源量 地下饱和含水层逐年更新的动态水量，即降水和地表水入渗对地下水的补给量。

水资源总量 当地降水形成的地表和地下产水总量，即地表径流量与降水入渗补给量之和。

降水量 从天空降落到地面的液态或固态（经融化后）水，未经蒸发、渗透、流失而在地面上积聚的深度。其统计计算方法为：月降水量是将全月各日的降水量累加而得；年降水量是将12个月的月降水量累加而得。

径流量 在一定时段内通过河流某一过水断面的水量。计算公式为：径流量=降水量-蒸发量。

内陆水域面积 江、河、湖泊、坑塘、塘堰、水库等各种流水或蓄水的水面占地面积。

流域面积 每条河流都有自己的干流和支流，干支流共同组成这条河流的水系。每条河流都有自己的集水区域，这个集水区域就称为该河流的流域，流域面积是该流域区域的总面积。

水质等级 水质等级根据《地表水环境质量标准》（GB 3838—2002）确定。依据地表水水域环境功能和保护目标，按功能高低依次划分为五类：

Ⅰ类：主要适用于源头水、国家自然保护区；

Ⅱ类：主要适用于集中式生活饮用水地表水源地一级保护区、珍稀水生生物栖息地、鱼虾类产场、仔稚幼鱼的索饵场等；

Ⅲ类：主要适用于集中式生活饮用水地表水源地二级保护区、鱼虾类越冬场、洄游通道、水产养殖区等渔业水域及游泳区；

Ⅳ类：主要适用于一般工业用水区及人体非直接接触的娱乐用水区；

Ⅴ类：主要适用于农业用水区及一般景观要求水域。

Explanatory Notes of Main Statistical Indicators

Surface water resources Dynamic quantity of water that is renewable year by year in surface water bodies such as, river, lake or glacier; it also means the quantity of natural river runoff.

Groundwater resources Quantity of recharge of precipitation and surface water to the saturated rock and clay, including infiltration recharge of precipitation and surface water bodies namely river courses, lakes, reservoirs, canal system and irrigation field.

Total Available water resources Total available surface and underground water that is formed by local precipitation, i.e. the sum of surface runoff and underground water infiltrated by precipitation recharge.

Precipitation Accumulative depth of water in liquid or solid (after melting) states from the sky to the ground without evaporation, infiltration and running off. Its calculation methods: monthly precipitation is the total sum of everyday rainfall in a month; annual precipitation is the total sum of rainfalls of twelve months.

Amount of runoff Water quantity runs through a water carrying section of a river during a fixed period of time. The calculation formula: runoff = precipitation – evaporation.

Inland water area Total land area occupied by running or stored water, including river, lake, pond, weir or reservoir etc.

Drainage area Each river has its own mainstream and tributaries that jointly form the water system of the river. Each river has its own water catchment area, and this catchment is called the river basin of the river. Area of river basin is the total area of the catchment area.

Classification of water quality Classification of water quality is based on Standard of Surface Water Environment Quality (GB 3838—2002). Water quality is classified into five levels in sequence from high to low in line with the objectives of environment functions and protection of surface water bodies.

Class-Ⅰ: Water is suitable for source water and national nature reserves;

Class-Ⅱ: Water is suitable for grade-I surface water source for centralized domestic drinking water supply, habitat of rare and endemic aquatic life, spawning ground for fish and shrimp, and feeding ground of juvenile and young fish;

Class-Ⅲ: Water is suitable for grade-II surface water source for centralized domestic drinking water supply, wintering or migratory passage of fish and shrimp, water bodies used for fishery such as aquiculture and swimming;

Class-Ⅳ: Water is suitable for industrial water use and recreation without direct contact with human body;

Class-Ⅴ: Water is suitable for water demand of agricultural area and general landscape.

2 江河治理

Control of Rivers

简要说明

江河治理统计资料主要包括水库数量、水库总库容、堤防长度与等级划分、水闸数量与类型、除涝面积以及除涝标准。

江河治理资料按水资源一级分区和地区分组。水库、堤防、水闸、除涝等历史数据汇总1973年至今的数据。

1. 水库统计范围为已建成水库，包括水利、电力、城建等部门建设的水库。因2007年湖南省对小型水库数量进行调减，因此对2000～2006年水库数量与库容进行相应调减。

2. 堤防统计范围为已建成或基本建成的河堤、湖堤、海堤、江堤、分洪区和行洪区围堤等各种堤防，生产堤、渠堤、排涝堤不做统计。

3. 水闸统计范围为江河、湖泊上的防洪、分洪、节制、挡潮、排涝、引水灌溉等各种类型水闸，水库枢纽等建筑物上的水闸不包括在内。水闸流量不够10立方米每秒，不做统计。

4. 洪灾、旱灾及防治状况历史资料汇总1949年以来的数据，按地区整理。

Brief Introduction

Statistical data of rivers training and control mainly includes number of reservoirs, total storage capacity, embankment length and grade division, number and types of sluices and gates, drainage area and standard.

The data of river training and control is divided into group in accordance with regions and basins. Historical data of reservoir, embankment, water gates, waterlogging prevention area is collected from 1973 until present.

1. The statistical scope of reservoir also includes reservoirs which do not built by water related department, such as electricity and urban construction. Due to the reduction for the number of small reservoirs of Hunan Province in 2007, the number of reservoir and storage capacity in 2000-2006 were reduced accordingly.

2. The statistical scope of embankment covers various types such as river embankment and levee, lake embankment, sea dyke, embankment for flood retention and discharge basins, excluding embankment for production, canal and drainage purposes.

3. The statistical scope of sluice and gate covers various types of sluice and gate on river or lake, such as those for flood control and flood diversion, control gate and tidal gate, and gate for drainage and irrigation. The gates built on the reservoirs are not included. The gates with a flow lower than 10 m^3/s are not included.

4. Historical data of flood disaster and drought disasters, their prevention and control is collected from 1949 until present and classified according to regions.

2-1 主 要 指 标

Key Indicators

指标名称 Item	单位	unit	2004	2005	2006	2007	2008	2009	2010
水库 Reservoir	座	unit	84363	84577	85249	85412	86353	87151	87873
总库容 Total Storage	亿立方米	10^8m^3	5541	5623	5841	6345	6924	7064	7162
大型 Large Reservoir	座	unit	460	470	482	493	529	544	552
总库容 Total Storage	亿立方米	10^8m^3	4147	4197	4379	4836	5386	5506	5594
中型 Medium Reservoir	座	unit	2869	2934	3000	3110	3181	3259	3269
总库容 Total Storage	亿立方米	10^8m^3	796	826	852	883	910	921	930
小型 Small Reservoir	座	unit	81034	81173	81767	81809	82643	83348	84052
总库容 Total Storage	亿立方米	10^8m^3	598	601	610	625	628	636	638
堤防 Embankment and Dyke	千米	km	277305	277450	280850	283770	286896	291420	294104
保护耕地面积 Protected Cultivated Area	千公顷	10^3hm^2	43934	44121	45486	45518	45712	46547	46831
保护人口 Protected Population	万人	10^4person	53065	54174	55403	56487	57289	58978	59853
水闸 Water Gate	座	unit	39313	39839	41209	41110	43829	42523	43300
大型 Large Gate	座	unit	413	405	426	438	504	565	567
中型 Medium Gate	座	unit			3495	3531	4182	4661	4692
小型 Small Gate	座	unit			37288	37141	39143	37297	38041
除涝面积 Drainage Area	千公顷	10^3hm^2	21198	21340	21376	21419	21425	21584	21692

2-2 历年已建成水库数量、库容和有效灌溉面积

Completed Reservoirs by Years

年份 Year	已建成水库 Completed Reservoirs			大型水库 Large Reservoir			中型水库 Medium Reservoir			小型水库 Small Reservoir		
	座数（座） Number (unit)	总库容（亿立方米） Total Storage Capacity (10^8m^3)	有效灌溉面积（千公顷） Effective Irrigated Area (10^3hm^2)	座数（座） Number (unit)	总库容（亿立方米） Total Storage Capacity (10^8m^3)	有效灌溉面积（千公顷） Effective Irrigated Area (10^3hm^2)	座数（座） Number (unit)	总库容（亿立方米） Total Storage Capacity (10^8m^3)	有效灌溉面积（千公顷） Effective Irrigated Area (10^3hm^2)	座数（座） Number (unit)	总库容（亿立方米） Total Storage Capacity (10^8m^3)	有效灌溉面积（千公顷） Effective Irrigated Area (10^3hm^2)
1973	72131	3650	11413	283	2767	4495	1833	436	2861	70015	447	4056
1974	74712	3549	13516	290	2644	5621	1860	488	3559	72562	417	4337
1975	73650	3624	14160	300	2667	5784	1982	504	3545	71368	453	4831
1976	78473	3888	16007	304	2879	7055	2057	331	3810	76112	478	5155
1977	81501	3948	16210	308	2887	7115	2129	558	3895	79064	503	5199
1978	84585	4012	16418	311	2896	7075	2205	585	4058	82069	531	5285
1979	86132	4081	16806	319	2945	7159	2252	593	4164	83561	543	5483
1980	86822	4130	15989	326	2975	6255	2298	605	4213	84198	550	5522
1981	86881	4169	15806	328	2989	6080	2333	622	4253	84220	558	5473
1982	86900	4188	15943	331	2994	6217	2353	632	4318	84216	562	5408
1983	86567	4208	15671	335	3007	6081	2367	640	4251	83865	561	5339
1984	84998	4292	15833	338	3068	6280	2387	658	4232	82273	566	5321
1985	83219	4301	15760	340	3076	6407	2401	661	4206	80478	564	5147
1986	82716	4432	15749	350	3199	6408	2115	666	4189	79951	567	5153
1987	82870	4475	15902	353	3233	6449	2428	672	4257	80089	570	5196
1988	82937	4504	15801	355	3252	6399	2462	681	4201	80120	571	5201
1989	82848	4617	15826	358	3357	6409	2480	688	4254	80010	572	5163
1990	83387	4660	15809	366	3397	6431	2499	690	4205	80522	573	5173
1991	83799	4678		367	3400		2524	698		80908	579	
1992	84130	4688		369	3407		2538	700		81223	580	
1993	84614	4717		374	3425		2562	707		81678	583	
1994	84558	4751		381	3456		2572	713		81605	582	
1995	84775	4797		387	3493		2593	719		81795	585	
1996	84905	4571		394	3260		2618	724		81893	587	
1997	84837	4583		397	3267		2634	729		81806	587	
1998	84944	4930		403	3595		2653	736		81888	598	
1999	85119	4499		400	3164		2681	743		82039	593	
2000	83260	5183		420	3843		2704	746		80136	593	
2001	83542	5280		433	3927		2736	758		80373	595	
2002	83960	5594		445	4230		2781	768		80734	596	
2003	84091	5657		453	4279		2827	783		80811	596	
2004	84363	5541		460	4147		2869	796		81034	598	
2005	84577	5623		470	4197		2934	826		81173	601	
2006	85249	5841		482	4379		3000	852		81767	610	
2007	85412	6345		493	4836		3110	883		81809	625	
2008	86353	6924		529	5386		3181	910		82643	628	
2009	87151	7064		544	5506		3259	921		83348	636	
2010	87873	7162		552	5594		3269	930		84052	638	

2-3 2010年已建成水库数量和库容（按地区分）

Number and Storage Capacity of Completed Reservoirs in 2010 (by Regions)

地区	Region	已建成水库 Completed Reservoirs		大型水库 Large Reservoir		中型水库 Medium Reservoir		小型水库 Small Reservoir	
		座数（座） Number (unit)	总库容（万立方米） Total Storage Capacity (10^4m^3)	座数（座） Number (unit)	总库容（万立方米） Total Storage Capacity (10^4m^3)	座数（座） Number (unit)	总库容（万立方米） Total Storage Capacity (10^4m^3)	座数（座） Number (unit)	总库容（万立方米） Total Storage Capacity (10^4m^3)
合计	**Total**	**87873**	**71624323**	**552**	**55944582**	**3269**	**9300498**	**84052**	**6379243**
北京	Beijing	82	938716	4	880000	17	50388	61	8328
天津	Tianjin	28	262134	3	223900	11	32846	14	5388
河北	Hebei	1066	1613647	22	1387295	42	146685	1002	79667
山西	Shanxi	733	575315	8	313503	58	172390	667	89423
内蒙古	Inner Mongolia	497	1678910	12	1306501	81	295321	404	77088
辽宁	Liaoning	951	3592694	33	3276502	74	211309	844	104882
吉林	Jilin	1643	3203943	16	2794657	99	273158	1528	136128
黑龙江	Heilongjiang	913	1787056	26	1295284	97	324802	790	166970
上海	Shanghai								
江苏	Jiangsu	910	1891797	8	1672671	42	119151	860	99975
浙江	Zhejiang	4217	3980667	31	3272912	152	431749	4034	276006
安徽	Anhui	4819	3265101	14	2674193	105	317748	4700	273160
福建	Fujian	3225	1853876	20	1206247	154	393763	3051	253866
江西	Jiangxi	9809	2937194	26	1741558	240	566483	9543	629153
山东	Shandong	6291	2276168	37	1293994	214	619136	6040	363038
河南	Henan	2352	4022095	23	3521310	108	308341	2221	192444
湖北	Hubei	5848	9921486	63	8748384	252	716420	5533	456682
湖南	Hunan	12092	4022930	26	2694752	281	710109	11785	618069
广东	Guangdong	7437	4290039	34	2832578	306	853477	7097	603983
广西	Guangxi	4367	3784463	38	2799788	186	539410	4143	445265
海南	Hainan	996	1000175	7	673458	72	219048	917	107669
重庆	Chongqing	2840	740641	9	412487	64	157403	2767	170751
四川	Sichuan	6759	2149343	12	1479260	109	288104	6638	381979
贵州	Guizhou	2073	3542742	16	3216672	62	172018	1995	154052
云南	Yunnan	5558	1316992	12	505425	186	462613	5360	348954
西藏	Tibet	75	128666	3	108600	6	15437	66	4629
陕西	Shaanxi	1021	770558	9	434860	58	231170	954	104529
甘肃	Gansu	313	1030722	8	839280	38	141967	267	49475
青海	Qinghai	157	3419393	7	3380600	10	20594	140	18199
宁夏	Ningxia	226	269476	1	73500	29	136896	196	59080
新疆	Xinjiang	575	1357385	24	884411	116	372563	435	100411

2-4 2010年已建成水库数量和库容（按水资源分区分）

Number and Storage Capacity of Completed Reservoirs in 2010 (by Water Resources Regions)

水资源一级区	Grade- Ⅰ Water Resources Region	已建成水库 Completed Reservoirs		大型水库 Large Reservoir		中型水库 Medium Reservoir		小型水库 Small Reservoir	
		座数（座） Number (unit)	总库容（万立方米） Total Storage Capacity (10^4m^3)	座数（座） Number (unit)	总库容（万立方米） Total Storage Capacity (10^4m^3)	座数（座） Number (unit)	总库容（万立方米） Total Storage Capacity (10^4m^3)	座数（座） Number (unit)	总库容（万立方米） Total Storage Capacity (10^4m^3)
合 计	**Total**	**87873**	**71624323**	**552**	**55944582**	**3269**	**9300498**	**84052**	**6379243**
松花江区	Songhua River	2475	5812367	44	4923041	190	592481	2241	296845
辽河区	Liaohe River	1248	4239504	42	3725103	123	373971	1083	140429
海河区	Haihe River	2095	3231546	34	2629698	151	433335	1910	168513
黄河区	Yellow River	2773	8439631	29	7400950	186	681719	2558	356962
淮河区	Huaihe River	8966	6672494	58	5232453	295	892818	8613	547223
长江区	Yangtze River	45197	24632651	178	18836712	1160	3008534	43859	2787405
其中：太湖区	Among Which: Taihu Lake	203	85421	4	59191	7	16034	192	10196
东南诸河区	Rivers in Southeast	7446	5779941	48	4431168	301	820321	7097	528452
珠江区	Pearl River	14909	10560008	83	7455061	635	1818064	14191	1286883
西南诸河区	Rivers in Southwest	1971	655198	7	325805	79	195557	1885	133837
西北诸河区	Rivers in Northwest	793	1600984	29	984591	149	483698	615	132695

2-5 2010年已建成水库数量和库容（按水资源分区和地区分）

Number and Storage Capacity of Completed Reservoirs in 2010 (by Water Resources Regions and Regions)

地区	Region	已建成水库 Completed Reservoirs		大型水库 Large Reservoir		中型水库 Medium Reservoir		小型水库 Small Reservoir	
		座数（座）Number (unit)	总库容（万立方米）Total Storage Capacity (10^4m^3)	座数（座）Number (unit)	总库容（万立方米）Total Storage Capacity (10^4m^3)	座数（座）Number (unit)	总库容（万立方米）Total Storage Capacity (10^4m^3)	座数（座）Number (unit)	总库容（万立方米）Total Storage Capacity (10^4m^3)
松花江区	**Songhua River**	**2475**	**5812367**	**44**	**4923041**	**190**	**592481**	**2241**	**296845**
内蒙古	Inner Mongolia	47	1069017	3	1012300	13	50611	31	6106
吉　林	Jilin	1515	2956294	15	2615457	80	217068	1420	123769
黑龙江	Heilongjiang	913	1787056	26	1295284	97	324802	790	166970
辽河区	**Liaohe River**	**1248**	**4239504**	**42**	**3725103**	**123**	**373971**	**1083**	**140429**
内蒙古	Inner Mongolia	183	400372	8	269401	30	106572	145	24399
辽　宁	Liaoning	937	3591482	33	3276502	74	211309	830	103671
吉　林	Jilin	128	247649	1	179200	19	56090	108	12359
海河区	**Haihe River**	**2095**	**3231546**	**34**	**2629698**	**151**	**433335**	**1910**	**168513**
北　京	Beijing	82	938716	4	880000	17	50388	61	8328
天　津	Tianjin	28	262134	3	223900	11	32846	14	5388
河　北	Hebei	1066	1613647	22	1387295	42	146685	1002	79667
山　西	Shanxi	323	240825	4	127753	29	77443	290	35629
内蒙古	Inner Mongolia	23	23116			7	20602	16	2514
辽　宁	Liaoning	14	1211					14	1211
山　东	Shandong	393	76338			27	50405	366	25934
河　南	Henan	166	75558	1	10750	18	54966	147	9842
黄河区	**Yellow River**	**2773**	**8439631**	**29**	**7400950**	**186**	**681719**	**2558**	**356962**
山　西	Shanxi	410	334490	4	185750	29	94946	377	53794
内蒙古	Inner Mongolia	199	135215			22	98114	177	37101
山　东	Shandong	840	544582	3	430400	23	60773	814	53409
河　南	Henan	287	2576831	6	2509200	14	29155	267	38476
陕　西	Shaanxi	541	388683	5	109700	50	202967	486	76016
甘　肃	Gansu	130	806956	4	737300	12	45370	114	24286
青　海	Qinghai	140	3383398	6	3355100	7	13498	127	14800
宁　夏	Ningxia	226	269476	1	73500	29	136896	196	59080
淮河区	**Huaihe River**	**8966**	**6672494**	**58**	**5232453**	**295**	**892818**	**8613**	**547223**
江　苏	Jiangsu	414	1743856	5	1633491	18	60416	391	49949
安　徽	Anhui	2089	2168214	6	1889458	61	176456	2022	102300
山　东	Shandong	5058	1655247	34	863594	164	507958	4860	283695
河　南	Henan	1405	1105176	13	845910	52	147988	1340	111278

2-5 续表 continued

地区	Region	已建成水库 Completed Reservoirs		大型水库 Large Reservoir		中型水库 Medium Reservoir		小型水库 Small Reservoir	
		座数（座） Number (unit)	总库容（万立方米） Total Storage Capacity (10^4m^3)	座数（座） Number (unit)	总库容（万立方米） Total Storage Capacity (10^4m^3)	座数（座） Number (unit)	总库容（万立方米） Total Storage Capacity (10^4m^3)	座数（座） Number (unit)	总库容（万立方米） Total Storage Capacity (10^4m^3)
长江区	**Yangtze River**	**45197**	**24632651**	**178**	**18836712**	**1160**	**3008534**	**43859**	**2787405**
上海	Shanghai								
江苏	Jiangsu	496	147940	3	39180	24	58735	469	50025
浙江	Zhejiang	185	72486	3	47991	7	16034	175	8461
安徽	Anhui	2541	1079003	8	784735	42	130449	2491	163819
江西	Jiangxi	9809	2937194	26	1741558	240	566483	9543	629153
河南	Henan	494	264530	3	155450	24	76232	467	32848
湖北	Hubei	5848	9921486	63	8748384	252	716420	5533	456682
湖南	Hunan	11872	4000442	26	2694752	276	697985	11570	607705
广西	Guangxi	68	27217	1	10783	3	8745	64	7689
重庆	Chongqing	2840	740641	9	412487	64	157403	2767	170751
四川	Sichuan	6759	2149343	12	1479260	109	288104	6638	381979
贵州	Guizhou	1583	2402606	14	2171112	43	114917	1526	116577
云南	Yunnan	2195	440535	5	173760	63	136845	2127	129930
陕西	Shaanxi	480	381875	4	325160	8	28203	468	28512
甘肃	Gansu	27	67352	1	52100	5	11980	21	3272
青海	Qinghai								
东南诸河区	**Rivers in Southeast**	**7446**	**5779941**	**48**	**4431168**	**301**	**820321**	**7097**	**528452**
浙江	Zhejiang	4032	3908181	28	3224921	145	415715	3859	267545
安徽	Anhui	189	17884			2	10843	187	7041
福建	Fujian	3225	1853876	20	1206247	154	393763	3051	253866
珠江区	**Pearl River**	**14909**	**10560008**	**83**	**7455061**	**635**	**1818064**	**14191**	**1286883**
湖南	Hunan	220	22488			5	12124	215	10364
广东	Guangdong	7437	4290039	34	2832578	306	853477	7097	603983
广西	Guangxi	4299	3757246	37	2789005	183	530665	4079	437576
海南	Hainan	996	1000175	7	673458	72	219048	917	107669
贵州	Guizhou	490	1140136	2	1045560	19	57101	469	37475
云南	Yunnan	1467	349924	3	114460	50	145648	1414	89816
西南诸河区	**Rivers in Southwest**	**1971**	**655198**	**7**	**325805**	**79**	**195557**	**1885**	**133837**
云南	Yunnan	1896	526532	4	217205	73	180119.7	1819	129208
西藏	Tibet	75	128666	3	108600	6	15437	66	4629
青海	Qinghai								
西北诸河区	**Rivers in Northwest**	**793**	**1600984**	**29**	**984591**	**149**	**483698**	**615**	**132695**
内蒙古	Inner Mongolia	45	51190	1	24800	9	19422	35	6968
甘肃	Gansu	156	156414	3	49880	21	84617	132	21917
青海	Qinghai	17	35995	1	25500	3	7096	13	3399
新疆	Xinjiang	575	1357384.7	24	884411	116	372563	435	100411

2-6 历年堤防长度、保护耕地、保护人口和达标长度

Length of Embankment and Dyke, Protected Farmland and Population, Conforming-to-Standard Embankment and Dyke by Years

年份 Year	长度（千米） Length (km)	保护耕地（千公顷） Protected Farmland (10^3hm^2)	保护人口（万人） Protected Population (10^4 person)	累计达标堤防长度（千米） Accumulated Conforming-to-Standard Embankment and Dyke (km)	#1、2级堤防 Grade-Ⅰ and Grade-Ⅱ Embankment and Dyke	新增达标堤防长度（千米） Increase of Conforming-to-Standard Embankment and Dyke (km)	主要堤防 Key Embankment & Dyke 长度（千米） Length (km)	主要堤防 Key Embankment & Dyke 保护面积（千公顷） Protected Farmland (10^3hm^2)	一般堤防 General Embankment & Dyke 长度（千米） Length (km)	一般堤防 General Embankment & Dyke 保护面积（千公顷） Protected Farmland (10^3hm^2)
1973	112966						48760		64206	
1974	145447	28891					47112	21416	98335	7475
1975	149141	29245					46041	19931	103100	9315
1976	158285	32204					46370	22521	111915	9683
1977	165774	32197					43110	20990	122664	11207
1978	164585	31924					44024	21235	120561	10689
1979	168276	32086					43349	20374	124927	11712
1980	170645	33621					43257	22363	127388	11258
1981	170644	33621					43256	22363	127388	11258
1982	170645	33621					43256	22363	127389	11258
1983	175499	33882					46125	22335	129374	11547
1984	178958	35459					53046	22912	125912	12547
1985	177048	31060					53739	20714	123309	10346
1986	185045	31665					55706	21279	129339	10387
1987	200175	32205					56067	21131	144108	11073
1988	203709	32330					56267	21115	147442	11215
1989	216979	31966					56634	20785	160345	11180
1990	225770	31616					57499	20954	168271	10661
1991	237746	29507					59536	18257	178210	11251
1992	242246	29565					60112	18521	182134	11044
1993	245130	30885					61140	18639	183990	12246
1994	245876	30246					61803	18337	184073	11910
1995	246680	30609					63423	18777	183257	11833
1996	248243	32686					64706	21638	183537	11048
1997	250815	40476					65729	26982	185086	13493
1998	258600	36289					69879	24840	188721	11449
1999	266278	38575					74021	26014	192257	12561
2000	270364	39595	46586				76769	27458	193595	12137
2001	273401	40671	47939	76532	15875	8369				
2002	273786	42862	50049	82395	21181	11426				
2003	275171	43875	51304	88030	22854	5634				
2004	277305	43934	53065	94634	22679	6647				
2005	277450	44121	54174	98147	23240	3856				
2006	280850	45486	55403	106334	23609	5883				
2007	283770	45518	56487	109349	24347	4243				
2008	286896	45712	57289	112837	25309	5115				
2009	291420	46547	58978	116739	26256	4515				
2010	294104	46831	59853	121440	27865	4697				

2-7 2010年堤防长度、保护耕地、保护人口和达标长度（按地区分）

Length of Embankment and Dyke, Protected Farmland and Population, Conforming-to-Standard Embankment and Dyke in 2010 (by Regions)

地区	Region	长度（千米） Length (km)	保护耕地（千公顷） Protected Farmland (10^3hm^2)	保护人口（万人） Protected Population (10^4person)	累计达标堤防长度（千米） Accumulated Conforming-to-Standard Embankment and Dyke (km)	#1、2级堤防 Grade-I and Grade-II Embankment and Dyke	新增达标堤防长度（千米） Increase of Conforming-to-Standard Embankment and Dyke (km)	减少达标堤防长度（千米） Decrease of Conforming-to-Standard Embankment and Dyke (km)
合 计	**Total**	**294104**	**46831**	**59853**	**121440**	**27865**	**4697**	**1938**
北 京	Beijing	1004	161	318	974	364		
天 津	Tianjin	4233	402	959	987	492	20	
河 北	Hebei	22072	3284	3150	1209	820	4	
山 西	Shanxi	4269	384	467	543	73		4
内蒙古	Inner Mongolia	5788	1524	943	2203	814	143	
辽 宁	Liaoning	21023	1936	2034	8551	1344	339	872
吉 林	Jilin	7929	1251	1372	2569	1408	82	
黑龙江	Heilongjiang	12585	3033	1356	7258	194	111	39
上 海	Shanghai	3719	201	692	3719	1119	127	4
江 苏	Jiangsu	52980	5827	7407	29998	5878	561	424
浙 江	Zhejiang	13896	1691	3853	7647	1875	506	164
安 徽	Anhui	20456	2341	3300	7216	1573	274	
福 建	Fujian	5997	314	1269	3126	261	186	12
江 西	Jiangxi	9837	763	1199	2542	487	31	2
山 东	Shandong	15816	6666	6671	9692	2466	549	3
河 南	Henan	17236	8524	9132	6675	998	187	62
湖 北	Hubei	12711	1816	3151	4821	2263	33	23
湖 南	Hunan	5928	897	1696	3602	2118	149	0.2
广 东	Guangdong	16855	1103	3608	5374	1808	288	
广 西	Guangxi	2867	267	913	671	106	68	
海 南	Hainan	518	39	175	221	22	5	
重 庆	Chongqing	817	77	493	550	60	125	
四 川	Sichuan	4274	574	1522	2158	118	346	10
贵 州	Guizhou	1598	168	350	359	39	37	
云 南	Yunnan	8429	382	682	1271	29	39	0.23
西 藏	Tibet	708	77	183	708	128	49	
陕 西	Shaanxi	6251	495	830	1614	341	108	231
甘 肃	Gansu	3671	232	478	1488	33	191	48
青 海	Qinghai	687	124	82	170	70	47	
宁 夏	Ningxia	572	310	308	501		5	10
新 疆	Xinjiang	9378	1970	1259	3024	563	87	29

2-8　2010 年堤防长度、保护耕地、保护人口和达标长度（按水资源分区分）

Length of Embankment and Dyke, Protected Farmland and Population, Conforming-to-Standard Embankment and Dyke in 2010 (by Water Resources Regions)

水资源一级区	Grade- Ⅰ Water Resources Region	长度（千米）Length (km)	保护耕地（千公顷）Protected Farmland (10^3hm^2)	保护人口（万人）Protected Population (10^4 person)	累计达标堤防长度（千米）Accumulated Conforming-to-Standard Embankment and Dyke (km)	#1、2 级堤防 Grade-Ⅰ and Grade-Ⅱ Embankment and Dyke	新增达标堤防长度（千米）Increase of Conforming-to-Standard Embankment and Dyke (km)	减少达标堤防长度（千米）Decrease of Conforming-to-Standard Embankment and Dyke (km)
合　计	**Total**	**294104**	**46831**	**59853**	**121440**	**27865**	**4697**	**1938**
松花江区	Songhua River	20591	4435	2887	10617	1580	185	39
辽河区	Liaohe River	24837	2545	2515	9796	2122	344	872
海河区	Haihe River	34406	5300	5908	7189	2687	330	10
黄河区	Yellow River	15717	10260	10011	4926	1565	642	100
淮河区	Huaihe River	68073	12210	13635	32090	5939	637	41
长江区	Yangtze River	74919	6495	13341	36063	9694	1389	750
其中：太湖区	Among Which: Taihu Lake	11195	639	1637	10160	2178	357	152
东南诸河区	Rivers in Southeast	19186	1749	4729	9515	1608	600	99
珠江区	Pearl River	22335	1526	5014	6865	1944	390	
西南诸河区	Rivers in Southwest	4146	235	449	1238	142	77	
西北诸河区	Rivers in Northwest	9894	2075	1364	3141	583	102	29

2-9 2010 年堤防长度、保护耕地、保护人口和达标长度（按水资源分区和地区分）

Length of Embankment and Dyke, Protected Farmland and Population, Conforming-to-Standard Embankment and Dyke in 2010 (by Water Resources Regions and Regions)

地区	Region	长度（千米）Length (km)	保护耕地（千公顷）Protected Farmland (10^3hm^2)	保护人口（万人）Protected Population (10^4person)	累计达标堤防长度（千米）Accumulated Conforming-to-Standard Embankment and Dyke (km)	#1、2 级堤防 Grade-Ⅰ and Grade-Ⅱ Embankment and Dyke	新增达标堤防长度（千米）Increase of Conforming-to-Standard Embankment and Dyke (km)	减少达标堤防长度（千米）Decrease of Conforming-to-Standard Embankment and Dyke (km)
松花江区	**Songhua River**	**20591**	**4435**	**2887**	**10617**	**1580**	**185**	**39**
内蒙古	Inner Mongolia	1406	319	337	986	115		
吉林	Jilin	6600	1084	1194	2373	1271	74	
黑龙江	Heilongjiang	12585	3033	1356	7258	194	111	39
辽河区	**Liaohe River**	**24837**	**2545**	**2515**	**9796**	**2122**	**344**	**872**
内蒙古	Inner Mongolia	2520	442	303	1061	642		
辽宁	Liaoning	20988	1936	2034	8539	1344	337	872
吉林	Jilin	1329	167	178	195	137	8	
海河区	**Haihe River**	**34406**	**5300**	**5908**	**7189**	**2687**	**330**	**10**
北京	Beijing	1004	161	318	974	364		
天津	Tianjin	4233	402	959	987	492	20	
河北	Hebei	22072	3284	3150	1209	820	4	
山西	Shanxi	1297	125	152	251	73		
内蒙古	Inner Mongolia	11		7				
辽宁	Liaoning	35			12		2	
山东	Shandong	4019	1018	885	3321	684	304	
河南	Henan	1736	312	437	435	254		10
黄河区	**Yellow River**	**15717**	**10260**	**10011**	**4926**	**1565**	**642**	**100**
山西	Shanxi	2972	259	314	292			4
内蒙古	Inner Mongolia	1688	755	270	156	57	143	
山东	Shandong	1516	2730	2606	899	619	55	
河南	Henan	3604	5577	5492	722	485	167	15
陕西	Shaanxi	2805	407	640	1122	325	66	52
甘肃	Gansu	1982	116	306	1081	10	161	18
青海	Qinghai	578	106	74	153	70	44	
宁夏	Ningxia	572	310	308	501		5	10
淮河区	**Huaihe River**	**68073**	**12210**	**13635**	**32090**	**5939**	**637**	**41**
江苏	Jiangsu	38167	5007	5374	18109	3756	276	
安徽	Anhui	8575	1753	2073	3020	760	151	
山东	Shandong	10281	2919	3180	5472	1163	190	3
河南	Henan	11050	2531	3008	5489	259	20	38

2-9 续表 continued

地区	Region	长度（千米） Length (km)	保护耕地（千公顷） Protected Farmland (10^3hm^2)	保护人口（万人） Protected Population (10^4person)	累计达标堤防长度（千米） Accumulated Conforming-to-Standard Embankment and Dyke (km)	#1、2级堤防 Grade-Ⅰ and Grade-Ⅱ Embankment and Dyke	新增达标堤防长度（千米） Increase of Conforming-to-Standard Embankment and Dyke (km)	减少达标堤防长度（千米） Decrease of Conforming-to-Standard Embankment and Dyke (km)
长江区	**Yangtze River**	**74919**	**6495**	**13341**	**36063**	**9694**	**1389**	**750**
上海	Shanghai	3719	201	692	3719	1119	127	4
江苏	Jiangsu	14813	820	2033	11889	2122	285	424
浙江	Zhejiang	2073	266	421	1368	555	114	77
安徽	Anhui	10515	578	1200	4087	785	101	
江西	Jiangxi	9837	763	1199	2542	487	31	2
河南	Henan	846	105	195	29			
湖北	Hubei	12711	1816	3151	4821	2263	33	23
湖南	Hunan	5902	891	1680	3576	2116	146	
广西	Guangxi	214	15	13	8			
重庆	Chongqing	817	77	493	550	60	125	
四川	Sichuan	4274	574	1522	2158	118	346	10
贵州	Guizhou	1237	139	222	230	33	15	
云南	Yunnan	3069	125	228	288	16	8	
陕西	Shaanxi	3446	87	190	491	16	41	179
甘肃	Gansu	1432	37	100	302	4	17	30
青海	Qinghai	13			5			
东南诸河区	**Rivers in Southeast**	**19186**	**1749**	**4729**	**9515**	**1608**	**600**	**99**
浙江	Zhejiang	11823	1425	3433	6279	1320	392	87
安徽	Anhui	1366	11	27	109	27	22	
福建	Fujian	5997	314	1269	3126	261	186	12
珠江区	**Pearl River**	**22335**	**1526**	**5014**	**6865**	**1944**	**390**	
湖南	Hunan	27	6	16	27	3	3	
广东	Guangdong	16855	1103	3608	5374	1808	288	
广西	Guangxi	2653	251	899	663	106	68	
海南	Hainan	518	39	175	221	22	5	
贵州	Guizhou	362	29	127	129	6	22	
云南	Yunnan	1922	98	188	452		4	
西南诸河区	**Rivers in Southwest**	**4146**	**235**	**449**	**1238**	**142**	**77**	
云南	Yunnan	3438	159	266	531	13	28	
西藏	Tibet	708	77	183	708	128	49	
青海	Qinghai							
西北诸河区	**Rivers in Northwest**	**9894**	**2075**	**1364**	**3141**	**583**	**102**	**29**
内蒙古	Inner Mongolia	163	8	26				
甘肃	Gansu	257	79	71	105	19	12	
青海	Qinghai	96	18	9	12		3	
新疆	Xinjiang	9378	1970	1259	3024	563	87	29

2-10 历年水闸数量

Number of Water Gates by Years

单位：座　　unit: unit

年份 Year	合计 Total	按过闸流量大小分 Classified According to Flow			按作用分 Classified According to Functions				
		大型 Large Gate	中型 Medium Gate	小型 Small Gate	分洪闸 Flood Diversion Gate	节制闸 Control Gate	排水闸 Drainage Gate	引水闸 Water Diversion Gate	挡潮闸 Tide Gate
1973	16942	160	1088	15694					
1974	21541	196	1286	20059					
1975	20998	224	1433	19341					
1976	23036	249	1513	21274					
1977	27073	256	1607	25210					
1978	25909	266	1732	23911					
1979	25694	241	1802	23651					
1980	26656	250	1783	24623					
1981	26834	252	1837	24745					
1982	24906	253	1949	22704					
1983	24980	263	1912	22805					
1984	24862	290	1941	22631					
1985	24816	294	1957	22565					
1986	25315	299	2032	22984					
1987	26131	299	2060	23772					
1988	26319	300	2060	23959					
1989	26739	308	2086	24345					
1990	27649	316	2126	25207					
1991	29390	320	2228	26842					
1992	30571	322	2296	27953					
1993	30730	325	2676	27729					
1994	31097	320	2740	28037					
1995	31434	333	2794	28307					
1996	31427	333	2821	28273					
1997	31697	340	2836	28521					
1998	31742	353	2910	28479					
1999	32918	359	3025	29534					
2000	33702	402	3115	30185					
2001	36875	410							
2002	39144	431							
2003	39834	416							
2004	39313	413							
2005	39839	405							
2006	41209	426	3495	37288					
2007	41110	438	3531	37141	2656	11663	14288	7562	4941
2008	41626	504	4182	36940	2647	11904	14381	7686	5008
2009	42523	565	4661	37297	2672	12824	14488	7895	4644
2010	43300	567	4692	38041	2797	12951	14676	8182	4694

2-11 2010年水闸数量（按地区分）

Number of Water Gates in 2010 (by Regions)

单位：座　　　　unit: unit

地区	Region	合计 Total	按过闸流量大小分 Classified According to Flow			按作用分 Classified According to Functions				
			大型 Large Gate	中型 Medium Gate	小型 Small Gate	分洪闸 Flood Diversion Gate	节制闸 Control Gate	排水闸 Drainage Gate	引水闸 Water Diversion Gate	挡潮闸 Tide Gate
合 计	**Total**	**43300**	**567**	**4692**	**38041**	**2797**	**12951**	**14676**	**8182**	**4694**
北 京	Beijing	325	13	34	278	6	198	104	17	
天 津	Tianjin	461	15	45	401	20	142	163	127	9
河 北	Hebei	1598	12	205	1381	80	729	408	331	50
山 西	Shanxi	218	2	33	183	35	105	9	69	
内蒙古	Inner Mongolia	113	7	15	91	34	20	3	56	
辽 宁	Liaoning	1147	61	320	766	30	283	192	589	53
吉 林	Jilin	798	2	16	780	154	44	343	230	27
黑龙江	Heilongjiang	626	5	45	576	66	78	444	38	
上 海	Shanghai	390		61	329		338			52
江 苏	Jiangsu	3870	39	403	3428	123	2237	903	405	202
浙 江	Zhejiang	5279	13	278	4988	221	1458	1815	527	1258
安 徽	Anhui	2403	61	348	1994	276	895	1037	195	
福 建	Fujian	3857	19	209	3629	121	1009	1131	578	1018
江 西	Jiangxi	1181	30	271	880	129	312	407	333	
山 东	Shandong	1898	78	309	1511	116	1084	343	327	28
河 南	Henan	2695	21	280	2394	164	1084	1068	379	
湖 北	Hubei	3724	14	541	3169	287	626	1545	1266	
湖 南	Hunan	2329	9	74	2246	147	270	1372	540	
广 东	Guangdong	4560	91	538	3931	484	875	2154	553	494
广 西	Guangxi	2409	26	84	2299	78	39	625	172	1495
海 南	Hainan	237	2	18	217	1	39	107	82	8
重 庆	Chongqing	32	1	7	24	5	15	8	4	
四 川	Sichuan	162	5	22	135	17	62	52	31	
贵 州	Guizhou	1			1	1				
云 南	Yunnan	1540	5	157	1378	111	668	307	454	
西 藏	Tibet	81	2		79	1	2	10	68	
陕 西	Shaanxi	104	1	4	99	2	13	72	17	
甘 肃	Gansu	75	3	14	58		7	3	65	
青 海	Qinghai									
宁 夏	Ningxia	14		14					14	
新 疆	Xinjiang	1173	30	347	796	88	319	51	715	

2-12 2010年水闸数量（按水资源分区分）

Number of Water Gates in 2010 (by Water Resources Regions)

单位：座 unit: unit

水资源一级区	Grade-Ⅰ Water Resources Region	合计 Total	按过闸流量大小分 Classified According to Flow 大型 Large Gate	中型 Medium Gate	小型 Small Gate	按作用分 Classified According to Functions 分洪闸 Flood Diversion Gate	节制闸 Control Gate	排水闸 Drainage Gate	引水闸 Water Diversion Gate	挡潮闸 Tide Gate
合计	**Total**	**43300**	**567**	**4692**	**38041**	**2797**	**12951**	**14676**	**8182**	**4694**
松花江区	Songhua River	1394	7	59	1328	207	119	790	251	27
辽河区	Liaohe River	1236	64	330	842	61	294	192	636	53
海河区	Haihe River	3177	61	370	2746	154	1506	762	689	66
黄河区	Yellow River	791	16	94	681	48	228	186	329	
淮河区	Huaihe River	7366	150	1019	6197	471	3270	2750	694	181
长江区	Yangtze River	11968	79	1264	10625	817	3940	4437	2678	96
其中：太湖区	Among Which: Taihu Lake	1911	2	103	1806	19	1183	550	105	54
东南诸河区	Rivers in Southeast	7994	32	468	7494	326	1976	2417	1001	2274
珠江区	Pearl River	7767	122	696	6949	596	1122	3068	984	1997
西南诸河区	Rivers in Southwest	362	3	27	332	14	167	23	158	
西北诸河区	Rivers in Northwest	1245	33	365	847	103	329	51	762	

2-13 2010年水闸数量（按水资源分区和地区分）

Number of Water Gates in 2010 (by Water Resources Regions and Regions)

单位：座 unit: unit

地区	Region	合计 Total	按过闸流量大小分 Classified According to Flow			按作用分 Classified According to Functions				
			大型 Large Gate	中型 Medium Gate	小型 Small Gate	分洪闸 Flood Diversion Gate	节制闸 Control Gate	排水闸 Drainage Gate	引水闸 Water Diversion Gate	挡潮闸 Tide Gate
松花江区	**Songhua River**	**1394**	**7**	**59**	**1328**	**207**	**119**	**790**	**251**	**27**
内蒙古	Inner Mongolia	29		2	27	2	2	3	22	
吉　林	Jilin	739	2	12	725	139	39	343	191	27
黑龙江	Heilongjiang	626	5	45	576	66	78	444	38	
辽河区	**Liaohe River**	**1236**	**64**	**330**	**842**	**61**	**294**	**192**	**636**	**53**
内蒙古	Inner Mongolia	43	6	7	30	16	8		19	
辽　宁	Liaoning	1134	58	319	757	30	281	192	578	53
吉　林	Jilin	59		4	55	15	5		39	
海河区	**Haihe River**	**3177**	**61**	**370**	**2746**	**154**	**1506**	**762**	**689**	**66**
北　京	Beijing	325	13	34	278	6	198	104	17	
天　津	Tianjin	461	15	45	401	20	142	163	127	9
河　北	Hebei	1598	12	205	1381	80	729	408	331	50
山　西	Shanxi	62		4	58	12	11		39	
内蒙古	Inner Mongolia	5			5				5	
辽　宁	Liaoning	13	3	1	9		2		11	
山　东	Shandong	496	18	62	416	9	266	75	139	7
河　南	Henan	217		19	198	27	158	12	20	
黄河区	**Yellow River**	**791**	**16**	**94**	**681**	**48**	**228**	**186**	**329**	
山　西	Shanxi	156	2	29	125	23	94	9	30	
内蒙古	Inner Mongolia	4	1	2	1	1	2		1	
山　东	Shandong	137	12	10	115	16	4	43	74	
河　南	Henan	375		35	340	6	116	76	177	
陕　西	Shaanxi	81	1	4	76	2	7	55	17	
甘　肃	Gansu	24			24		5	3	16	
青　海	Qinghai									
宁　夏	Ningxia	14		14					14	
淮河区	**Huaihe River**	**7366**	**150**	**1019**	**6197**	**471**	**3270**	**2750**	**694**	**181**
江　苏	Jiangsu	2360	35	311	2014	118	1018	748	316	160
安　徽	Anhui	1638	46	245	1347	131	628	797	82	
山　东	Shandong	1265	48	237	980	91	814	225	114	21
河　南	Henan	2103	21	226	1856	131	810	980	182	

2-13 续表 continued

地区	Region	合计 Total	按过闸流量大小分 Classified According to Flow			按作用分 Classified According to Functions				
			大型 Large Gate	中型 Medium Gate	小型 Small Gate	分洪闸 Flood Diversion Gate	节制闸 Control Gate	排水闸 Drainage Gate	引水闸 Water Diversion Gate	挡潮闸 Tide Gate
长江区	**Yangtze River**	**11968**	**79**	**1264**	**10625**	**817**	**3940**	**4437**	**2678**	**96**
上　海	Shanghai	390		61	329		338			52
江　苏	Jiangsu	1510	4	92	1414	5	1219	155	89	42
浙　江	Zhejiang	1159	2	24	1133	19	504	529	105	2
安　徽	Anhui	748	13	98	637	142	254	240	112	
江　西	Jiangxi	1181	30	271	880	129	312	407	333	
河　南	Henan									
湖　北	Hubei	3724	14	541	3169	287	626	1545	1266	
湖　南	Hunan	2282	8	69	2205	147	270	1372	493	
广　西	Guangxi	34			34	8	10	13	3	
重　庆	Chongqing	32	1	7	24	5	15	8	4	
四　川	Sichuan	162	5	22	135	17	62	52	31	
贵　州	Guizhou									
云　南	Yunnan	712	2	79	631	58	324	99	231	
陕　西	Shaanxi	23			23		6	17		
甘　肃	Gansu	11			11				11	
青　海	Qinghai									
东南诸河区	**Rivers in Southeast**	**7994**	**32**	**468**	**7494**	**326**	**1976**	**2417**	**1001**	**2274**
浙　江	Zhejiang	4120	11	254	3855	202	954	1286	422	1256
福　建	Fujian	17	2	5	10	3	13		1	
安　徽	Anhui	3857	19	209	3629	121	1009	1131	578	1018
珠江区	**Pearl River**	**7767**	**122**	**696**	**6949**	**596**	**1122**	**3068**	**984**	**1997**
湖　南	Hunan	47	1	5	41				47	
广　东	Guangdong	4560	91	538	3931	484	875	2154	553	494
广　西	Guangxi	2375	26	84	2265	70	29	612	169	1495
海　南	Hainan	237	2	18	217	1	39	107	82	8
贵　州	Guizhou	1			1	1				
云　南	Yunnan	547	2	51	494	40	179	195	133	
西南诸河区	**Rivers in Southwest**	**362**	**3**	**27**	**332**	**14**	**167**	**23**	**158**	
云　南	Yunnan	281	1	27	253	13	165	13	90	
西　藏	Tibet	81	2		79	1	2	10	68	
青　海	Qinghai									
西北诸河区	**Rivers in Northwest**	**1245**	**33**	**365**	**847**	**103**	**329**	**51**	**762**	
内蒙古	Inner Mongolia	32		4	28	15	8		9	
甘　肃	Gansu	40	3	14	23		2		38	
青　海	Qinghai									
新　疆	Xinjiang	1173	30	347	796	88	319	51	715	

2-14 历年水旱灾害

Flood and Drought Disasters by Years

年份 Year	洪灾 Flood Disasters							旱灾 Drought Disasters		
	受灾（千公顷） Disaster-Affected Area (10^3hm^2)	成灾（千公顷） Damaged Area (10^3hm^2)	成灾率（%） Percentage of Damaged Area (%)	受灾人口（万人） Affected Population (10^4person)	死亡人口（人） Death Toll (person)	直接经济总损失（亿元） Total Direct Economic Loss (10^8yuan)	水利设施经济损失（亿元） Economic Loss of Water Facilities (10^8yuan)	受灾（千公顷） Disaster-Affected Area (10^3hm^2)	成灾（千公顷） Damaged Area (10^3hm^2)	成灾率（%） Percentage of Damaged Area (%)
1949	9282								52	
1950	6559	4710	71.8		1982			2398	589	24.6
1951	4173	1476	35.4		7819			7829	2299	29.4
1952	2794	1547	55.4		4162			4236	2565	60.6
1953	7187	3285	45.7		3308			8616	1341	15.6
1954	16131	11305	70.1		42447			2988	560	18.7
1955	5247	3067	58.5		2718			13433	4024	30.0
1956	14377	10905	75.9		10676			3127	2051	65.6
1957	8083	6032	74.6		4415			17205	7400	43.0
1958	4279	1441	33.7		3642			22361	5031	22.5
1959	4813	1817	37.8		4540			33807	11173	33.1
1960	10155	4975	49.0		6033			38125	16177	42.4
1961	8910	5356	60.1		5074			37847	18654	49.3
1962	9810	6318	64.4		4350			20808	8691	41.8
1963	14071	10479	74.5		10441			16865	9021	53.5
1964	14933	10038	67.2		4288			4219	1423	33.7
1965	5587	2813	50.3		1906			13631	8107	59.5
1966	2508	950	37.9		1901			20015	8106	40.5
1967	2599	1407	54.1		1095			6764	3065	45.3
1968	2670	1659	62.1		1159			13294	7929	59.6
1969	5443	3265	60.0		4667			7624	3442	45.1
1970	3129	1234	39.4		2444			5723	1931	33.7
1971	3989	1481	37.1		2323			25049	5319	21.2
1972	4083	1259	30.8		1910			30699	13605	44.3
1973	6235	2577	41.3		3413			27202	3928	14.4
1974	6431	2737	42.6		1849			25553	2296	9.0
1975	6817	3467	50.9		29653			24832	5318	21.4
1976	4197	1329	31.7		1817			27492	7849	28.5
1977	9095	4989	54.9		3163			29852	7005	23.5
1978	2820	924	32.8		1796			40169	17969	44.7
1979	6775	2870	42.4		3446			24646	9316	37.8
1980	9146	5025	54.9		3705			26111	12485	47.8
1981	8625	3973	46.1		5832			25693	12134	47.2

2-14 续表 continued

年份 Year	洪 灾 Flood Disasters							旱 灾 Drought Disasters		
	受灾（千公顷） Disaster-Affected Area (10^3hm^2)	成灾（千公顷） Damaged Area (10^3hm^2)	成灾率（%） Percentage of Damaged Area (%)	受灾人口（万人） Affected Population (10^4person)	死亡人口（人） Death Toll (person)	直接经济总损失（亿元） Total Direct Economic Loss (10^8yuan)	水利设施经济损失（亿元） Economic Loss of Water Facilities (10^8yuan)	受灾（千公顷） Disaster-Affected Area (10^3hm^2)	成灾（千公顷） Damaged Area (10^3hm^2)	成灾率（%） Percentage of Damaged Area (%)
1982	8361	4463	53.4		5323			20697	9972	48.2
1983	12162	5747	47.3		7238			16089	7586	47.2
1984	10632	5361	50.4		3941			15819	7015	44.3
1985	14197	8949	63.0		3578			22989	10063	43.8
1986	9155	5601	61.2		2761			31042	14765	47.6
1987	8686	4104	47.2		3749			24920	13033	52.3
1988	11949	6128	51.3		4094			32904	15303	46.5
1989	11328	5917	52.2		3270			29358	15262	52.0
1990	11804	5605	47.5		3589	239		18175	7805	42.9
1991	24596	14614	59.4		5113	779		24914	10559	42.4
1992	9423	4464	47.4		3012	413		32980	17049	51.7
1993	16387	8610	52.5		3499	642		21098	8659	41.0
1994	18859	11490	60.9	21523	5340	1797		30282	17049	56.3
1995	14367	8001	55.7	20070	3852	1653		23455	10374	44.2
1996	20388	11823	58.0	25384	5840	2208		20151	6247	31.0
1997	13135	6515	49.6	18067	2799	930		33514	20010	59.7
1998	22292	13785	61.8	18655	4150	2551	287	14237	5068	35.6
1999	9605	5389	56.1	13013	1896	930	132	30153	16614	55.1
2000	9045	5396	59.7	12936	1942	712	103	40541	26777	66.0
2001	7138	4253	59.6	11087	1605	623	98	38480	23702	61.6
2002	12384	7439	60.1	15204	1819	838	166	22207	13247	59.7
2003	20366	13000	63.8	22572	1551	1301	173	24852	14470	58.2
2004	7782	4017	51.6	10673	1282	714	113	17255	7951	46.1
2005	14967	8217	54.9	20026	1660	1662	249	16028	8479	52.9
2006	10522	5592	53.2	13882	2276	1333	208	20738	13411	64.7
2007	12549	5969	47.6	17698	1230	1123	177	29386	16170	55.0
2008	8867	4537	51.2	14047	633	955	172	12137	6798	56.0
2009	8748	3796	43.4	11102	538	846	148	29259	13197	45.1
2010	17867	8728	48.9	21085	3222	3745	692	13259	8987	67.8

2-15　2010年水旱灾害（按地区分）

Flood and Drought Disasters in 2010 (by Regions)

地区	Region	洪　灾 Flood Disasters						旱　灾 Drought Disasters	
		受灾（千公顷） Disaster-Affected Area (10^3hm^2)	成灾（千公顷） Damaged Area (10^3hm^2)	受灾人口（万人） Affected Population (10^4person)	死亡人口（人） Death Toll (person)	直接经济总损失（亿元） Total Direct Economic Loss (10^8yuan)	水利设施经济损失（亿元） Economic Loss of Water Facilities (10^8yuan)	受灾（千公顷） Disaster-Affected Area (10^3hm^2)	成灾（千公顷） Damaged Area (10^3hm^2)
合　计	**Total**	**17866.7**	**8727.9**	**21084.7**	**3222**	**3745.3**	**691.7**	**13258.6**	**8986.5**
北　京	Beijing								
天　津	Tianjin					0.1	0.1		
河　北	Hebei	92.0	47.0	89.4	4	7.9	1.9	595.6	432.2
山　西	Shanxi	152.9	28.0	145.7	8	17.1	2.4	727.8	543.0
内蒙古	Inner Mongolia	215.6	165.0	79.8	12	12.0	2.0	1434.1	1059.0
辽　宁	Liaoning	852.5	529.4	466.1	11	272.9	49.8	17.6	12.5
吉　林	Jilin	386.5	281.5	542.2	104	499.8	81.0	349.3	225.3
黑龙江	Heilongjiang	916.5	651.1	149.9		15.2	1.3	1011.6	775.5
上　海	Shanghai			0.1					
江　苏	Jiangsu	527.8	92.0	233.4		30.3	2.0	70.4	39.3
浙　江	Zhejiang	292.6	144.0	644.1	15	64.5	16.4	1.5	1.4
安　徽	Anhui	1072.0	511.6	1261.6	7	83.7	16.8	41.3	
福　建	Fujian	429.2	203.1	687.7	103	207.9	37.2	4.8	0.7
江　西	Jiangxi	1784.2	974.8	1879.0	46	502.1	120.1		
山　东	Shandong	1615.5	444.5	1367.0	1	116.0	6.8	585.5	331.7
河　南	Henan	1166.5	548.3	1399.6	127	158.4	15.1	50.4	25.0
湖　北	Hubei	1610.6	772.2	1821.4	99	211.1	27.0	204.4	98.4
湖　南	Hunan	2100.8	1083.4	1600.7	64	247.0	67.0	352.1	218.1
广　东	Guangdong	550.5	254.3	692.6	162	154.9	38.9	119.7	4.8
广　西	Guangxi	598.2	250.5	1235.6	114	69.0	12.8	1079.3	748.0
海　南	Hainan	287.8	188.8	564.9	7	117.7	21.2	41.8	8.7
重　庆	Chongqing	394.2	135.3	878.1	70	60.5	10.6	176.3	44.0
四　川	Sichuan	1436.6	625.9	2866.6	221	450.8	69.5	627.8	384.2
贵　州	Guizhou	398.5	234.7	1005.0	97	31.2	3.1	1271.3	1024.6
云　南	Yunnan	182.8	112.2	291.5	139	29.6	3.8	2957.2	2050.9
西　藏	Tibet	15.1		9.7	10	7.9	2.6	40.3	21.2
陕　西	Shaanxi	373.8	174.6	660.1	174	228.3	49.7	421.3	271.6
甘　肃	Gansu	252.3	155.7	359.3	1577	106.9	15.5	715.1	428.4
青　海	Qinghai	14.7	9.5	13.4	24	5.0	1.4	46.1	28.9
宁　夏	Ningxia	10.5	9.1	7.0	1	2.0	0.9	15.7	
新　疆	Xinjiang	136.5	101.2	133.2	25	35.4	14.9	300.3	209.1

2-16 历年除涝面积和治碱面积

Drainage and Saline Prevention Area by Years

单位：千公顷 unit: 10^3hm^2

年份 Year	易涝面积 Waterlogging Area	除涝面积 合计 Total Drainage Area	3～5年 3-5 Years	5年以上 More than 5 Years	盐碱耕地面积 Area of Saline and Alkaline Farmland	盐碱耕地改良面积 Improved Area of Saline and Alkaline Farmland
1973	22016.00	15420.67	7032.67	8388.00	6754.00	3226.00
1974	23337.33	17370.00	7238.00	10132.00	6705.33	3652.67
1975	22080.67	16060.67	7042.67	9018.00	7062.00	3885.33
1976	22228.67	16688.67	7059.33	9629.33	7132.00	4186.00
1977	22277.33	16881.33	7219.33	9662.00	7262.00	4040.67
1978	22554.00	17281.33	7416.67	9864.67	7258.67	4131.33
1979	23218.00	17748.67	7539.33	10209.33	7302.00	4132.00
1980	23410.00	17847.33	7316.00	10531.33	7145.33	4235.33
1981	23776.67	17896.00	7174.00	10722.00	7243.33	4262.67
1982	23776.67	18092.67	7210.67	10882.00	7243.33	4265.33
1983	24066.00	18200.67	7194.67	11006.00	7357.33	4391.33
1984	24235.33	18399.33	7157.33	11242.00	7331.33	4474.00
1985	24086.67	18584.00	7217.33	11366.67	7692.00	4569.33
1986	24229.33	18760.67	7430.67	11330.00	7606.67	4623.33
1987	24337.33	18958.00	7521.33	11436.67	7636.00	4755.33
1988	24348.00	19064.00	7532.00	11532.00	7672.00	4830.00
1989	24425.33	19229.33	7566.00	11663.33	7538.67	4883.33
1990	24466.67	19336.66	7671.33	11665.33	7539.33	4995.09
1991	24424.00	19580.30	8004.00	11576.30	7617.83	5110.09
1992	24410.00	19769.76	7996.88	11772.88	7633.22	5210.21
1993		19883.48	8068.40	11815.08	7655.82	5304.62
1994		19678.55	8172.43	11506.12	7655.82	5350.83
1995		20055.64	8241.97	11813.67	7655.83	5433.91
1996		20278.74	8367.67	11911.07		5513.15
1997		20525.80	8540.54	11985.26		5612.25
1998		20680.73	8645.98	12034.75		5653.94
1999		20838.48	8878.23	11960.25		5736.82
2000		20989.70	8812.76	12176.94		5841.36
2001		21021.33	8841.33	12180.00		5750.67
2002		21097.11	8916.94	12180.17		5282.86
2003		21137.31	8918.54	12218.77		5864.59
2004		21198.00				5961.56
2005		21340.00	9272.60	12067.14		
2006		21376.31	9197.50	12178.80		
2007		21419.14	9208.24	12210.90		
2008		21424.55	9334.67	12089.87		
2009		21584.32	9370.59	12213.73		
2010		21691.74	9427.39	12264.35		

2-17 2010 年除涝面积（按地区分）

Drainage Area in 2010 (by Regions)

单位：千公顷 unit: 10^3hm^2

地区	Region	除涝面积合计 Total Drainage Area	3～5 年 3-5 Years	5～10 年 5-10 Years	10 年以上 More than 10 Years	除涝面积 Drainage Area 新增 Newly-Increased	减少 Reduction
合　计	**Total**	**21691.74**	**9427.39**	**8448.23**	**3816.12**	**224.91**	**123.89**
北　京	Beijing	149.77			149.77		
天　津	Tianjin	377.22	107.47	207.16	62.59		9.11
河　北	Hebei	1648.64	802.52	760.33	85.79	1.13	
山　西	Shanxi	89.13	61.19	27.71	0.23		
内蒙古	Inner Mongolia	277.00	157.76	84.87	34.37		
辽　宁	Liaoning	985.25	73.63	191.42	720.20	6.19	4.11
吉　林	Jilin	1021.40	141.28	353.41	526.71	0.08	
黑龙江	Heilongjiang	3334.90	2399.85	869.93	65.12	25.73	6.80
上　海	Shanghai	55.35	11.51	7.10	36.74	2.56	1.78
江　苏	Jiangsu	2802.51	831.48	1227.79	743.24	22.93	31.71
浙　江	Zhejiang	496.71	129.41	191.80	175.50	1.59	1.50
安　徽	Anhui	2269.05	938.34	1239.75	90.96	18.24	0.57
福　建	Fujian	129.58	79.25	41.62	8.71	3.58	0.18
江　西	Jiangxi	375.72	180.59	176.71	18.42	6.68	1.39
山　东	Shandong	2651.80	1192.82	1316.35	142.63	39.16	10.76
河　南	Henan	1958.97	1386.23	565.71	7.03	75.69	52.70
湖　北	Hubei	1219.17	229.59	500.40	489.18	4.20	1.64
湖　南	Hunan	486.34	138.25	274.48	73.61	2.16	0.80
广　东	Guangdong	514.49	61.92	100.22	352.35	2.27	0.42
广　西	Guangxi	209.57	120.75	87.72	1.10	0.92	0.10
海　南	Hainan	17.51	14.46	1.07	1.98	0.30	
重　庆	Chongqing						
四　川	Sichuan	93.98	51.06	40.66	2.26	1.35	0.01
贵　州	Guizhou	54.00	31.77	19.85	2.38	1.62	
云　南	Yunnan	253.99	173.81	71.66	8.52	5.02	0.18
西　藏	Tibet	22.34	8.04	13.87	0.43		
陕　西	Shaanxi	130.81	71.71	53.87	5.23	0.11	0.12
甘　肃	Gansu	12.48	6.32	2.02	4.14		
青　海	Qinghai						
宁　夏	Ningxia	10.50	10.50				
新　疆	Xinjiang	43.56	15.88	20.75	6.93	3.41	0.01

2-18 2010年除涝面积（按水资源分区分）

Drainage Area in 2010 (by Water Resources Regions)

单位：千公顷 unit: 10^3hm^2

水资源一级区	Grade-Ⅰ Water Resources Region	除涝面积合计 Total Drainage Area	3～5年 3-5 Years	5～10年 5-10 Years	10年以上 More than 10 Years	除涝面积 Drainage Area 新增 Newly-Increased	减少 Reduction
合 计	**Total**	**21691.74**	**9427.39**	**8448.23**	**3816.12**	**224.91**	**123.89**
松花江区	Songhua River	4284.38	2611.75	1147.93	524.70	25.81	6.80
辽河区	Liaohe River	1290.87	133.63	336.04	821.20	6.19	4.11
海河区	Haihe River	3231.61	1397.24	1490.42	343.95	31.29	17.83
黄河区	Yellow River	597.70	392.08	178.31	27.31	6.62	5.30
淮河区	Huaihe River	6764.82	3225.05	2986.36	553.41	101.11	66.91
长江区	Yangtze River	4142.50	1144.28	1876.79	1121.42	37.14	20.88
其中：太湖区	Among Which: Taihu Lake	406.53	43.41	114.60	248.52	3.77	3.02
东南诸河区	Rivers in Southeast	401.03	184.99	160.55	55.49	4.98	1.34
珠江区	Pearl River	827.16	247.22	220.19	359.75	4.78	0.53
西南诸河区	Rivers in Southwest	106.78	73.94	30.88	1.96	3.58	0.17
西北诸河区	Rivers in Northwest	44.90	17.22	20.75	6.93	3.41	0.01

2-19 2010年除涝面积（按水资源分区和地区分）

Drainage Area in 2010 (by Water Resources Regions and Regions)

单位：千公顷　　　　unit: 10^3hm^2

地区	Region	除涝面积合计 Total Drainage Area	3～5年 3-5 Years	5～10年 5-10 Years	10年以上 More than 10 Years	除涝面积 Drainage Area 新增 Newly-Increased	减少 Reduction
松花江区	**Songhua River**	**4284.38**	**2611.75**	**1147.93**	**524.70**	**25.81**	**6.80**
内蒙古	Inner Mongolia	106.86	89.85	17.01			
吉　林	Jilin	842.62	122.05	260.99	459.58	0.08	
黑龙江	Heilongjiang	3334.90	2399.85	869.93	65.12	25.73	6.80
辽河区	**Liaohe River**	**1290.87**	**133.63**	**336.04**	**821.20**	**6.19**	**4.11**
内蒙古	Inner Mongolia	126.84	40.77	52.20	33.87		
辽　宁	Liaoning	985.25	73.63	191.42	720.20	6.19	4.11
吉　林	Jilin	178.78	19.23	92.42	67.13		
海河区	**Haihe River**	**3231.61**	**1397.24**	**1490.42**	**343.95**	**31.29**	**17.83**
北　京	Beijing	149.77			149.77		
天　津	Tianjin	377.22	107.47	207.16	62.59		9.11
河　北	Hebei	1648.64	802.52	760.33	85.79	1.13	
山　西	Shanxi	32.48	22.68	9.57	0.23		
内蒙古	Inner Mongolia	0.91	0.91				
辽　宁	Liaoning						
山　东	Shandong	830.41	309.90	475.46	45.05	21.31	1.00
河　南	Henan	192.18	153.76	37.90	0.52	8.85	7.72
黄河区	**Yellow River**	**597.70**	**392.08**	**178.31**	**27.31**	**6.62**	**5.30**
山　西	Shanxi	56.65	38.51	18.14			
内蒙古	Inner Mongolia	42.39	26.23	15.66	0.50		
山　东	Shandong	84.98	28.25	39.14	17.59	1.30	
河　南	Henan	280.25	223.20	53.24	3.81	5.27	5.18
陕　西	Shaanxi	119.50	64.79	50.11	4.60	0.05	0.12
甘　肃	Gansu	3.43	0.60	2.02	0.81		
青　海	Qinghai						
宁　夏	Ningxia	10.50	10.50				
淮河区	**Huaihe River**	**6764.82**	**3225.05**	**2986.36**	**553.41**	**101.11**	**66.91**
江　苏	Jiangsu	2036.24	694.57	937.80	403.87	16.14	23.95
安　徽	Anhui	1730.42	816.91	846.66	66.85	14.10	0.10
山　东	Shandong	1736.41	854.67	801.75	79.99	16.55	9.76
河　南	Henan	1261.75	858.90	400.15	2.70	54.32	33.10

2-19 续表 continued

地区	Region	除涝面积合计 Total Drainage Area	3～5年 3-5 Years	5～10年 5-10 Years	10年以上 More than 10 Years	除涝面积 Drainage Area 新增 Newly-Increased	减少 Reduction
长江区	**Yangtze River**	**4142.50**	**1144.28**	**1876.79**	**1121.42**	**37.14**	**20.88**
上 海	Shanghai	55.35	11.51	7.10	36.74	2.56	1.78
江 苏	Jiangsu	766.27	136.91	289.99	339.37	6.79	7.75
浙 江	Zhejiang	226.25	24.54	72.99	128.72	0.19	0.34
安 徽	Anhui	537.64	120.56	392.97	24.11	4.14	0.47
江 西	Jiangxi	375.72	180.59	176.71	18.42	6.68	1.39
河 南	Henan	224.79	150.37	74.42		7.25	6.70
湖 北	Hubei	1219.17	229.59	500.40	489.18	4.20	1.64
湖 南	Hunan	483.71	136.22	273.89	73.60	2.16	0.80
广 西	Guangxi	1.43	1.18	0.25			
重 庆	Chongqing						
四 川	Sichuan	93.98	51.06	40.66	2.26	1.35	0.01
贵 州	Guizhou	35.91	18.18	15.79	1.94	1.07	
云 南	Yunnan	103.26	72.27	27.87	3.12	0.70	
陕 西	Shaanxi	11.31	6.92	3.76	0.63	0.06	
甘 肃	Gansu	7.71	4.38		3.33		
青 海	Qinghai						
东南诸河区	**Rivers in Southeast**	**401.03**	**184.99**	**160.55**	**55.49**	**4.98**	**1.34**
浙 江	Zhejiang	270.46	104.87	118.81	46.78	1.40	1.16
安 徽	Anhui	0.99	0.87	0.12			
福 建	Fujian	129.58	79.25	41.62	8.71	3.58	0.18
珠江区	**Pearl River**	**827.16**	**247.22**	**220.19**	**359.75**	**4.78**	**0.53**
湖 南	Hunan	2.63	2.03	0.59	0.01		
广 东	Guangdong	514.49	61.92	100.22	352.35	2.27	0.42
广 西	Guangxi	208.14	119.57	87.47	1.10	0.92	0.10
海 南	Hainan	17.51	14.46	1.07	1.98	0.30	
贵 州	Guizhou	18.09	13.59	4.06	0.44	0.55	
云 南	Yunnan	66.29	35.64	26.78	3.87	0.74	0.01
西南诸河区	**Rivers in Southwest**	**106.78**	**73.94**	**30.88**	**1.96**	**3.58**	**0.17**
云 南	Yunnan	84.44	65.90	17.01	1.53	3.58	0.17
西 藏	Tibet	22.34	8.04	13.87	0.43		
青 海	Qinghai						
西北诸河区	**Rivers in Northwest**	**44.9**	**17.22**	**20.75**	**6.93**	**3.41**	**0.01**
内蒙古	Inner Mongolia						
甘 肃	Gansu	1.34	1.34				
青 海	Qinghai						
新 疆	Xinjiang	43.56	15.88	20.75	6.93	3.41	0.01

主要统计指标解释

已建成水库座数 在江河上筑坝（闸）所形成的能拦蓄水量、调节径流的蓄水区的数量。

大型水库：总库容在1亿立方米及以上。

中型水库：总库容在1000万（含1000万）～1亿立方米。

小型水库：库容在10万（含10万）～1000万立方米。

水库库容 从设计规模和统计角度规定如下。

（1）总库容：即校核水位以上的库容。包括死库容、兴利库容、防洪库容（减掉和兴利库容重复部分）之综合，称总库容。

（2）兴利库容：一般为正常高水位至死水位之间的库容。

（3）调洪库容或防洪库容：指校核洪水位与防洪限制水位（也叫汛期限制水位）之间的库容。防汛限制水位，是水库在汛期的下限水位，这个水位以上的库容在汛期专供滞蓄防洪标准内的洪水使用，洪水到来之前水库蓄水不允许超过此水位。

堤防长度 建成或基本建成的在江、河、湖、海岸边用于防洪、防潮的工程长度之总和，包括新中国成立前建成以及需要加固加高培厚的老堤防。但不包括单纯除涝河道的堤防和弃土形成的堤防，也不包括子埝和生产堤。所谓基本建成，是指按设计标准已经完成并能发挥设计效益，但还留有少量尾工的工程。

堤防保护人口 报告期堤防保护范围内的全部人口数。也就是假设河流在设计最大洪水通过时，如没有堤防或一旦堤防决口，所能淹及的最大范围内在报告期当年年末全部人口数。

堤防保护耕地面积 堤防保护范围内的耕地。即按设计最大洪水通过时，假设不修堤防的情况下，洪水所能淹及的最大范围内的耕地面积。

累计达标堤防长度 根据国家《防洪标准》（GB 50201—94）和江河防洪规划，已达到国家所认定的堤防等级的堤防长度。根据现行国家《防洪标准》规定，由于堤防保护的耕地面积和人口不同，以及城市、工矿企业、交通干线等防护对象的重要性程度不同，堤防工程的防洪标准不一样。达标堤防是指按国家标准堤防工程设计规范进行堤防工程标准设计，施工完成后达到设计规定要求的堤防。

堤防工程的级别 按防洪标准分为五个级别。堤防工程防护对象的防洪标准应按照现行国家标准《防洪标准》确定。

主要堤防 保护耕地面积在30万亩以上（包括30万亩）或保护重要工矿、企业、交通干线、国防设施、机场、主要城镇的河道堤防及海堤（海塘）。

水闸数量 水利工程中用以控制水流、水位、通航的水工建筑物的数量。关闭或开启闸门起到调节闸上、下游水位，控制泄流以达到防洪、引水、排水、通航、发电等作用。按流量划分：大型水闸指校核过闸流量1000立方米每秒及以上水闸；中型水闸指校核过闸流量100～1000立方米每秒的水闸；小型水闸指校核过闸流量10～100立方米每秒的水闸。流量不够10立方米每秒，不予统计。

分洪闸 为了保护河道下游堤防及重要城镇、工厂、矿区的安全，在河道遇到特大洪水时宣泄部分洪水进入湖泊、洼地等分洪区（或滞洪区）中，以消减洪峰，免除洪水泛滥所造成的灾害而在河岸边修的水闸。

节制闸 为控制河渠、湖泊水位，保证引水、供水要求而修建的水闸。这种闸一般是拦河、渠而修建的，又称拦河闸。

排水闸 为排除内涝积水在河道两岸修建的闸。或在分洪区（或滞洪闸）出口处设置的尾水闸、退水闸。

引水闸（渠首闸） 从河流、湖泊、水库中引水进行灌溉、发电等而在引水源口处设置的水闸，其功能主要是引水。

挡潮闸 在沿海河口附近修建的发挥排水、挡潮作用的水闸。

洪涝灾害 因降雨、融雪、冰凌、溃坝（堤）、风暴潮、热带气旋等造成的江河洪水、渍涝、山洪、滑坡和泥石流等，以及由其引发的次生灾害。

受灾面积 因洪涝灾害造成在田农作物产量损失一成（含一成）以上的播种面积（含成灾、绝收面积），同一地块的当季农作物遭受一次以上洪涝灾害时，只计其中最重的一次。

成灾面积 因洪涝灾害造成在田农作物受灾面积中，产量损失三成（含三成）以上的播种面积（含绝收面积）。

干旱灾害 因降水少、水资源短缺，对城乡居民生活、工农业生产造成直接影响的旱情，以及旱情发生后给工农业生产造成的旱灾损失。

作物受灾面积 在受旱面积中作物产量比正常年产量减产一成以上的面积。

作物成灾面积 在受旱面积中作物产量比正常年产量减产三成（含三成）以上的面积。

易涝面积 抗涝能力标准低的低洼涝耕地面积。

2003年年报开始只统计“十五”现状数，即2001年初的时点数，包括未治理的易涝耕地面积和排涝设施严重老化毁损的易涝面积。

除涝面积 通过水利工程如围埝、抽水等对易涝面积进行治理，使易涝耕地免除淹涝称除涝面积。按除涝的标准分为3～5年、5～10年和10年以上。易涝面积虽经过治理，但标准尚未达到3年一遇标准的，不作为除涝面积统计。

盐碱耕地面积 土壤中含有盐碱、影响农作物生长甚至接近不能耕种的面积。

盐碱耕地改良面积 在新、老盐碱耕地上进行水利、农业和土壤改良等措施，在正常年景使农作物出苗率达到70%以上的面积。

Explanatory Notes of Main Statistical Indicators

Number of Completed Reservoirs The number of storage area that is formed by constructing dams (gates) to detain and store water resources and regulate water flow.

Large reservoir: the total storage capacity is over 100 million m^3 (including 100 million m^3).

Medium reservoir: the total storage capacity is between 10 million m^3 (including 10 million m^3) to 100 million m^3.

Small reservoir: the total storage capacity is between 0.1 million m^3 (including 0.1 million m^3) to 10 million m^3.

Storage capacity of reservoir It is defined on the basis of design scale and statistic perspective.

1. Total storage capacity: refers to storage capacity above the check water level, total storage capacity includes dead storage capacity, usable storage capacity, and flood control storage capacity (deducting the repeating part of usable storage).

2. Usable storage capacity: refers to storage capacity between normal high water level to dead water level.

3. Flood regulation capacity or flood control storage capacity: refers to storage capacity between check floodwater level to flood limited water level (also termed limited water level in flood season). Flood limited water level is the lower limit water level of reservoir in flood season. The storage capacity above the lower limit level is only used to detain floodwater in flood season in line with flood control standard; before floodwater comes, water level of reservoirs is not allowed to exceed this limit.

Length of Embankment The total length of embankment is the sum of completed or basically completed levees or dykes along the river and lake, sea dike, polder and flood control wall etc., including old embankment built before the founding of People's Republic of China in 1949 and those need to be strengthened, heightened and thickened, but excluding embankment purely for waterlogging control and spoil dike, as well as sub-cofferdam or production dikes. Basically completed embankment refers to the project with a few works to end up, but has been completed and generated benefit according to design.

Embankment protected population Total population protected by embankment during report period. In another word, the total population inundated by flood as a maximum at the end of the year when the design maximum flood passes river courses and if no embankment or break of embankment exist.

Embankment protected farmland Cultivated land under the protection of embankment, i.e. inundated farmland of flood as a maximum if design maximum flood passes and no embankment exists.

Accumulated length of up-to-standard embankment Total length of embankment that has reached national standard, in accordance of "National Standards for Flood Control" and river flood control planning. According to the current "National Standards for Flood Control", the flood control standards of embankment are given differently in accordance with protected cultivated area and population and importance of protected target such as city, industrial and mining enterprises or key transportation lines. The up-to-standard embankment refers to those designed and constructed according to national standards, and meet the requirement of original design after completion.

Classification of embankment project Classification of embankment is divided into five categories according to flood control standards; flood control standard of protected target of embankment are determined by the current National Standards for Flood Control.

Key embankment and dyke Embankment or levees along the river or sea dikes used for protecting farmlands of above 300,000 mu (including 300,000 mu), or important pastures land, and those areas less than 300,000 mu but where have important mine, enterprise, transportation line, national defense facilities, airport and key cities and towns.

Number of Water gates The number of hydraulic structures employed for controlling flow and water level and for navigation. When the gate is open or close, water level at upper and down stream and discharge can be controlled in order to realize flood prevention, water diversion, drainage, navigation, and power generation. According to water flow, large size refers to the gate with a check flow of 1000 m^3/s or above; medium size refers to gate with a check flow of 100-1000 m^3/s, and small size refers to gate with a check flow of 10-100 m^3/s. The gate with a check flow less than 10 m^3/s is not included.

Flood diversion gates Water gates are constructed beside river banks to protect the safety of dikes, major cities, factories, mines in lower reaches, and to drain water into lakes, low ground or flood detention basins to reduce flood peaks for preventing flood disasters when severe flood happens.

Control gates Water gates are built to control water level of rivers, canals or lakes to ensure water diversion and water supply. Water control gates are also termed barrage gates.

Drainage gates Water gates are located beside river banks to drain waterlogging, or constructed in the outlets of flood detention basins (flood retarding gates) as tail locks and waste locks.

Water diversion gates (head gates) Water gates are built in water sources to divert water from rivers, lakes and reservoirs to irrigate, generate hydropower, etc., and the main purpose is to divert water.

Tide gates Water gates are located in coastal estuaries to drain water or prevent tides.

Flood & waterlogging disasters River flood, waterlogging and inland inundation, mountain flood, landslide and mudflow caused by rainfall, snow melting, river ice jam, dam failure, storm tide and tropical cyclone, as well as secondary disasters induced by them.

Affected area Cultivated area (including damaged area and no harvest area) where loss of crop yield is more than 10% (including 10%) due to flood and waterlogging disasters; The most serious damage is calculated only when crop in same land suffer from more than one flood and waterlogging disaster during the same season.

Damaged area Cultivated area (including no harvest area) where loss of crop yield is more than 30% (including 30%) due to flood and waterlogging disaster.

Drought disasters It refers to a disaster that result in direct impact on life of people, industrial and agricultural production in urban and rural areas because of shortage of precipitation and water resources.

Drought affected area It refers to drought-affected area where loss of crop yield is 10% more than normal years.

Drought damaged area It refers to drought-affected area where loss of crop yield is 30% more (including 30%) than normal years.

Waterlogging area Farmland are low-lying and in a low waterlogging control capacity. Starting from 2003 annual report, only statistic of current status in the 10th Five-Year Plan Period is included, i.e. the data of early 2001 include waterlogging-prone farmland areas without control measures or with severely damaged or aged waterlogging control facilities.

Drainage area The controlled area of prone-waterlogging farmland by waterworks such as cofferdams and water pump. The standard of waterlogging control can be divided into 3-5 years, 5-10 years and above 10 years. The area of waterlogging farmland with control measures but has not reach to the standard of once in three years return period, are excluded from waterlogging control areas.

Area of saline and alkaline farmland The area cannot be or almost cannot be cultivated because the soil contains salt and alkaline that affects the growing of crops.

Improved area of saline and alkaline farmland Percentage of seedling emergence is at and above 70% in normal years in the old or new saline and alkaline farmland through measures of water conservation, agriculture and soil improvement.

3 农业灌溉

Agricultural Irrigation

简 要 说 明

农业灌溉统计资料主要包括农田水利设施的数量和产生的效益，分为灌溉面积、灌区、机电排灌站以及节水灌溉面积等四大类。

农业灌溉资料按水资源一级分区和地区分组。

1. 灌溉面积统计范围：已建成或基本建成的灌溉工程、水利综合利用工程、农田水利工程的灌溉面积，包括水利、农业等部门建设的灌溉面积。

2. 按有效灌溉面积达到万亩以上的统计口径调整2008 年数据。

3. 节水灌溉面积只统计利用工程措施节水的面积。

4. 万亩以上灌区、机电排灌站历史资料汇总 1973 年至今数据；灌溉面积、农田排灌机械、机电灌溉面积历史资料汇总 1949 年至今数据；机电井历史资料汇总 1961 年至今数据。

Brief Introduction

Statistical data of agricultural irrigation mainly covers number of farm irrigation facility and benefit generation, and is divided into four types of irrigated area, irrigation district, electromechanical irrigation station and water-saving irrigated area.

The data of agricultural irrigation is grouped in accordance with Grade-Ⅰ water resources regions and regions.

1. Statistical scope of irrigated area covers irrigation areas of completed irrigation projects or almost, multiple-purpose water projects, irrigation and drainage works. The data includes the irrigated area constructed by water departments and others.

2. As effective irrigated area up to ten thousand mu, the statistics of number of irrigation district and effective irrigated area in 2008 were adjusted.

3. Water-saving irrigated area only includes those with structure measures.

4. Historical data of irrigation district with an irrigated area up to ten thousand mu and electro-mechanical drainage station are collected from 1973 until present. Data of irrigated area, farmland mechanical equipment for irrigation and drainage, electro-mechanical irrigated area are collected from 1949 until present; the data of electro-mechanical wells are collected from 1961 until present.

3-1 主 要 指 标

Key Indicators

指标名称	Item	单位	unit	2004	2005	2006	2007	2008	2009	2010
灌溉面积	Irrigated Area	千公顷	10^3hm^2	61511	61898	62559	63413	64120	65165	66352
农田有效灌溉面积	Effective Irrigated Area	千公顷	10^3hm^2	56252	56563	57078	57782	58472	59261	60348
占耕地面积	In Total Cultivated Area	%	%	43.26	43.50	43.89	47.47	48.03	48.69	49.58
林地灌溉面积	Irrigated Area of Forest Land	千公顷	10^3hm^2	1573	1637	1562	1598	1649	1775	1822
牧草灌溉面积	Irrigated Area of Grassland	千公顷	10^3hm^2	1185	1172	1201	1225	1214	1247	1258
农田有效实灌面积	Actual Irrigated Area	千公顷	10^3hm^2	47784	47969	49024	49937	50666	51807	52589
占有效灌溉面积	In Total Effective Irrigated Area	%	%	84.95	84.81	85.89	86.42	86.65	87.42	87.14
节水灌溉面积	Water-Saving Irrigated Area	千公顷	10^3hm^2	20346	21338	22426	23489	24436	25755	27314
万亩以上灌区数量	Irrigation District of 10,000 mu and above	处	unit	5800	5860	5894	5869	5851	5844	5795
其中：30万亩以上	Among Which: Irrigated Area up to 300,000 mu and above	处	unit	280	287	285	294	325	335	349
万亩以上灌区农田有效灌溉面积	Effective Irrigated Area with an Area of 10,000 mu and above	千公顷	10^3hm^2	25506	26419	28021	28341	29440	29562	29415
其中：30万亩以上	Among Which: Irrigated Area up to 300,000 mu and above	千公顷	10^3hm^2	13771	14310	14613	14667	15401	15575	15658
机电排灌面积	Irrigated and Drainage Area with Mechinical and Electrical Equipment	千公顷	10^3hm^2	36979	37868	37563	38716	39277	40016	40751
其中：机电提灌面积	Among Which: Lifting Irrigated Area	千公顷	10^3hm^2	32873	33517	33091	34265	34659	35581	36401
排灌机械保有量	Registerred Irrigation and Drainange Mechinery and Equipment	千千瓦	10^3kW	82159	82469	85443	86684	85883	87530	87201
固定机电排灌站	Fixed Irrigation and Drainage Stations	万处	10^4unit	49.42	48.99	47.33	44.35	44.62	44.65	43.53

3-2 历年万亩以上灌区数量和有效灌溉面积

Irrigation District with an Area above 10,000 mu by Years

年份 Year	合计 Total		50 万亩以上灌区 Irrigated Area up to 500,000 mu and above		30 万～50 万亩灌区 Irrigated Area from 300,000 to 500,000 mu	
	处数（处）Number (unit)	农田有效灌溉面积（千公顷）Effective Irrigated Area (10^3hm^2)	处数（处）Number (unit)	农田有效灌溉面积（千公顷）Effective Irrigated Area (10^3hm^2)	处数（处）Number (unit)	农田有效灌溉面积（千公顷）Effective Irrigated Area (10^3hm^2)
1973	5073	17494	74	4162	96	2931
1974	5802	19035	68	5410	69	1431
1975	5133	18922	68	5323	68	1709
1976	5288	19997	69	5591	74	1809
1977	5322	20303	71	5656	74	1872
1978	5249	20227	74	5751	74	1849
1979	5227	20219	72	5793	71	1789
1980	5289	20486	66	5737	72	1817
1981	5247	20363	66	5720	71	1777
1982	5252	20578	66	5788	72	1825
1983	5288	20941	67	5941	76	1789
1984	5319	20775	71	5994	69	1738
1985	5281	20777	71	5996	66	1670
1986	5299	20869	70	5988	71	1793
1987	5343	21144	70	6014	75	1889
1988	5302	21075	71	6066	75	1877
1989	5331	21177	72	6119	78	1933
1990	5363	21231	72	6048	76	1896
1991	5665	23292	73	6169	91	2186
1992	5531	23632	74	6184	92	2270
1993	5567	24483	74	6239	92	2318
1994	5523	22353	74	6288	98	2429
1995	5562	22499	74	6314	99	2444
1996	5606	22062	75	6150	108	2665
1997	5579	22495	77	6408	115	2862
1998	5611	22747	79	6692	114	2769
1999	5648	23580	90	7632	123	3093
2000	5683	24493	101	7883	141	3440
2001	5686	24766	108	8617	169	4054
2002	5691	25030	110	9158	168	4072
2003	5729	25244	112	9381	169	4084
2004	5800	25506	111	9714	169	4057
2005	5860	26419	117	10230	170	4080
2006	5894	28021	119	10520	166	4092
2007	5869	28341	120	10519	174	4148
2008	5851	29440	120	10768	205	4633
2009	5844	29562	125	10828	210	4747
2010	5795	29415	131	10918	218	4740

3-3　2010年万亩以上灌区数量和有效灌溉面积（按地区分）

Irrigation District with an Area above 10,000 mu in 2010 (by Regions)

地区	Region	合计 Total		50万亩以上灌区 Irrigated Area up to 500,000 mu and above		30万～50万亩灌区 Irrigated Area from 300,000 to 500,000 mu	
		处数（处） Number (unit)	农田有效灌溉面积（千公顷） Effective Irrigated Area (10^3hm^2)	处数（处） Number (unit)	农田有效灌溉面积（千公顷） Effective Irrigated Area (10^3hm^2)	处数（处） Number (unit)	农田有效灌溉面积（千公顷） Effective Irrigated Area (10^3hm^2)
合　计	**Total**	**5795**	**29415**	**131**	**10918**	**218**	**4740**
北　京	Beijing	28	237			4	128
天　津	Tianjin	65	205			1	28
河　北	Hebei	140	1250	5	431	15	338
山　西	Shanxi	175	728	2	140	7	173
内蒙古	Inner Mongolia	160	1313	7	837	7	168
辽　宁	Liaoning	69	482	4	174	5	129
吉　林	Jilin	138	384	1	42	2	42
黑龙江	Heilongjiang	225	688	1	76	2	55
上　海	Shanghai	1	44	1	44		
江　苏	Jiangsu	216	1751	5	213	31	730
浙　江	Zhejiang	186	739	3	144	8	180
安　徽	Anhui	359	1858	9	1168	3	68
福　建	Fujian	177	343	1	35		
江　西	Jiangxi	307	732	2	87	10	153
山　东	Shandong	412	3002	16	1464	15	367
河　南	Henan	191	1767	12	932	10	242
湖　北	Hubei	363	2080	11	631	21	393
湖　南	Hunan	348	1138	5	141	12	212
广　东	Guangdong	325	865	2	151	1	20
广　西	Guangxi	283	673			7	125
海　南	Hainan	53	223	1	75		
重　庆	Chongqing	76	179	1	34		
四　川	Sichuan	300	1475	5	799	3	25
贵　州	Guizhou	67	89				
云　南	Yunnan	170	635	1	43	11	248
西　藏	Tibet	56	125			1	25
陕　西	Shaanxi	186	1006	7	615	5	104
甘　肃	Gansu	187	951	3	146	12	269
青　海	Qinghai	61	140	1	36		
宁　夏	Ningxia	20	367	3	312	1	23
新　疆	Xinjiang	451	3948	22	2149	24	497

3-4 2010年万亩以上灌区数量和有效灌溉面积（按水资源分区分）

Irrigation District with an Area above 10,000 mu in 2010 (by Water Resources Regions)

水资源一级区	Grade-I Water Resources Region	合计 Total		50万亩以上灌区 Irrigated Area up to 500,000 mu and above		30万～50万亩灌区 Irrigated Area from 300,000 to 500,000 mu	
		处数（处） Number (unit)	农田有效灌溉面积（千公顷） Effective Irrigated Area (10^3hm^2)	处数（处） Number (unit)	农田有效灌溉面积（千公顷） Effective Irrigated Area (10^3hm^2)	处数（处） Number (unit)	农田有效灌溉面积（千公顷） Effective Irrigated Area (10^3hm^2)
合　计	**Total**	**5795**	**29415**	**131**	**10918**	**218**	**4740**
松花江区	Songhua River	378	1087	2	118	4	97
辽河区	Liaohe River	163	901	6	264	10	243
海河区	Haihe River	402	3528	17	1651	26	636
黄河区	Yellow River	586	3588	22	2050	16	381
淮河区	Huaihe River	735	5079	20	1859	45	1056
长江区	Yangtze River	1794	7198	32	2284	59	1091
其中：太湖区	Among Which: Taihu Lake	24	119	1	44	1	23
东南诸河区	Rivers in Southeast	345	1048	4	179	8	180
珠江区	Pearl River	724	1963	4	268	10	199
西南诸河区	Rivers in Southwest	130	364			4	92
西北诸河区	Rivers in Northwest	538	4659	24	2244	36	765

3-5 2010年万亩以上灌区数量和有效灌溉面积（按水资源分区和地区分）

Irrigation District with an Area above 10,000 mu in 2010 (by Water Resources Regions and Regions)

地区	Region	合计 Total		50万亩以上灌区 Irrigated Area up to 500,000 mu and above		30万～50万亩灌区 Irrigated Area from 300,000 to 500,000 mu	
		处数（处） Number (unit)	农田有效灌溉面积（千公顷） Effective Irrigated Area (10^3hm^2)	处数（处） Number (unit)	农田有效灌溉面积（千公顷） Effective Irrigated Area (10^3hm^2)	处数（处） Number (unit)	农田有效灌溉面积（千公顷） Effective Irrigated Area (10^3hm^2)
松花江区	**Songhua River**	**378**	**1087**	**2**	**118**	**4**	**97**
内蒙古	Inner Mongolia	28	54				
吉　林	Jilin	125	346	1	42	2	42
黑龙江	Heilongjiang	225	688	1	76	2	55
辽河区	**Liaohe River**	**163**	**901**	**6**	**264**	**10**	**243**
内蒙古	Inner Mongolia	81	381	2	90	5	115
辽　宁	Liaoning	69	482	4	174	5	129
吉　林	Jilin	13	38				
海河区	**Haihe River**	**402**	**3528**	**17**	**1651**	**26**	**636**
北　京	Beijing	28	237			4	128
天　津	Tianjin	65	205			1	28
河　北	Hebei	140	1250	5	431	15	338
山　西	Shanxi	79	229			2	34
内蒙古	Inner Mongolia	1	1				
辽　宁	Liaoning						
山　东	Shandong	64	1312	10	1078	2	43
河　南	Henan	25	294	2	143	2	65
黄河区	**Yellow River**	**586**	**3588**	**22**	**2050**	**16**	**381**
山　西	Shanxi	96	499	2	140	5	139
内蒙古	Inner Mongolia	43	830	4	707	2	53
山　东	Shandong	41	133				
河　南	Henan	66	424	3	148	4	90
陕　西	Shaanxi	155	911	7	615	4	76
甘　肃	Gansu	119	322	2	92		
青　海	Qinghai	46	102	1	36		
宁　夏	Ningxia	20	367	3	312	1	23
淮河区	**Huaihe River**	**735**	**5079**	**20**	**1859**	**45**	**1056**
江　苏	Jiangsu	172	1517	5	213	26	601
安　徽	Anhui	182	1175	4	786	2	44
山　东	Shandong	307	1557	6	386	13	324
河　南	Henan	74	830	5	475	4	87

3-5 续表 continued

地区	Region	合计 Total 处数（处）Number (unit)	合计 Total 农田有效灌溉面积（千公顷）Effective Irrigated Area (10^3hm^2)	50万亩以上灌区 Irrigated Area up to 500,000 mu and above 处数（处）Number (unit)	50万亩以上灌区 农田有效灌溉面积（千公顷）Effective Irrigated Area (10^3hm^2)	30万～50万亩灌区 Irrigated Area from 300,000 to 500,000 mu 处数（处）Number (unit)	30万～50万亩灌区 农田有效灌溉面积（千公顷）Effective Irrigated Area (10^3hm^2)
长江区	**Yangtze River**	**1794**	**7198**	**32**	**2284**	**59**	**1091**
上 海	Shanghai	1	44	1	44		
江 苏	Jiangsu	44	234			5	128
浙 江	Zhejiang	21	45				
安 徽	Anhui	174	672	5	382	1	24
江 西	Jiangxi	307	732	2	87	10	153
河 南	Henan	26	219	2	167		
湖 北	Hubei	363	2080	11	631	21	393
湖 南	Hunan	341	1122	5	141	12	212
广 西	Guangxi	6	14				
重 庆	Chongqing	76	179	1	34		
四 川	Sichuan	300	1475	5	799	3	25
贵 州	Guizhou	42	57				
云 南	Yunnan	59	227			6	127
陕 西	Shaanxi	31	95			1	28
甘 肃	Gansu	3	3				
青 海	Qinghai						
东南诸河区	**Rivers in Southeast**	**345**	**1048**	**4**	**179**	**8**	**180**
浙 江	Zhejiang	165	694	3	144	8	180
福 建	Fujian	3	11				
安 徽	Anhui	177	343	1	35		
珠江区	**Pearl River**	**724**	**1963**	**4**	**268**	**10**	**199**
湖 南	Hunan	7	16				
广 东	Guangdong	325	865	2	151	1	20
广 西	Guangxi	277	658			7	125
海 南	Hainan	53	223	1	75		
贵 州	Guizhou	25	32				
云 南	Yunnan	37	169	1	43	2	53
西南诸河区	**Rivers in Southwest**	**130**	**364**			**4**	**92**
云 南	Yunnan	74	239			3	67
西 藏	Tibet	56	125			1	25
青 海	Qinghai						
西北诸河区	**Rivers in Northwest**	**538**	**4659**	**24**	**2244**	**36**	**765**
内蒙古	Inner Mongolia	7	47	1	40		
甘 肃	Gansu	65	625	1	54	12	269
青 海	Qinghai	15	38				
新 疆	Xinjiang	451	3948	22	2149	24	497

3-6 历年机电排灌站处数和装机容量

Installed Capacity of Mechanical and Electrical Irrigation and Drainage Stations by Years

年份 Year	机电排灌站装机容量（千千瓦） Installed Capacity of Mechanical and Electrical Irrigation and Drainage Stations (10^3kW)	固定机电排灌站 Fixed Irrigation and Drainage Stations				流动机装机容量（千千瓦） Installed Capacity of Mobile Equipment (10^3kW)	喷滴灌装机容量（千千瓦） Installed Capacity of Sprinkler and Drip (10^3kW)
		处数（处） Number (unit)	机械 Mechanical	电力 Electrical	装机容量（千千瓦） Installed Capacity (10^3kW)		
1975		343377	140838	202539	11285		
1976		384349	151489	232860	12730		
1977		405472	162486	242986	13933		
1978		415898	160142	255756	15028		
1979		431730	155529	276201	16494		
1980		524426	234029	290397	17976		
1981		472299	175243	297056	18043		
1982		470819	166225	304594	18566		
1983		475350	159120	316230	19055		
1984		478130	151055	327075	19249		
1985		462269	133519	328750	19148		
1986		455616	122806	332810	19182		
1987		462100	115602	346498	19558		
1988		461085	107156	353929	19854		
1989		465377			19978		
1990		473680			20065		
1991		481566			23213		
1992		493599			22200		
1993		493501			21142		
1994		494349			21086		
1995		495700			21061		
1996		498063			21418		
1997		502861			21530		
1998		503805			21797		
1999		513883			21987		
2000	41570	506067			21798	17837	1934
2001	46670	516743			23510	20891	2269
2002	43604	507397			22881	18170	2553
2003	43039	502165			21988	18316	2735
2004	43748	494172			21912	19016	2820
2005	43599	489921			22176	18515	2908
2006	44726	473349			24531	20196	
2007	45789	443504			23953	18590	3247
2008	44378	446151			22327	18379	3671
2009	45174	446494			24474	16688	4011
2010	43987	435320			23305	16734	3947

注 2006年流动机装机容量包含了喷滴灌装机容量。

Note The installed capacity of mobile equipment includes the installed capacity of sprinklers and drips in 2006.

3-7 2010年机电排灌站处数和装机容量（按地区分）

Installed Capacity of Mechanical and Electrical Irrigation and Drainage Stations in 2010 (by Regions)

地区	Region	机电排灌站装机容量（千千瓦） Installed Capacity of Mechanical and Electrical Irrigation and Drainage Stations (10^3kW)	固定机电排灌站 Fixed Irrigation and Drainage Stations		流动机装机容量（千千瓦） Installed Capacity of Mobile Equipment (10^3kW)	喷滴灌装机容量（千千瓦） Installed Capacity of Sprinkler and Drip (10^3kW)
			处数（处） Number (unit)	装机容量（千千瓦） Installed Capacity (10^3kW)		
合　计	**Total**	**43987**	**435320**	**23305**	**16734**	**3947**
北　京	Beijing	122	1354	53	2	67
天　津	Tianjin	983	1850	419	555	9
河　北	Hebei	884	3605	448	291	145
山　西	Shanxi	629	8769	553	3	74
内蒙古	Inner Mongolia	695	1771	212	3	479
辽　宁	Liaoning	978	6110	545	216	218
吉　林	Jilin	393	4501	264	51	78
黑龙江	Heilongjiang	1192	4302	310	161	721
上　海	Shanghai	217	7150	197	15	5
江　苏	Jiangsu	4460	69315	3206	1243	11
浙　江	Zhejiang	1221	58716	948	236	38
安　徽	Anhui	3743	15809	1681	1940	122
福　建	Fujian	432	8502	349	28	55
江　西	Jiangxi	1325	26649	881	442	2
山　东	Shandong	9916	30477	1411	8006	499
河　南	Henan	1242	8930	447	397	398
湖　北	Hubei	3037	17513	2020	988	29
湖　南	Hunan	3420	41805	2497	902	21
广　东	Guangdong	1537	22441	1350	176	11
广　西	Guangxi	752	20304	486	241	26
海　南	Hainan	24	1028	21	3	0.3
重　庆	Chongqing	462	7579	298	165	0.02
四　川	Sichuan	1526	29689	1099	368	59
贵　州	Guizhou	295	3676	179	116	0.5
云　南	Yunnan	857	12111	749	92	16
西　藏	Tibet	2	14	2		
陕　西	Shaanxi	850	11503	811	31	8
甘　肃	Gansu	1183	7091	1160	10	13
青　海	Qinghai	95	1006	93		2
宁　夏	Ningxia	532	1109	528	4	0.1
新　疆	Xinjiang	981	641	89	51	840

3-8 2010年机电排灌站处数和装机容量（按水资源分区分）

Installed Capacity of Mechanical and Electrical Irrigation and Drainage Stations in 2010 (by Water Resources Regions)

水资源一级区	Grade-Ⅰ Water Resources Region	机电排灌站装机容量（千千瓦）Installed Capacity of Mechanical and Electrical Irrigation and Drainage Stations (10^3kW)	固定机电排灌站 Fixed Irrigation and Drainage Stations		流动机装机容量（千千瓦）Installed Capacity of Mobile Equipment (10^3kW)	喷滴灌装机容量（千千瓦）Installed Capacity of Sprinkler and Drip (10^3kW)
			处数（处）Number (unit)	装机容量（千千瓦）Installed Capacity (10^3kW)		
合　计	**Total**	**43987**	**435320**	**23305**	**16734**	**3947**
松花江区	Songhua River	1703	8475	568	189	946
辽河区	Liaohe River	1177	6949	588	240	349
海河区	Haihe River	6600	14005	1301	4983	316
黄河区	Yellow River	4031	33318	3388	472	171
淮河区	Huaihe River	10788	70507	3913	5939	936
长江区	Yangtze River	13537	206391	9329	4056	152
其中：太湖区	Among Which: Taihu Lake	1050	42163	970	72	9
东南诸河区	Rivers in Southeast	1238	40677	854	292	91
珠江区	Pearl River	3743	52958	3190	501	53
西南诸河区	Rivers in Southwest	86	1203	76	10	0.4
西北诸河区	Rivers in Northwest	1084	837	98	51	934

3-9　2010年机电排灌站处数和装机容量（按水资源分区和地区分）

Installed Capacity of Mechanical and Electrical Irrigation and Drainage Stations in 2010 (by Water Resources Regions and Regions)

地区	Region	机电排灌站装机容量（千千瓦）Installed Capacity of Mechanical and Electrical Irrigation and Drainage Stations (10^3kW)	固定机电排灌站 Fixed Irrigation and Drainage Stations		流动机装机容量（千千瓦）Installed Capacity of Mobile Equipment (10^3kW)	喷滴灌装机容量（千千瓦）Installed Capacity of Sprinkler and Drip (10^3kW)
			处数（处）Number (unit)	装机容量（千千瓦）Installed Capacity (10^3kW)		
松花江区	**Songhua River**	**1703**	**8475**	**568**	**189**	**946**
内蒙古	Inner Mongolia	161	41	9	1	152
吉　林	Jilin	350	4132	249	28	73
黑龙江	Heilongjiang	1192	4302	310	161	721
辽河区	**Liaohe River**	**1177**	**6949**	**588**	**240**	**349**
内蒙古	Inner Mongolia	158	495	29	2	127
辽　宁	Liaoning	976	6085	543	216	217
吉　林	Jilin	43	369	15	23	5
海河区	**Haihe River**	**6600**	**14005**	**1301**	**4983**	**316**
北　京	Beijing	122	1354	53	2	67
天　津	Tianjin	983	1850	419	555	9
河　北	Hebei	884	3605	448	291	145
山　西	Shanxi	147	2803	124		23
内蒙古	Inner Mongolia	42	21	0.4		41
辽　宁	Liaoning	2	25	1	0.2	1
山　东	Shandong	4295	2161	171	4105	19
河　南	Henan	125	2186	85	29	11
黄河区	**Yellow River**	**4031**	**33318**	**3388**	**472**	**171**
山　西	Shanxi	482	5966	429	3	51
内蒙古	Inner Mongolia	240	1185	173	1	66
山　东	Shandong	483	6540	175	298	10
河　南	Henan	284	2685	127	133	24
陕　西	Shaanxi	778	8785	746	24	8
甘　肃	Gansu	1139	6066	1120	10	9
青　海	Qinghai	93	982	91		2
宁　夏	Ningxia	532	1109	528	4	0.1
淮河区	**Huaihe River**	**10788**	**70507**	**3913**	**5939**	**936**
江　苏	Jiangsu	2529	36601	1904	617	8
安　徽	Anhui	2376	8780	749	1508	119
山　东	Shandong	5138	21776	1065	3603	470
河　南	Henan	746	3350	196	211	339

3-9 续表 continued

地区	Region	机电排灌站装机容量（千千瓦）Installed Capacity of Mechanical and Electrical Irrigation and Drainage Stations (10^3kW)	固定机电排灌站 Fixed Irrigation and Drainage Stations		流动机装机容量（千千瓦）Installed Capacity of Mobile Equipment (10^3kW)	喷滴灌装机容量（千千瓦）Installed Capacity of Sprinkler and Drip (10^3kW)
			处数（处）Number (unit)	装机容量（千千瓦）Installed Capacity (10^3kW)		
长江区	**Yangtze River**	**13537**	**206391**	**9329**	**4056**	**152**
上　海	Shanghai	217	7150	197	15	5
江　苏	Jiangsu	1932	32714	1303	625	4
浙　江	Zhejiang	460	26932	450	8	2
安　徽	Anhui	1323	6638	924	396	3
江　西	Jiangxi	1325	26649	881	442	2
河　南	Henan	87	709	40	24	23
湖　北	Hubei	3037	17513	2020	988	29
湖　南	Hunan	2562	39685	1647	894	21
广　西	Guangxi	15	331	8	6	0.4
重　庆	Chongqing	462	7579	298	165	0.02
四　川	Sichuan	1526	29689	1099	368	59
贵　州	Guizhou	203	2273	129	74	1
云　南	Yunnan	279	4930	235	44	
陕　西	Shaanxi	72	2718	65	7	
甘　肃	Gansu	37	881	34	0.1	3
青　海	Qinghai					
东南诸河区	**Rivers in Southeast**	**1238**	**40677**	**854**	**292**	**91**
浙　江	Zhejiang	761	31784	497	227	36
福　建	Fujian	45	391	8	37	0.03
安　徽	Anhui	432	8502	349	28	55
珠江区	**Pearl River**	**3743**	**52958**	**3190**	**501**	**53**
湖　南	Hunan	858	2120	850	8	
广　东	Guangdong	1537	22441	1350	176	11
广　西	Guangxi	738	19973	478	234	26
海　南	Hainan	24	1028	21	3	0.3
贵　州	Guizhou	92	1403	51	42	
云　南	Yunnan	494	5993	441	37	16
西南诸河区	**Rivers in Southwest**	**86**	**1203**	**76**	**10**	**0.4**
云　南	Yunnan	84	1188	74	10	0.4
西　藏	Tibet	2	14	2		
青　海	Qinghai	0.1	1	0.1		
西北诸河区	**Rivers in Northwest**	**1084**	**837**	**98**	**51**	**934**
内蒙古	Inner Mongolia	94	29			94
甘　肃	Gansu	7	144	7		
青　海	Qinghai	2	23	2		0.1
新　疆	Xinjiang	981	641	89	51	840

3-10 历年农田排灌机械保有量和装机容量

Registered Mechanical Equipment for Irrigation and Drainage by Years

单位：千千瓦 unit: 10^3kW

年份 Year	排灌机械保有量合计 Total Registered Machinery and Equipment for Irrigation and Drainage	#电动机 Motor	占保有量比重（%） Percentage in Total Registered (%)	配套机电井装机容量 Installed Capacity of Counterpart Wells	机电排灌站装机容量 Installed Capacity of Irrigation and Drainage Stations	#固定机电排灌站 Fixed Irrigation and Drainage Stations
1949	71					
1950	77					
1951	84					
1952	94					
1953	104					
1954	121					
1955	153					
1956	282					
1957	415	71	17			
1958	886					
1959	2299	383				
1960	3540	624				
1961	3948	1016				
1962	4521	1648	36			
1963	5101	2164				
1964	5579	2675				
1965	6674	3259	49			
1970	13421					
1971	14598	6299				
1972	18126	10218				
1973	25442	12867				
1974	28894	14798				
1975	34810	17064	49	15765		11285
1976	39850	19824	49	18200		12730
1977	42920	21084	49	18453		13933
1978	47224	24200	51	20732		15028
1979	51329	25988	51	20616		16494
1980	53840	27355	51	20740		17976
1981	54548	28563	52	21228		18043
1982	55618	29894	54	21907		18566
1983	57923	31731	55	22814		19055
1984	59575	32942	55	22857		19249
1985	59414	33192	56	23151		19148
1986	59793	34059	57	22774		19182
1987	62422	35459	57	23706		19558
1988	64367	36424	57	25378		19854
1989	66354	37400	56	25932		19978
1990	68055	38311	56	26594		20065
1991	70485	39907	57	26451		23213
1992	65968	39895	60	27257		22200
1993	65845	39806	60	27648		21142
1994	66905	40706	61	27988		21086
1995	68241	41764	61	29001		21061
1996	70196	43034	61	30468		21418
1997	72686			32215		21530
1998	75594			33606		21797
1999	77009			35242		21987
2000	77477			35908	41570	21798
2001	87999			41329	46670	23510
2002	81295			37692	43604	22881
2003	80780			37741	43039	21988
2004	82159			38411	43748	21912
2005	82469			38871	43599	22176
2006	85443			40718	44726	24531
2007	86684			40894	45789	23953
2008	85883			41505	44378	22327
2009	87530			42356	45174	24474
2010	87201			43215	43987	23305

3-11 2010年农田排灌机械保有量和装机容量（按地区分）

Registered Mechanical Equipment for Irrigation and Drainage in 2010 (by Regions)

单位：千千瓦 unit: 10^3kW

地区	Region	排灌机械保有量 Registered Mechanical Equipment for Irrigation and Drainage	配套机电井装机容量 Installed Capacity of Counterpart Wells	机电排灌站装机容量 Installed Capacity of Irrigation and Drainage Stations
合计	**Total**	**87201**	**43215**	**43987**
北京	Beijing	519	397	122
天津	Tianjin	1263	280	983
河北	Hebei	9239	8355	884
山西	Shanxi	1784	1155	629
内蒙古	Inner Mongolia	4068	3373	695
辽宁	Liaoning	2475	1497	978
吉林	Jilin	1495	1102	393
黑龙江	Heilongjiang	3727	2536	1192
上海	Shanghai	217		217
江苏	Jiangsu	5056	596	4460
浙江	Zhejiang	1236	15	1221
安徽	Anhui	4751	1008	3743
福建	Fujian	581	149	432
江西	Jiangxi	1363	38	1325
山东	Shandong	18782	8865	9916
河南	Henan	10343	9101	1242
湖北	Hubei	3253	216	3037
湖南	Hunan	3504	84	3420
广东	Guangdong	1623	86	1537
广西	Guangxi	781	28	752
海南	Hainan	27	3	24
重庆	Chongqing	462		462
四川	Sichuan	1642	116	1526
贵州	Guizhou	305	9	295
云南	Yunnan	908	51	857
西藏	Tibet	11	9	2
陕西	Shaanxi	2083	1234	850
甘肃	Gansu	1927	744	1183
青海	Qinghai	113	18	95
宁夏	Ningxia	610	78	532
新疆	Xinjiang	3053	2072	981

3-12 2010年农田排灌机械保有量和装机容量（按水资源分区分）

Registered Mechanical Equipment for Irrigation and Drainage in 2010 (by Water Resources Regions)

单位：千千瓦 unit: 10^3kW

水资源一级区	Grade-I Water Resources Region	排灌机械保有量 Registered Mechanical Equipment for Irrigation and Drainage	配套机电井装机容量 Installed Capacity of Counterpart Wells	机电排灌站装机容量 Installed Capacity of Irrigation and Drainage Stations
合 计	**Total**	**87201**	**43215**	**43987**
松花江区	Songhua River	5967	4264	1703
辽河区	Liaohe River	4202	3025	1177
海河区	Haihe River	19524	12924	6600
黄河区	Yellow River	9138	5107	4031
淮河区	Huaihe River	24047	13259	10788
长江区	Yangtze River	15018	1481	13537
其中：太湖区	Among Which: Taihu Lake	1056	5	1050
东南诸河区	Rivers in Southeast	1402	165	1238
珠江区	Pearl River	3877	134	3743
西南诸河区	Rivers in Southwest	111	25	86
西北诸河区	Rivers in Northwest	3914	2830	1084

3-13　2010年农田排灌机械保有量和装机容量（按水资源分区和地区分）

Registered Mechanical Equipment for Irrigation and Drainage in 2010 (by Water Resources Regions and Regions)

单位：千千瓦　　unit: 10^3kW

地区	Region	排灌机械保有量 Registered Mechanical Equipment for Irrigation and Drainage	配套机电井装机容量 Installed Capacity of Counterpart Wells	机电排灌站装机容量 Installed Capacity of Irrigation and Drainage Stations
松花江区	**Songhua River**	**5967**	**4264**	**1703**
内蒙古	Inner Mongolia	933	771	161
吉　林	Jilin	1307	957	350
黑龙江	Heilongjiang	3727	2536	1192
辽河区	**Liaohe River**	**4202**	**3025**	**1177**
内蒙古	Inner Mongolia	1562	1404	158
辽　宁	Liaoning	2453	1476	976
吉　林	Jilin	188	145	43
海河区	**Haihe River**	**19524**	**12924**	**6600**
北　京	Beijing	519	397	122
天　津	Tianjin	1263	280	983
河　北	Hebei	9239	8355	884
山　西	Shanxi	476	329	147
内蒙古	Inner Mongolia	131	90	42
辽　宁	Liaoning	22	20	2
山　东	Shandong	6606	2311	4295
河　南	Henan	1268	1143	125
黄河区	**Yellow River**	**9138**	**5107**	**4031**
山　西	Shanxi	1308	826	482
内蒙古	Inner Mongolia	1131	891	240
山　东	Shandong	1216	733	483
河　南	Henan	1517	1233	284
陕　西	Shaanxi	1927	1150	778
甘　肃	Gansu	1324	185	1139
青　海	Qinghai	105	12	93
宁　夏	Ningxia	610	78	532
淮河区	**Huaihe River**	**24047**	**13259**	**10788**
江　苏	Jiangsu	2764	236	2529
安　徽	Anhui	3376	1001	2376
山　东	Shandong	10960	5822	5138
河　南	Henan	6947	6201	746

3-13 续表 continued

地区	Region	排灌机械保有量 Registered Mechanical Equipment for Irrigation and Drainage	配套机电井装机容量 Installed Capacity of Counterpart Wells	机电排灌站装机容量 Installed Capacity of Irrigation and Drainage Stations
长江区	**Yangtze River**	**15018**	**1481**	**13537**
上 海	Shanghai	217		217
江 苏	Jiangsu	2292	360	1932
浙 江	Zhejiang	461	1	460
安 徽	Anhui	1328	6	1323
江 西	Jiangxi	1363	38	1325
河 南	Henan	612	525	87
湖 北	Hubei	3253	216	3037
湖 南	Hunan	2647	84	2562
广 西	Guangxi	15		15
重 庆	Chongqing	462		462
四 川	Sichuan	1642	116	1526
贵 州	Guizhou	211	8	203
云 南	Yunnan	299	19	279
陕 西	Shaanxi	156	84	72
甘 肃	Gansu	61	24	37
青 海	Qinghai	0.02	0.02	
东南诸河区	**Rivers in Southeast**	**1402**	**165**	**1238**
浙 江	Zhejiang	775	14	761
福 建	Fujian	47	1	45
安 徽	Anhui	581	149	432
珠江区	**Pearl River**	**3877**	**134**	**3743**
湖 南	Hunan	858		858
广 东	Guangdong	1623	86	1537
广 西	Guangxi	766	28	738
海 南	Hainan	27	3	24
贵 州	Guizhou	94	1	92
云 南	Yunnan	509	15	494
西南诸河区	**Rivers in Southwest**	**111**	**25**	**86**
云 南	Yunnan	100	16	84
西 藏	Tibet	11	9	2
青 海	Qinghai	0.08		0.08
西北诸河区	**Rivers in Northwest**	**3914**	**2830**	**1084**
内蒙古	Inner Mongolia	312	217	94
甘 肃	Gansu	542	535	7
青 海	Qinghai	8	6	2
新 疆	Xinjiang	3053	2072	981

3-14 历年机电井眼数和装机容量

Mechanical and Electrical Wells by Years

年份 Year	机电井眼数（万眼） Number of Mechanical and Electrical Wells (10^4unit)	#灌溉机电井 Mechanical and Electrical Wells for Irrigation	配套机电井眼数（万眼） Number of Counterpart Mechanical and Electrical Wells (10^4unit)	#灌溉机电井 Mechanical and Electrical Wells for Irrigation	配套机电井装机容量（千千瓦） Installed Capacity of Counterpart Mechanical and Electrical Wells (10^3kW)	#灌溉机电井 Mechanical and Electrical Wells for Irrigation
1961		11.44				
1963		11.27				
1964		13.83		10.51		
1965		19.42		19.42		
1966		22.84		15.26		
1969		74.87		43.41		
1970		91.89		62.70		
1971		113.31		80.67		
1972		134.91		100.76		
1973		170.02		130.35		
1974		194.62		157.09		
1975		217.46		181.75		15765
1976		240.73		203.32		18200
1977		254.59		210.88		18463
1978		265.87		221.83		20732
1979		273.25		229.37		20616
1980		269.10		229.06		20740
1981		266.47		229.77		21228
1982		271.46		234.31		21901
1983		278.12		241.30		22814
1984		279.86		240.31		22857
1985		277.00		237.04		23151
1986		276.65		236.39		22774
1987		282.31		243.02		23706
1988		291.83		251.90		25378
1989		305.47		263.29		25932
1990		314.92		273.11		26594
1991		324.64		283.27		26451
1992		335.39		294.58		27257
1993		342.48		302.16		27648
1994		345.59		306.30		27988
1995		355.91		316.98		29001
1996		373.00		332.55		30468
1997		399.84		355.07		32215
1998		417.88		371.75		33606
1999		434.06		386.67		35242
2000		444.81		398.96		35908
2001		454.66		409.23		41329
2002		465.57		418.35		37692
2003		470.94		422.43		37741
2004		475.58		426.24		38411
2005		478.57		428.20		38871
2006		485.85		436.53		40718
2007	511.80	484.90	461.39	438.84	46286	40894
2008	522.58	488.74	474.12	443.86	46571	41505
2009	529.31	493.82	482.56	450.80	49859	42356
2010	533.71	501.21	487.20	458.18	51446	43215

注 2006年以前（含2006年）只统计灌溉机电井，2007年以后还包括供水机电井。

Note The statistics of mechanical and electrical wells are for irrigation only before 2006 (including 2006), and that also include wells for water supply after 2007.

3-15 2010年机电井眼数和装机容量（按地区分）

Mechanical and Electrical Wells in 2010 (by Regions)

地区	Region	机电井眼数（眼）Number of Mechanical and Electrical Wells (unit)	#灌溉机电井 Mechanical and Electrical Wells for Irrigation	配套机电井眼数（眼）Number of Counterpart Mechanical and Electric Wells (unit)	#灌溉机电井 Mechanical and Electrical Wells for Irrigation	配套机电井装机容量（千千瓦）Installed Capacity of Counterpart Mechanical and Electric Wells(10^3kW)	#灌溉机电井 Mechanical and Electrical Wells for Irrigation
合　计	**Total**	**5337050**	**5012120**	**4871986**	**4581764**	**51446**	**43215**
北　京	Beijing	45427	33432	43008	33250	604	397
天　津	Tianjin	35472	26780	33521	25808	463	280
河　北	Hebei	966413	921346	938747	894430	9052	8355
山　西	Shanxi	97276	86909	90540	81166	3480	1155
内蒙古	Inner Mongolia	428612	402719	393617	369762	3708	3373
辽　宁	Liaoning	144502	139113	134180	128927	1885	1497
吉　林	Jilin	169554	141253	137814	125556	1208	1102
黑龙江	Heilongjiang	346879	264379	336997	257858	3194	2536
上　海	Shanghai	382		382		11	
江　苏	Jiangsu	41234	37434	32998	26492	665	596
浙　江	Zhejiang	15970	2032	15788	1844	24	15
安　徽	Anhui	197369	195457	133268	131793	1589	1008
福　建	Fujian	19340	17866	12602	11384	259	149
江　西	Jiangxi	5361	5361	5307	5307	38	38
山　东	Shandong	1120770	1113679	969378	964298	8938	8865
河　南	Henan	1291297	1268085	1214327	1194169	9448	9101
湖　北	Hubei	13011	12268	12237	11547	1304	216
湖　南	Hunan	9197	8172	6476	5464	87	84
广　东	Guangdong	30743	27052	26235	26225	144	86
广　西	Guangxi	6354	3248	5660	2601	64	28
海　南	Hainan	854	791	428	416	4	3
重　庆	Chongqing	27106		26223		32	
四　川	Sichuan	23600	12590	22564	11938	698	116
贵　州	Guizhou	407	244	343	232	17	9
云　南	Yunnan	3234	3117	3040	2936	52	51
西　藏	Tibet	401	378	401	378	12	9
陕　西	Shaanxi	169209	168052	155549	154488	1273	1234
甘　肃	Gansu	48175	45217	43948	40775	798	744
青　海	Qinghai	1373	1373	1333	1333	18	18
宁　夏	Ningxia	7432	7328	7277	7196	79	78
新　疆	Xinjiang	70096	66445	67798	64191	2295	2072

3-16　2010年机电井眼数和装机容量（按水资源分区分）

Mechanical and Electrical Wells in 2010 (by Water Resources Regions)

水资源一级区	Grade-Ⅰ Water Resources Region	机电井眼数（眼） Number of Mechanical and Electrical Wells (unit)	#灌溉机电井 Mechanical and Electrical Wells for Irrigation	配套机电井眼数（眼） Number of Counterpart Mechanical and Electric Wells (unit)	#灌溉机电井 Mechanical and Electrical Wells for Irrigation	配套机电井装机容量（千千瓦） Installed Capacity of Counterpart Mechanical and Electric Wells(10^3kW)	#灌溉机电井 Mechanical and Electrical Wells for Irrigation
合　计	**Total**	**5337050**	**5012120**	**4871986**	**4581764**	**51446**	**43215**
松花江区	Songhua River	612275	497978	555682	460303	5078	4264
辽河区	Liaohe River	308868	294698	291505	278285	3495	3025
海河区	Haihe River	1535616	1460431	1452550	1381751	16263	12924
黄河区	Yellow River	592269	572548	550589	533800	5470	5107
淮河区	Huaihe River	1883867	1864257	1658801	1638549	14128	13259
长江区	Yangtze River	194760	146968	170524	126418	3300	1481
其中：太湖区	Among Which: Taihu Lake	618	176	603	167	17	5
东南诸河区	Rivers in Southeast	36516	20577	29055	13821	284	165
珠江区	Pearl River	38815	31843	33184	29991	230	134
西南诸河区	Rivers in Southwest	1387	1346	1275	1247	28	25
西北诸河区	Rivers in Northwest	132677	121474	128821	117599	3171	2830

3-17 2010年机电井眼数和装机容量（按水资源分区和地区分）

Mechanical and Electrical Wells in 2010 (by Water Resources Regions and Regions)

地区	Region	机电井眼数（眼） Number of Mechanical and Electrical Wells (unit)	#灌溉机电井 Mechanical and Electrical Wells for Irrigation	配套机电井眼数（眼） Number of Counterpart Mechanical and Electric Wells (unit)	#灌溉机电井 Mechanical and Electrical Wells for Irrigation	配套机电井装机容量（千千瓦） Installed Capacity of Counterpart Mechanical and Electric Wells(10^3kW)	#灌溉机电井 Mechanical and Electrical Wells for Irrigation
松花江区	**Songhua River**	**612275**	**497978**	**555682**	**460303**	**5078**	**4264**
内蒙古	Inner Mongolia	110259	105522	95176	89981	829	771
吉 林	Jilin	155137	128077	123509	112464	1055	957
黑龙江	Heilongjiang	346879	264379	336997	257858	3194	2536
辽河区	**Liaohe River**	**308868**	**294698**	**291505**	**278285**	**3495**	**3025**
内蒙古	Inner Mongolia	151748	144208	144638	137884	1476	1404
辽 宁	Liaoning	142703	137314	132562	127309	1865	1476
吉 林	Jilin	14417	13176	14305	13092	154	145
海河区	**Haihe River**	**1535616**	**1460431**	**1452550**	**1381751**	**16263**	**12924**
北 京	Beijing	45427	33432	43008	33250	604	397
天 津	Tianjin	35472	26780	33521	25808	463	280
河 北	Hebei	966413	921346	938747	894430	9052	8355
山 西	Shanxi	33332	30051	32040	28758	2485	329
内蒙古	Inner Mongolia	9691	8581	9539	8557	106	90
辽 宁	Liaoning	1799	1799	1618	1618	20	20
山 东	Shandong	275909	275359	233057	232276	2328	2311
河 南	Henan	167573	163083	161020	157054	1205	1143
黄河区	**Yellow River**	**592269**	**572548**	**550589**	**533800**	**5470**	**5107**
山 西	Shanxi	63944	56858	58500	52408	996	826
内蒙古	Inner Mongolia	127832	120868	116440	110718	987	891
山 东	Shandong	69258	69218	61993	61953	733	733
河 南	Henan	161078	157330	151170	147979	1289	1233
陕 西	Shaanxi	152380	151251	144945	143914	1174	1150
甘 肃	Gansu	9390	8740	9330	8698	200	185
青 海	Qinghai	955	955	934	934	12	12
宁 夏	Ningxia	7432	7328	7277	7196	79	78
淮河区	**Huaihe River**	**1883867**	**1864257**	**1658801**	**1638549**	**14128**	**13259**
江 苏	Jiangsu	40330	36904	32118	25980	279	236
安 徽	Anhui	194240	193610	131066	130347	1581	1001
山 东	Shandong	775603	769102	674328	670069	5877	5822
河 南	Henan	873694	864641	821289	812153	6391	6201

3-17 续表 continued

地区	Region	机电井眼数（眼）Number of Mechanical and Electrical Wells (unit)		配套机电井眼数（眼）Number of Counterpart Mechanical and Electric Wells (unit)		配套机电井装机容量（千千瓦）Installed Capacity of Counterpart Mechanical and Electric Wells(10^3kW)	
			#灌溉机电井 Mechanical and Electrical Wells for Irrigation		#灌溉机电井 Mechanical and Electrical Wells for Irrigation		#灌溉机电井 Mechanical and Electrical Wells for Irrigation
长江区	**Yangtze River**	**194760**	**146968**	**170524**	**126418**	**3300**	**1481**
上　海	Shanghai	382		382		11	
江　苏	Jiangsu	904	530	880	512	386	360
浙　江	Zhejiang	132	132	132	132	1	1
安　徽	Anhui	1791	1036	1405	721	7	6
江　西	Jiangxi	5361	5361	5307	5307	38	38
河　南	Henan	88952	83031	80848	76983	562	525
湖　北	Hubei	13011	12268	12237	11547	1304	216
湖　南	Hunan	9197	8172	6476	5464	87	84
广　西	Guangxi	84		84			
重　庆	Chongqing	27106		26223		32	
四　川	Sichuan	23600	12590	22564	11938	698	116
贵　州	Guizhou	306	243	242	231	15	8
云　南	Yunnan	1401	1398	1322	1319	20	19
陕　西	Shaanxi	16829	16801	10604	10574	100	84
甘　肃	Gansu	5703	5405	1817	1689	38	24
青　海	Qinghai	1	1	1	1	0.02	0.02
东南诸河区	**Rivers in Southeast**	**36516**	**20577**	**29055**	**13821**	**284**	**165**
浙　江	Zhejiang	15838	1900	15656	1712	24	14
福　建	Fujian	1338	811	797	725	1	1
安　徽	Anhui	19340	17866	12602	11384	259	149
珠江区	**Pearl River**	**38815**	**31843**	**33184**	**29991**	**230**	**134**
湖　南	Hunan						
广　东	Guangdong	30743	27052	26235	26225	144	86
广　西	Guangxi	6270	3248	5576	2601	64	28
海　南	Hainan	854	791	428	416	4	3
贵　州	Guizhou	101	1	101	1	2	1
云　南	Yunnan	847	751	844	748	16	15
西南诸河区	**Rivers in Southwest**	**1387**	**1346**	**1275**	**1247**	**28**	**25**
云　南	Yunnan	986	968	874	869	16	16
西　藏	Tibet	401	378	401	378	12	9
青　海	Qinghai						
西北诸河区	**Rivers in Northwest**	**132677**	**121474**	**128821**	**117599**	**3171**	**2830**
内蒙古	Inner Mongolia	29082	23540	27824	22622	310	217
甘　肃	Gansu	33082	31072	32801	30388	560	535
青　海	Qinghai	417	417	398	398	6	6
新　疆	Xinjiang	70096	66445	67798	64191	2295	2072

3-18 历年灌溉面积

Irrigated Area by Years

单位：千公顷 unit: $10^3 hm^2$

年份 Year	灌溉面积 总计 Total Irrigated Area	农田有效灌溉面积 Effective Irrigated Area	林地 Forestry	果园 Fruit Garden	牧草 Pasture Land	其他 Others	农田有效实灌面积 Actual Irrigated Area	旱涝保收面积 Harvest Area Guaranteed in Case of Flood and Drought
1949		15928.7						
1950		16706.7						
1951		18541.3						
1952		19335.3						
1953		22250.7						
1954		23222.7						
1955		24609.3						
1957		25004.7						
1962		28696.7						
1965		32036.0						
1972		40642.0						
1973		43810.7						
1974		45707.3						
1975		46120.7					39281.3	
1976		45463.3					40825.3	
1977		48186.7					40559.3	
1978		48053.3					41714.7	
1979		48318.7					41663.3	
1980		48888.0					39906.0	
1981		48600.0					39656.7	
1982		48663.3					40177.3	
1983		48546.0					39383.3	
1984		48400.0					39933.3	
1985		47932.7					38671.3	
1986		47872.7					39938.0	
1987		47966.7					39861.3	33349.3
1988		47980.7					41188.7	33570.7
1989		48337.3					40695.3	33994.0
1990		48389.3					41437.3	34365.3
1991		48951.3					42884.0	34720.0
1992		49464.0					43501.3	35374.0
1993		49839.3					42914.0	35631.3
1994		49938.0					43610.7	36140.0
1995		50412.7					44102.0	36636.0
1996		51160.7					44768.7	37187.3
1997		52268.7					46187.3	38102.0
1998		53400.0					47036.0	38760.7
1999		54366.0					47709.3	39375.3
2000	59341.6	55013.2	1072.8	1601.3	1001.3	653.0	47965.2	40164.3
2001	60025.4	55517.0	1136.5	1665.7	1035.9	670.1	48398.4	40532.2
2002	60753.1	55857.9	1252.0	1759.6	1194.9	660.9	48434.6	40594.9
2003	61056.1	55900.6	1468.2	1835.1	1186.7	665.5	47383.2	40852.5
2004	61511.2	56252.1	1573.3	1862.5	1185.0	638.3	47783.9	40740.6
2005	61897.9	56562.4	1636.6	1861.0	1172.0	672.5	47968.7	41337.7
2006	62559.1	57078.4	1562.1	1988.6	1201.2	728.8	49024.5	41335.0
2007	63413.5	57782.4	1598.4	2039.4	1225.5	767.8	49936.9	41745.7
2008	64119.7	58471.7	1648.9	2065.0	1214.4	719.7	50665.5	42024.9
2009	65164.6	59261.5	1774.7	2088.6	1246.9	793.0	51806.6	42358.2
2010	66352.3	60347.7	1821.9	2151.4	1257.6	773.7	52589.0	42871.5

3-19 历年人均农田有效灌溉面积和机电灌溉占有效灌溉比重

Effective Irrigated Area Owned Per Capita and Proportion of Mechanical & Electrical Irrigated Area by Years

年份 Year	人均有效灌溉面积（亩每人） Per Capita Effective Irrigated Area (mu/person)		机电排灌面积占有效灌溉面积的比重（%） The Proportion of Total Mechanical and Electrical Irrigated Area of Effective Irrigated Area (%)
	按总人口 Based on Total Population	按乡村人口 Based on Total Rural Population	
1949	0.44	0.53	1.6
1950	0.45	0.54	
1951	0.49	0.58	
1952	0.50	0.59	1.6
1953	0.57	0.67	
1954	0.58	0.68	
1955	0.60	0.71	
1957	0.58	0.69	4.8
1962	0.64	0.77	
1965	0.66	0.80	25.3
1972	0.70	0.83	
1973	0.74	0.87	
1974	0.76	0.89	
1975	0.75	0.89	51.8
1976	0.79	0.93	
1977	0.76	0.90	
1978	0.75	0.89	52.7
1979	0.74	0.89	54.4
1980	0.74	0.90	54.1
1982	0.72	0.87	54.1
1983	0.71	0.87	54.3
1984	0.70	0.87	54.1
1985	0.69	0.86	54.9
1986	0.68	0.80	55.0
1987	0.67	0.84	55.7
1988	0.66	0.83	55.8
1989	0.66	0.83	55.9
1990	0.63	0.81	56.3
1991	0.64	0.82	56.1
1992	0.64	0.82	57.4
1993	0.63	0.83	57.3
1994	0.63	0.83	57.4
1995	0.62	0.82	57.7
1996	0.63	0.83	58.2
1997	0.63	0.86	58.6
1998	0.64	0.88	59.1
1999	0.65	0.86	59.2
2000	0.65	0.87	59.3
2001	0.65	0.89	59.4
2002	0.66	0.90	59.5
2003	0.65	0.89	59.6
2004	0.65	0.90	58.4
2005	0.65	0.89	66.9
2006	0.65	0.90	65.8
2007	0.66	1.19	67.0
2008	0.66	1.22	67.2
2009	0.67	1.25	67.5
2010	0.68	1.34	67.5

3-20　2010年灌溉面积（按地区分）

Irrigated Area in 2010 (by Regions)

单位：千公顷　　　　unit: 10^3hm^2

地区	Region	灌溉面积 总计 Total Irrigated Area	农田有效灌溉面积 Effective Irrigated Area	林地 Forestry	果园 Fruit Garden	牧草 Pasture Land	其他 Others	农田有效实灌面积 Actual Irrigated Area	旱涝保收面积 Harvest Area Guaranteed in Case of Flood and Drought
合　计	**Total**	**66352.3**	**60347.7**	**1821.9**	**2151.4**	**1257.6**	**773.7**	**52589.0**	**42871.5**
北　京	Beijing	331.1	211.4	36.0	74.9	2.0	6.8	186.2	175.5
天　津	Tianjin	380.6	344.6	12.5	17.0		6.4	288.5	224.6
河　北	Hebei	4971.3	4548.0	115.3	291.2	10.7	6.1	4175.6	3557.1
山　西	Shanxi	1305.1	1274.2	17.1	12.9	0.2	0.6	1096.2	730.8
内蒙古	Inner Mongolia	3778.8	3027.5	188.2	10.2	543.7	9.2	2330.2	1533.1
辽　宁	Liaoning	1722.8	1537.5	18.9	94.9	3.0	68.5	1171.9	1037.5
吉　林	Jilin	1749.4	1726.8	4.2	1.2	6.7	10.6	1193.3	1064.0
黑龙江	Heilongjiang	3884.3	3875.2	2.5	3.2	2.2	1.2	3379.9	2190.9
上　海	Shanghai	319.7	201.0	79.4	17.1		22.1	201.0	201.0
江　苏	Jiangsu	4071.9	3819.7	129.6	58.2	19.1	45.3	3506.2	3080.9
浙　江	Zhejiang	1557.8	1451.0	21.2	62.9	1.1	21.6	1404.6	1091.7
安　徽	Anhui	3554.2	3519.8	9.4	23.0		2.1	3029.3	2623.3
福　建	Fujian	1018.0	967.5	8.6	24.0	0.9	17.1	897.2	675.7
江　西	Jiangxi	1923.2	1852.4	14.8	40.1		15.9	1811.3	1497.1
山　东	Shandong	5547.8	4955.3	161.6	355.7	10.7	64.5	4291.6	3586.6
河　南	Henan	5172.0	5081.0	33.1	51.4	0.2	6.4	4533.0	4098.9
湖　北	Hubei	2522.5	2379.8	18.0	36.8	4.7	83.2	2132.7	1753.6
湖　南	Hunan	2825.6	2739.0	32.7	37.4	0.4	16.1	2544.1	2243.9
广　东	Guangdong	2250.3	1872.5	33.2	121.8		222.9	1697.6	1404.3
广　西	Guangxi	1547.9	1523.0	4.7	15.4	2.3	2.5	1220.2	1167.6
海　南	Hainan	250.0	243.8	1.5	3.9		0.7	190.7	156.7
重　庆	Chongqing	685.3	685.3					489.1	345.1
四　川	Sichuan	2618.9	2553.1	12.3	24.3	25.6	3.5	2096.4	1757.1
贵　州	Guizhou	1136.3	1131.7		0.3		4.3	720.9	634.0
云　南	Yunnan	1668.1	1588.4	19.4	45.1	5.8	9.4	1338.9	932.0
西　藏	Tibet	407.1	237.0	30.8	2.1	134.5	2.7	237.0	10.1
陕　西	Shaanxi	1423.6	1284.9	7.9	113.8	3.4	13.6	1083.7	809.2
甘　肃	Gansu	1432.5	1278.4	109.1	22.9	22.0		1066.9	1009.1
青　海	Qinghai	371.3	251.7	19.8	0.9	98.9		205.6	151.5
宁　夏	Ningxia	530.7	464.6	18.5	26.3	8.7	12.7	405.2	389.2
新　疆	Xinjiang	5394.1	3721.6	661.7	562.4	350.9	97.6	3664.0	2739.3

3-21 2010年灌溉面积（按水资源分区分）

Irrigated Area in 2010 (by Water Resources Regions)

单位：千公顷 unit: 10^3hm^2

水资源一级区	Grade- Ⅰ Water Resources Region	灌溉面积 总计 Total Irrigated Area	农田有效灌溉面积 Effective Irrigated Area	林地 Forestry	果园 Fruit Garden	牧草 Pasture Land	其他 Others	农田有效实灌面积 Actual Irrigated Area	旱涝保收面积 Harvest Area Guaranteed in Case of Flood and Drought
合　计	**Total**	**66352.3**	**60347.7**	**1821.9**	**2151.4**	**1257.6**	**773.7**	**52589.0**	**42871.5**
松花江区	Songhua River	5979.1	5904.9	6.7	4.4	51.3	11.8	4777.9	3386.4
辽河区	Liaohe River	3273.0	2828.6	85.9	92.6	196.9	69.0	2117.4	1607.8
海河区	Haihe River	8361.0	7574.6	251.3	463.1	35.3	36.6	6933.7	5697.2
黄河区	Yellow River	6021.5	5337.2	213.3	203.0	231.7	36.2	4542.8	3660.7
淮河区	Huaihe River	11897.2	11300.9	168.3	339.6	17.7	70.7	9726.1	8612.6
长江区	Yangtze River	16142.5	15474.3	239.5	214.3	38.7	175.7	13636.8	11544.3
其中：太湖区	Among Which: Taihu Lake	964.9	805.4	90.4	34.5		34.6	792.5	753.4
东南诸河区	Rivers in Southeast	2237.0	2085.9	28.2	82.6	2.0	38.2	1980.4	1458.9
珠江区	Pearl River	4725.2	4300.2	41.2	149.8	3.1	230.9	3590.3	3107.9
西南诸河区	Rivers in Southwest	1172.3	970.0	36.5	21.8	137.0	6.9	869.7	440.4
西北诸河区	Rivers in Northwest	6543.6	4571.1	750.9	580.0	543.9	97.6	4413.9	3355.4

3-22 2010 年灌溉面积（按水资源分区和地区分）

Irrigated Area in 2010 (by Water Resources Regions and Regions)

单位：千公顷　　　　unit: 10^3hm^2

地区	Region	灌溉面积 总计 Total Irrigated Area	农田有效灌溉面积 Effective Irrigated Area	林地 Forestry	果园 Fruit Garden	牧草 Pasture Land	其他 Others	农田有效实灌面积 Actual Irrigated Area	旱涝保收面积 Harvest Area Guaranteed in Case of Flood and Drought
松花江区	**Songhua River**	**5979.1**	**5904.9**	**6.7**	**4.4**	**51.3**	**11.8**	**4777.9**	**3386.4**
内蒙古	Inner Mongolia	542.0	499.0	0.4	0.1	42.6		294.0	258.7
吉　林	Jilin	1552.8	1530.7	3.8	1.2	6.5	10.6	1104.0	936.8
黑龙江	Heilongjiang	3884.3	3875.2	2.5	3.2	2.2	1.2	3379.9	2190.9
辽河区	**Liaohe River**	**3273.0**	**2828.6**	**85.9**	**92.6**	**196.9**	**69.0**	**2117.4**	**1607.8**
内蒙古	Inner Mongolia	1369.4	1107.6	66.8	0.7	193.8	0.5	864.1	448.0
辽　宁	Liaoning	1706.9	1524.9	18.8	91.9	3.0	68.5	1164.0	1032.6
吉　林	Jilin	196.6	196.1	0.3		0.1		89.4	127.1
海河区	**Haihe River**	**8361.0**	**7574.6**	**251.3**	**463.1**	**35.3**	**36.6**	**6933.7**	**5697.2**
北　京	Beijing	331.1	211.4	36.0	74.9	2.0	6.8	186.2	175.5
天　津	Tianjin	380.6	344.6	12.5	17.0		6.4	288.5	224.6
河　北	Hebei	4971.3	4548.0	115.3	291.2	10.7	6.1	4175.6	3557.1
山　西	Shanxi	459.8	447.4	7.6	4.4	0.1	0.3	398.9	283.4
内蒙古	Inner Mongolia	94.6	81.6	0.6		12.5		55.5	19.9
辽　宁	Liaoning	15.9	12.7	0.2	3.1			7.9	4.9
山　东	Shandong	1465.7	1314.4	70.0	54.6	10.1	16.6	1248.6	912.5
河　南	Henan	642.0	614.6	9.1	17.9		0.4	572.6	519.4
黄河区	**Yellow River**	**6021.5**	**5337.2**	**213.3**	**203.0**	**231.7**	**36.2**	**4542.8**	**3660.7**
山　西	Shanxi	845.3	826.8	9.6	8.5	0.1	0.3	697.3	447.5
内蒙古	Inner Mongolia	1512.2	1212.5	112.2	9.0	169.8	8.7	1044.6	775.4
山　东	Shandong	367.3	329.4	9.4	23.5	0.1	4.8	298.2	240.1
河　南	Henan	743.4	709.6	10.5	21.3	0.2	1.8	648.4	596.9
陕　西	Shaanxi	1194.8	1070.0	5.8	107.8	3.4	7.8	909.9	678.5
甘　肃	Gansu	578.6	533.3	30.0	5.7	9.7		386.9	404.9
青　海	Qinghai	249.2	191.0	17.5	0.9	39.8		152.3	128.1
宁　夏	Ningxia	530.7	464.6	18.5	26.3	8.7	12.7	405.2	389.2
淮河区	**Huaihe River**	**11897.2**	**11300.9**	**168.3**	**339.6**	**17.7**	**70.7**	**9726.1**	**8612.6**
江　苏	Jiangsu	2687.5	2546.6	71.2	29.1	17.1	23.5	2293.4	2034.6
安　徽	Anhui	2200.0	2172.0	4.7	22.0		1.4	1765.4	1501.8
山　东	Shandong	3714.9	3311.5	82.2	277.6	0.6	43.1	2744.9	2434.1
河　南	Henan	3294.8	3270.8	10.3	11.0		2.7	2922.4	2642.1

3-22 续表 continued

地区	Region	灌溉面积 总计 Total Irrigated Area	农田有效灌溉面积 Effective Irrigated Area	林地 Forestry	果园 Fruit Garden	牧草 Pasture Land	其他 Others	农田有效实灌面积 Actual Irrigated Area	旱涝保收面积 Harvest Area Guaranteed in Case of Flood and Drought
长江区	**Yangtze River**	**16142.5**	**15474.3**	**239.5**	**214.3**	**38.7**	**175.7**	**13636.8**	**11544.3**
上　海	Shanghai	319.7	201.0	79.4	17.1		22.1	201.0	201.0
江　苏	Jiangsu	1384.3	1273.1	58.4	29.1	1.9	21.7	1212.7	1046.2
浙　江	Zhejiang	376.1	369.3	1.7	4.4		0.7	357.4	335.0
安　徽	Anhui	1316.9	1311.1	4.6	0.8		0.4	1228.0	1095.1
江　西	Jiangxi	1923.2	1852.4	14.8	40.1		15.9	1811.3	1497.1
河　南	Henan	491.8	485.9	3.2	1.2		1.5	389.6	340.5
湖　北	Hubei	2522.5	2379.8	18.0	36.8	4.7	83.2	2132.7	1753.6
湖　南	Hunan	2789.3	2704.7	32.6	35.6	0.4	16.1	2510.9	2214.1
广　西	Guangxi	38.2	37.9		0.3			33.9	30.5
重　庆	Chongqing	685.3	685.3					489.1	345.1
四　川	Sichuan	2618.9	2553.1	12.3	24.3	25.6	3.5	2096.4	1757.1
贵　州	Guizhou	821.0	821.0					519.8	476.4
云　南	Yunnan	543.6	503.6	11.9	18.6	4.7	4.7	424.9	279.4
陕　西	Shaanxi	228.8	214.9	2.1	6.0		5.8	173.7	130.7
甘　肃	Gansu	79.5	79.1	0.4				54.0	42.6
青　海	Qinghai	3.6	2.2			1.4		1.5	
东南诸河区	**Rivers in Southeast**	**2237.0**	**2085.9**	**28.2**	**82.6**	**2.0**	**38.2**	**1980.4**	**1458.9**
浙　江	Zhejiang	1181.7	1081.7	19.5	58.5	1.1	20.9	1047.2	756.7
安　徽	Anhui	37.2	36.7	0.2	0.2		0.2	36.0	26.4
福　建	Fujian	1018.0	967.5	8.6	24.0	0.9	17.1	897.2	675.7
珠江区	**Pearl River**	**4725.2**	**4300.2**	**41.2**	**149.8**	**3.1**	**230.9**	**3590.3**	**3107.9**
湖　南	Hunan	36.3	34.3	0.1	1.8			33.3	29.8
广　东	Guangdong	2250.3	1872.5	33.2	121.8		222.9	1697.6	1404.3
广　西	Guangxi	1509.7	1485.2	4.7	15.2	2.3	2.5	1186.3	1137.1
海　南	Hainan	250.0	243.8	1.5	3.9		0.7	190.7	156.7
贵　州	Guizhou	315.3	310.8		0.2		4.3	201.1	157.7
云　南	Yunnan	363.5	353.8	1.7	6.8	0.8	0.4	281.4	222.3
西南诸河区	**Rivers in Southwest**	**1172.3**	**970.0**	**36.5**	**21.8**	**137.0**	**6.9**	**869.7**	**440.4**
云　南	Yunnan	761.1	731.1	5.7	19.7	0.4	4.2	632.6	430.3
西　藏	Tibet	407.1	237.0	30.8	2.1	134.5	2.7	237.0	10.1
青　海	Qinghai	4.0	1.9			2.1		0.1	
西北诸河区	**Rivers in Northwest**	**6543.6**	**4571.1**	**750.9**	**580.0**	**543.9**	**97.6**	**4413.9**	**3355.4**
内蒙古	Inner Mongolia	260.6	126.9	8.3	0.4	125.1		72.1	31.1
甘　肃	Gansu	774.4	666.1	78.7	17.3	12.3		626.1	561.5
青　海	Qinghai	114.5	56.5	2.3		55.7		51.7	23.4
新　疆	Xinjiang	5394.1	3721.6	661.7	562.4	350.9	97.6	3664.0	2739.3

3-23 历年农田有效灌溉面积减少原因

Reasons of Reduction of Effective Irrigated Area by Years

单位：千公顷 unit: 10^3hm^2

年份 Year	农田有效灌溉面积 Effective Irrigated Area		农田有效灌溉面积减少原因 Reasons of Reduction of Effective Irrigated Area					
	新增 Newly-Increased	减少 Reduction	工程老化、毁损 Aging and Damage of Structures	机井报废 Abortion of Wells	建设占地 Land Occupation by Construction	长期水源不足 Long-Term Insufficiency of Water Sources	退耕 Converting Farmland to Other Usage	其他 Others
2000	1324.96	678.11	71.19	250.46	91.54		7.89	257.03
2001	1169.38	665.58	306.33	10.88	112.93		48.00	187.44
2002	1251.42	901.21	325.95	12.27	197.74		141.17	224.09
2003	1226.08	1183.39	404.32	19.96	216.77		228.24	314.09
2004	1159.95	808.45	281.74	14.98	206.02		100.59	205.13
2005	1012.35	697.34	237.31	14.91	199.94		68.43	176.76
2006	1343.11	796.86	183.12		123.67	100.06	39.69	350.32
2007	1344.05	608.63	192.26		125.89	54.62	51.93	183.93
2008	1318.27	648.41	239.55		97.04	96.52	22.95	192.35
2009	1533.10	742.85	245.13		126.19	79.36	25.62	266.55
2010	1721.64	659.17	250.41		91.06	87.38	47.55	182.78

3-24 2010年农田有效灌溉面积减少原因（按地区分）

Reasons of Reduction of Effective Irrigated Area in 2010 (by Regions)

单位：千公顷 unit: 10^3hm^2

地区	Region	农田有效灌溉面积 Effective Irrigated Area		农田有效灌溉面积减少原因 Reasons of Reduction of Effective Irrigated Area				
		新增 Newly-Increased	减少 Reduction	工程老化、毁损 Aging and Damage of Structures	建设占地 Land Occupation by Construction	长期水源不足 Long-Term Insufficiency of Water Sources	退耕 Converting Farmland to Other Usage	其他 Others
合 计	**Total**	**1721.64**	**659.17**	**250.41**	**91.06**	**87.38**	**47.55**	**182.78**
北 京	Beijing	3.78	22.50	1.71	3.42	0.01	0.03	17.33
天 津	Tianjin	0.54	3.31		1.22	0.25	0.13	1.71
河 北	Hebei	70.94	75.88	25.32	10.39	13.92	12.33	13.93
山 西	Shanxi	19.17	6.01	2.74	0.95	0.78		1.54
内蒙古	Inner Mongolia	120.22	42.47	24.34	4.18	7.28	0.48	6.19
辽 宁	Liaoning	64.18	36.22	14.36	2.69	3.29		15.88
吉 林	Jilin	43.02	1.02					1.02
黑龙江	Heilongjiang	532.77	63.41	40.45				22.96
上 海	Shanghai	2.81	4.13					4.13
江 苏	Jiangsu	45.22	39.14	5.06	10.88		0.30	22.90
浙 江	Zhejiang	12.02	7.41	1.56	2.03	0.51	1.25	2.06
安 徽	Anhui	38.82	3.11	2.03	1.04			0.04
福 建	Fujian	11.56	4.17	1.22	1.69	0.30	0.02	0.94
江 西	Jiangxi	19.81	7.85	2.04	3.35	0.72	0.26	1.48
山 东	Shandong	98.98	40.60	17.09	8.03	10.95	0.73	3.80
河 南	Henan	164.03	116.38	82.72	8.73	11.68	0.54	12.72
湖 北	Hubei	77.73	48.04	3.39	0.50	24.02	8.87	11.26
湖 南	Hunan	11.66	5.68	2.50	0.62	0.12	0.11	2.33
广 东	Guangdong	3.75	2.21		1.57	0.02		0.62
广 西	Guangxi	5.90	4.99	2.27	0.02	0.11		2.59
海 南	Hainan	0.62						
重 庆	Chongqing	15.72	2.50	0.01	2.44	0.02		0.03
四 川	Sichuan	47.99	18.54	1.81	12.71	0.59	0.19	3.24
贵 州	Guizhou	116.66	0.98	0.64	0.23	0.10		0.01
云 南	Yunnan	39.04	12.69	2.83	6.34	1.36	1.28	0.89
西 藏	Tibet	6.79	4.87		0.48			4.39
陕 西	Shaanxi	27.08	35.49	15.56	6.12	6.19	0.40	7.23
甘 肃	Gansu	15.88	1.60	0.68	0.09	0.10		0.73
青 海	Qinghai							
宁 夏	Ningxia	12.13	1.08	0.10	0.29	0.69		
新 疆	Xinjiang	92.82	46.90		1.06	4.38	20.63	20.83

3-25 2010 年农田有效灌溉面积减少原因（按水资源分区分）

Reasons of Reduction of Effective Irrigated Area in 2010 (by Water Resources Regions)

单位：千公顷 unit: 10^3hm^2

水资源一级区	Grade-Ⅰ Water Resources Region	农田有效灌溉面积 Effective Irrigated Area		农田有效灌溉面积减少原因 Reasons of Reduction of Effective Irrigated Area				
		新增 Newly-Increased	减少 Reduction	工程老化、毁损 Aging and Damage of Structures	建设占地 Land Occupation by Construction	长期水源不足 Long-Term Insufficiency of Water Sources	退耕 Converting Farmland to Other Usage	其他 Others
合 计	**Total**	**1721.64**	**659.17**	**250.41**	**91.06**	**87.38**	**47.55**	**182.78**
松花江区	Songhua River	617.13	80.97	54.99		2.00		23.98
辽河区	Liaohe River	98.71	37.64	15.11	2.69	3.96		15.88
海河区	Haihe River	149.76	132.41	41.76	17.93	23.32	12.50	36.90
黄河区	Yellow River	99.66	68.64	28.35	13.60	13.55	0.93	12.21
淮河区	Huaihe River	225.97	127.38	74.29	11.57	9.06	1.00	31.46
长江区	Yangtze River	332.48	130.29	25.60	35.79	26.96	10.17	31.77
其中：太湖区	Among Which: Taihu Lake	10.59	9.2		4.71			
东南诸河区	Rivers in Southeast	22.86	11.07	2.79	3.23	0.81	1.27	2.97
珠江区	Pearl River	45.58	9.67	4.42	3.31	0.29	0.03	1.62
西南诸河区	Rivers in Southwest	24.91	11.35	2.31	1.88	0.99	1.02	5.16
西北诸河区	Rivers in Northwest	104.58	49.76	0.80	1.06	6.44	20.63	20.83

3-26 2010年农田有效灌溉面积减少原因（按水资源分区和地区分）

Reasons of Reduction of Effective Irrigated Area in 2010 (by Water Resources Regions and Regions)

单位：千公顷 unit: 10^3hm^2

地区	Region	农田有效灌溉面积 Effective Irrigated Area		农田有效灌溉面积减少原因 Reasons of Reduction of Effective Irrigated Area				
		新增 Newly-Increased	减少 Reduction	工程老化、毁损 Aging and Damage of Structures	建设占地 Land Occupation by Construction	长期水源不足 Long-Term Insufficiency of Water Sources	退耕 Converting Farmland to Other Usage	其他 Others
松花江区	**Songhua River**	**617.13**	**80.97**	**54.99**		**2.00**		**23.98**
内蒙古	Inner Mongolia	46.96	16.54	14.54		2.00		
吉　林	Jilin	37.40	1.02					1.02
黑龙江	Heilongjiang	532.77	63.41	40.45				22.96
辽河区	**Liaohe River**	**98.71**	**37.64**	**15.11**	**2.69**	**3.96**		**15.88**
内蒙古	Inner Mongolia	30.48	1.42	0.75		0.67		
辽　宁	Liaoning	62.61	36.22	14.36	2.69	3.29		15.88
吉　林	Jilin	5.62						
海河区	**Haihe River**	**149.76**	**132.41**	**41.76**	**17.93**	**23.32**	**12.50**	**36.90**
北　京	Beijing	3.78	22.50	1.71	3.42	0.01	0.03	17.33
天　津	Tianjin	0.54	3.31		1.22	0.25	0.13	1.71
河　北	Hebei	70.94	75.88	25.32	10.39	13.92	12.33	13.93
山　西	Shanxi	11.83	4.40	1.95	0.62	0.35		1.48
内蒙古	Inner Mongolia	8.99	2.68	2.17		0.51		
辽　宁	Liaoning	1.57						
山　东	Shandong	36.58	6.64	1.16	1.8	3.15	0.01	0.52
河　南	Henan	15.52	17.00	9.46	0.48	5.14		1.93
黄河区	**Yellow River**	**99.66**	**68.64**	**28.35**	**13.60**	**13.55**	**0.93**	**12.21**
山　西	Shanxi	7.34	1.61	0.79	0.33	0.43		0.06
内蒙古	Inner Mongolia	24.43	18.97	6.08	4.18	2.04	0.48	6.19
山　东	Shandong	7.99	5.41	1.76	1.62	2.00		0.03
河　南	Henan	15.87	12.94	6.60	2.44	2.96	0.26	0.68
陕　西	Shaanxi	20.88	27.12	12.43	4.65	5.33	0.19	4.52
甘　肃	Gansu	11.02	1.51	0.59	0.09	0.10		0.73
青　海	Qinghai							
宁　夏	Ningxia	12.13	1.08	0.10	0.29	0.69		
淮河区	**Huaihe River**	**225.97**	**127.38**	**74.29**	**11.57**	**9.06**	**1.00**	**31.46**
江　苏	Jiangsu	26.72	24.40	4.63	1.67			18.10
安　徽	Anhui	32.81	2.32	1.96	0.36			
山　东	Shandong	54.41	28.55	14.17	4.61	5.80	0.72	3.25
河　南	Henan	112.03	72.11	53.53	4.93	3.26	0.28	10.11

3-26 续表 continued

地区	Region	农田有效灌溉面积 Effective Irrigated Area		农田有效灌溉面积减少原因 Reasons of Reduction of Effective Irrigated Area				
		新增 Newly-Increased	减少 Reduction	工程老化、毁损 Aging and Damage of Structures	建设占地 Land Occupation by Construction	长期水源不足 Long-Term Insufficiency of Water Sources	退耕 Converting Farmland to Other Usage	其他 Others
长江区	**Yangtze River**	**332.48**	**130.29**	**25.60**	**35.79**	**26.96**	**10.17**	**31.77**
上　海	Shanghai	2.81	4.13					4.13
江　苏	Jiangsu	18.50	14.74	0.43	9.21		0.3	4.80
浙　江	Zhejiang	0.74	0.55		0.52			0.03
安　徽	Anhui	5.99	0.75	0.06	0.65			0.04
江　西	Jiangxi	19.81	7.85	2.04	3.35	0.72	0.26	1.48
河　南	Henan	20.61	14.33	13.13	0.88	0.32		
湖　北	Hubei	77.73	48.04	3.39	0.50	24.02	8.87	11.26
湖　南	Hunan	11.51	3.86	0.78	0.52	0.12	0.11	2.33
广　西	Guangxi	0.06	1.78	0.15				1.63
重　庆	Chongqing	15.72	2.50	0.01	2.44	0.02		0.03
四　川	Sichuan	47.99	18.54	1.81	12.71	0.59	0.19	3.24
贵　州	Guizhou	86.61	0.64	0.36	0.17	0.10		0.01
云　南	Yunnan	15.76	4.12	0.22	3.38	0.21	0.23	0.08
陕　西	Shaanxi	6.20	8.38	3.13	1.47	0.86	0.21	2.71
甘　肃	Gansu	2.46	0.09	0.09				
青　海	Qinghai							
东南诸河区	**Rivers in Southeast**	**22.86**	**11.07**	**2.79**	**3.23**	**0.81**	**1.27**	**2.97**
浙　江	Zhejiang	11.28	6.86	1.56	1.51	0.51	1.25	2.03
安　徽	Anhui	0.02	0.04	0.01	0.03			
福　建	Fujian	11.56	4.17	1.22	1.69	0.30	0.02	0.94
珠江区	**Pearl River**	**45.58**	**9.67**	**4.42**	**3.31**	**0.29**	**0.03**	**1.62**
湖　南	Hunan	0.15	1.82	1.72	0.10			
广　东	Guangdong	3.75	2.21		1.57	0.02		0.62
广　西	Guangxi	5.84	3.21	2.12	0.02	0.11		0.96
海　南	Hainan	0.62						
贵　州	Guizhou	30.05	0.34	0.28	0.06			
云　南	Yunnan	5.17	2.09	0.30	1.56	0.16	0.03	0.04
西南诸河区	**Rivers in Southwest**	**24.91**	**11.35**	**2.31**	**1.88**	**0.99**	**1.02**	**5.16**
云　南	Yunnan	18.12	6.48	2.31	1.40	0.99	1.02	0.77
西　藏	Tibet	6.79	4.87		0.48			4.39
青　海	Qinghai							
西北诸河区	**Rivers in Northwest**	**104.58**	**49.76**	**0.80**	**1.06**	**6.44**	**20.63**	**20.83**
内蒙古	Inner Mongolia	9.36	2.86	0.80		2.06		
甘　肃	Gansu	2.40						
青　海	Qinghai							
新　疆	Xinjiang	92.82	46.90		1.06	4.38	20.63	20.83

3-27 历年机电灌溉面积
Lifting Irrigated Area by Years

单位：千公顷 unit: 10^3hm^2

年份 Year	机电排灌面积 Irrigated and Drainage Area with Mechanical and Electrical Equipment	机电提灌面积合计 Total Lifting Irrigated Area	#机电井 Pumped Well	固定站 Fixed Station	流动机 Mobile Equipment	纯排面积 Drainage Area Only
1949	252.00					
1950	262.67					
1951	285.33					
1952	317.33					
1953	349.33					
1954	396.00					
1955	529.33					
1956	786.00					
1957	1202.00					
1961	4932.67					
1962	6135.33					
1963	5474.00					
1964	6246.00					
1965	8093.33					
1970	14992.00					
1971	16063.33					
1972	19549.33					
1973	21976.00					
1974	24588.67					
1975		23908.00				
1976	28850.67					
1977	28778.67					
1978	30368.00	25335.33				
1979		26305.33				
1980		26440.00				
1982		26316.00				
1983		26302.67				
1984		26182.67				
1985		26298.00				
1986		26346.00				
1987	30763.33	26729.33	11087.33			
1988	30729.33	26728.67	11216.67			
1989	31032.00	27038.00	11435.33			
1990	31225.33	27235.33	11739.33			
1991	31489.33	27449.33	12111.33			
1992	32496.00	28379.33	12253.33			
1993	32596.00	28550.00	12487.33			
1994	32739.33	28642.00	12526.00			
1995	33274.00	29070.00	12789.33			
1996	34005.33	29751.33	13358.00			
1997	34915.33	30654.00	14131.33			
1998	35874.00	31570.00	14702.67			
1999	36554.00	32191.33	15000.67			
2000	36854.65	32617.80	15127.02	12203.14	3637.82	4236.85
2001	37107.41	33004.01	16309.19	12330.34	3630.53	4103.40
2002	37323.30	33209.58	16411.35	12312.55	3636.75	4113.73
2003	37354.03	33294.28	16512.60	12259.25	3596.13	4059.76
2004	36978.56	32873.33	16936.66	12205.17	3598.49	4105.13
2005	37867.51	33516.94	17046.12	12062.57	3515.88	4349.34
2006	37563.34	33091.40	16798.61	11350.62	2736.21	4471.94
2007	38715.60	34264.86	16893.65	11409.77	3131.62	4450.74
2008	39277.47	34659.23	17163.39	11152.60	3157.11	4618.25
2009	40016.33	35580.95	17480.25	11360.22	3199.92	4435.39
2010	40750.57	36400.59	17807.31	11414.81	3261.04	4349.98

3-28 2010年机电灌溉面积（按地区分）
Lifting Irrigated Area in 2010 (by Regions)

单位：千公顷 unit: 10^3hm^2

地区	Region	机电排灌面积 Irrigated and Drainage Area with Mechanical and Electrical Equipment	机电提灌面积合计 Total Lifting Irrigated Area	#机电井 Pumped Well	固定站 Fixed Station	流动机 Mobile Equipment	纯排面积 Drainage Area Only
合 计	**Total**	**40750.57**	**36400.59**	**17807.31**	**11414.81**	**3261.04**	**4349.98**
北 京	Beijing	222.11	216.39	141.39	10.94	0.65	5.72
天 津	Tianjin	372.45	332.17	113.45	144.72	68.85	40.28
河 北	Hebei	4455.67	4269.99	3791.90	148.52	103.51	185.68
山 西	Shanxi	960.79	960.79	606.24	353.77	0.78	
内蒙古	Inner Mongolia	3052.18	2255.07	1649.88	207.98	2.59	797.11
辽 宁	Liaoning	1374.50	1087.01	559.11	336.47	12.54	287.49
吉 林	Jilin	1526.14	1320.87	819.19	230.55	25.91	205.27
黑龙江	Heilongjiang	3977.61	3239.26	1812.55	299.44	77.41	738.35
上 海	Shanghai	201.00	201.00		194.73	3.99	
江 苏	Jiangsu	3447.68	3059.56	161.48	2345.82	528.24	388.12
浙 江	Zhejiang	1053.53	981.22	55.67	803.16	68.91	72.31
安 徽	Anhui	3000.69	2493.62	447.40	1430.20	497.81	507.07
福 建	Fujian	150.77	120.83	33.11	60.20	16.57	29.94
江 西	Jiangxi	574.67	407.10	14.32	313.44	71.92	167.57
山 东	Shandong	4536.38	4485.86	2370.91	801.63	1161.54	50.52
河 南	Henan	4087.83	4072.22	3559.88	257.04	130.80	15.61
湖 北	Hubei	1384.03	1108.72	142.10	773.66	182.77	275.31
湖 南	Hunan	1188.90	1016.02	9.68	801.50	195.06	172.88
广 东	Guangdong	615.70	282.43	23.99	236.63	16.98	333.27
广 西	Guangxi	270.58	262.63	5.56	225.51	27.08	7.95
海 南	Hainan	19.03	16.48	3.24	11.51	1.70	2.55
重 庆	Chongqing	181.48	180.98	0.25	170.73	9.15	0.50
四 川	Sichuan	285.92	252.77	4.51	228.00	20.06	33.15
贵 州	Guizhou	77.86	74.81	2.94	66.76	4.80	3.05
云 南	Yunnan	183.05	173.13	24.87	133.56	6.06	9.92
西 藏	Tibet	4.94	4.94	2.71	2.23		
陕 西	Shaanxi	839.27	835.66	464.33	348.83	9.88	3.61
甘 肃	Gansu	458.40	458.40	185.10	265.03	2.94	
青 海	Qinghai	32.63	32.43	3.00	25.23	2.31	0.20
宁 夏	Ningxia	187.36	179.75	32.60	140.69	3.22	7.61
新 疆	Xinjiang	2027.43	2018.49	765.96	46.33	7.02	8.94

3-29 2010年机电灌溉面积（按水资源分区分）

Lifting Irrigated Area in 2010 (by Water Resources Regions)

单位：千公顷 unit: 10^3hm^2

水资源一级区	Grade- I Water Resources Region	机电排灌面积 Irrigated and Drainage Area with Mechanical and Electrical Equipment	机电提灌面积合计 Total Lifting Irrigated Area	#机电井 Pumped Well	固定站 Fixed Station	流动机 Mobile Equipment	纯排面积 Drainage Area Only
合 计	**Total**	**40750.57**	**36400.59**	**17807.31**	**11414.81**	**3261.04**	**4349.98**
松花江区	Songhua River	5807.53	4863.61	2834.98	520.27	100.33	943.92
辽河区	Liaohe River	2462.60	2155.51	1434.23	375.70	17.16	307.09
海河区	Haihe River	7281.23	7040.52	5263.99	644.20	763.84	240.71
黄河区	Yellow River	4295.97	3499.46	2043.96	1250.23	102.31	796.51
淮河区	Huaihe River	9984.87	9445.50	4598.12	3065.28	1504.03	539.37
长江区	Yangtze River	6731.79	5665.18	576.76	4345.92	633.09	1066.61
其中：太湖区	Among Which: Taihu Lake	776.43	764.72	33.54	696.83	28.49	11.71
东南诸河区	Rivers in Southeast	862.61	766.06	56.50	562.91	83.35	96.55
珠江区	Pearl River	1004.39	654.74	44.73	552.11	47.97	349.65
西南诸河区	Rivers in Southwest	45.28	44.65	10.65	30.58	1.77	0.63
西北诸河区	Rivers in Northwest	2274.30	2265.36	943.40	67.61	7.19	8.94

3-30 2010年机电灌溉面积（按水资源分区和地区分）

Lifting Irrigated Area in 2010 (by Water Resources Regions and Regions)

单位：千公顷 unit: 10^3hm^2

地区	Region	机电排灌面积 Irrigated and Drainage Area with Mechanical and Electrical Equipment	机电提灌面积合计 Total Lifting Irrigated Area	#机电井 Pumped Well	固定站 Fixed Station	流动机 Mobile Equipment	纯排面积 Drainage Area Only
松花江区	**Songhua River**	**5807.53**	**4863.61**	**2834.98**	**520.27**	**100.33**	**943.92**
内蒙古	Inner Mongolia	465.74	452.94	306.86	1.68	0.63	12.80
吉 林	Jilin	1364.18	1171.41	715.57	219.15	22.29	192.77
黑龙江	Heilongjiang	3977.61	3239.26	1812.55	299.44	77.41	738.35
辽河区	**Liaohe River**	**2462.60**	**2155.51**	**1434.23**	**375.70**	**17.16**	**307.09**
内蒙古	Inner Mongolia	937.45	930.35	779.81	29.83	1.00	7.10
辽 宁	Liaoning	1363.19	1075.70	550.80	334.47	12.54	287.49
吉 林	Jilin	161.96	149.46	103.62	11.40	3.62	12.50
海河区	**Haihe River**	**7281.23**	**7040.52**	**5263.99**	**644.20**	**763.84**	**240.71**
北 京	Beijing	222.11	216.39	141.39	10.94	0.65	5.72
天 津	Tianjin	372.45	332.17	113.45	144.72	68.85	40.28
河 北	Hebei	4455.67	4269.99	3791.90	148.52	103.51	185.68
山 西	Shanxi	307.00	307.00	223.11	83.89		
内蒙古	Inner Mongolia	61.85	61.85	30.22	0.46		
辽 宁	Liaoning	11.31	11.31	8.31	2.00		
山 东	Shandong	1300.65	1293.80	484.06	208.64	580.83	6.85
河 南	Henan	550.19	548.01	471.55	45.03	10.00	2.18
黄河区	**Yellow River**	**4295.97**	**3499.46**	**2043.96**	**1250.23**	**102.31**	**796.51**
山 西	Shanxi	653.79	653.79	383.13	269.88	0.78	
内蒙古	Inner Mongolia	1475.66	698.45	470.06	175.44	0.96	777.21
山 东	Shandong	307.85	300.57	227.63	34.22	29.00	7.28
河 南	Henan	546.15	545.49	430.53	39.74	53.60	0.66
陕 西	Shaanxi	800.65	797.10	443.76	332.46	9.67	3.55
甘 肃	Gansu	295.00	295.00	55.36	233.40	2.94	
青 海	Qinghai	29.52	29.32	0.89	24.40	2.14	0.20
宁 夏	Ningxia	187.36	179.75	32.60	140.69	3.22	7.61
淮河区	**Huaihe River**	**9984.87**	**9445.50**	**4598.12**	**3065.28**	**1504.03**	**539.37**
江 苏	Jiangsu	2294.29	2057.99	71.19	1510.05	465.66	236.30
安 徽	Anhui	2046.48	1792.57	432.92	859.16	426.93	253.91
山 东	Shandong	2927.88	2891.49	1659.22	558.77	551.71	36.39
河 南	Henan	2716.23	2703.46	2434.79	137.30	59.74	12.77

3-30 续表 continued

地区	Region	机电排灌面积 Irrigated and Drainage Area with Mechanical and Electrical Equipment	机电提灌面积合计 Total Lifting Irrigated Area	#机电井 Pumped Well	固定站 Fixed Station	流动机 Mobile Equipment	纯排面积 Drainage Area Only
长江区	**Yangtze River**	**6731.79**	**5665.18**	**576.76**	**4345.92**	**633.09**	**1066.61**
上 海	Shanghai	201.00	201.00		194.73	3.99	
江 苏	Jiangsu	1153.40	1001.58	90.29	835.77	62.58	151.82
浙 江	Zhejiang	350.71	345.01	33.54	305.08	5.20	5.70
安 徽	Anhui	945.19	692.03	13.21	566.41	67.81	253.16
江 西	Jiangxi	574.67	407.10	14.32	313.44	71.92	167.57
河 南	Henan	275.26	275.26	223.01	34.97	7.45	
湖 北	Hubei	1384.03	1108.72	142.10	773.66	182.77	275.31
湖 南	Hunan	1182.69	1009.81	9.68	796.39	193.99	172.88
广 西	Guangxi	2.20	2.20		2.19		
重 庆	Chongqing	181.48	180.98	0.25	170.73	9.15	0.50
四 川	Sichuan	285.92	252.77	4.51	228.00	20.06	33.15
贵 州	Guizhou	59.66	56.81	2.29	50.01	4.51	2.85
云 南	Yunnan	65.93	62.32	5.64	46.51	3.44	3.61
陕 西	Shaanxi	38.62	38.56	20.57	16.37	0.21	0.06
甘 肃	Gansu	31.03	31.03	17.34	11.66		
青 海	Qinghai						
东南诸河区	**Rivers in Southeast**	**862.61**	**766.06**	**56.50**	**562.91**	**83.35**	**96.55**
浙 江	Zhejiang	702.82	636.21	22.13	498.08	63.71	66.61
安 徽	Anhui	9.02	9.02	1.26	4.63	3.07	
福 建	Fujian	150.77	120.83	33.11	60.20	16.57	29.94
珠江区	**Pearl River**	**1004.39**	**654.74**	**44.73**	**552.11**	**47.97**	**349.65**
湖 南	Hunan	6.21	6.21		5.11	1.07	
广 东	Guangdong	615.70	282.43	23.99	236.63	16.98	333.27
广 西	Guangxi	268.38	260.43	5.56	223.32	27.08	7.95
海 南	Hainan	19.03	16.48	3.24	11.51	1.70	2.55
贵 州	Guizhou	18.20	18.00	0.65	16.75	0.29	0.20
云 南	Yunnan	76.87	71.19	11.29	58.79	0.85	5.68
西南诸河区	**Rivers in Southwest**	**45.28**	**44.65**	**10.65**	**30.58**	**1.77**	**0.63**
云 南	Yunnan	40.25	39.62	7.94	28.26	1.77	0.63
西 藏	Tibet	4.94	4.94	2.71	2.23		
青 海	Qinghai	0.09	0.09		0.09		
西北诸河区	**Rivers in Northwest**	**2274.30**	**2265.36**	**943.40**	**67.61**	**7.19**	**8.94**
内蒙古	Inner Mongolia	111.48	111.48	62.93	0.57		
甘 肃	Gansu	132.37	132.37	112.40	19.97		
青 海	Qinghai	3.02	3.02	2.11	0.74	0.17	
新 疆	Xinjiang	2027.43	2018.49	765.96	46.33	7.02	8.94

3-31 历年节水灌溉面积

Water-Saving Irrigated Area by Years

单位：千公顷　　unit: 10^3hm^2

年份 Year	节水灌溉面积合计 Total Area of Water-Saving Irrigation	喷灌 Sprinkler	微灌 Micro-Irrigation	低压管灌 Low-Pressure Pipe Irrigation	渠道防渗 Canal Lining	其他 Others
1998	15235.33					
1999	15051.06					
2000	16388.86	2131.40	152.58	3567.92	6361.33	4175.63
2001	17446.38	2364.21	215.39	3903.69	6925.30	4037.79
2002	18627.05	2473.21	278.76	4156.77	7570.88	4147.42
2003	19442.80	2633.67	371.10	4476.17	8071.47	3890.39
2004	20346.23	2674.83	479.64	4706.29	8561.95	3923.53
2005	21338.15	2746.28	621.76	4991.84	9133.16	3845.12
2006	22425.96	2823.84	754.89	5263.75	9593.65	3989.83
2007	23489.46	2876.47	976.98	5573.92	10058.12	4003.97
2008	24435.52	2821.18	1249.62	5873.00	10447.73	4044.00
2009	25755.11	2926.71	1669.27	6249.36	11166.07	3743.71
2010	27313.87	3025.44	2115.68	6680.04	11580.30	3912.41

3-32 2010年节水灌溉面积（按地区分）

Water-Saving Irrigated Area in 2010 (by Regions)

单位：千公顷 unit: 10^3hm^2

地区	Region	节水灌溉面积合计 Total Area of Water-Saving Irrigation	喷灌 Sprinkler	微灌 Micro-Irrigation	低压管灌 Low-Pressure Pipe Irrigation	渠道防渗 Canal Lining	其他 Others
合 计	**Total**	**27313.87**	**3025.44**	**2115.68**	**6680.04**	**11580.30**	**3912.41**
北 京	Beijing	285.80	81.30	19.30	151.60	32.60	1.00
天 津	Tianjin	262.56	5.86	2.41	158.72	95.57	
河 北	Hebei	2698.83	241.92	32.87	1954.94	280.94	188.16
山 西	Shanxi	819.36	138.63	28.49	478.60	172.83	0.81
内蒙古	Inner Mongolia	2328.58	522.48	38.36	1021.98	743.57	2.19
辽 宁	Liaoning	501.57	158.88	50.71	115.96	154.82	21.20
吉 林	Jilin	262.58	228.93	0.39		23.50	9.76
黑龙江	Heilongjiang	2663.77	916.58	131.17	10.53	120.31	1485.18
上 海	Shanghai	149.75	2.19	0.11	86.80	60.65	
江 苏	Jiangsu	1627.93	25.90	5.51	80.68	1061.47	454.38
浙 江	Zhejiang	1034.63	31.70	23.98	72.56	795.08	111.31
安 徽	Anhui	815.77	83.76	8.11	68.82	511.13	143.94
福 建	Fujian	548.16	31.47	6.94	65.42	427.31	17.02
江 西	Jiangxi	299.81	7.42	0.39	2.81	161.91	127.28
山 东	Shandong	2264.88	149.63	57.46	1156.72	567.88	333.19
河 南	Henan	1536.64	110.25	10.82	655.61	523.28	236.67
湖 北	Hubei	402.01	12.34	6.81	25.24	331.75	25.88
湖 南	Hunan	312.68	20.64	1.57	4.82	262.55	23.10
广 东	Guangdong	201.48	8.99	1.50	8.16	179.17	3.66
广 西	Guangxi	702.23	5.10	0.43	7.19	429.68	259.83
海 南	Hainan	114.15	1.30	0.81	0.69	72.93	38.42
重 庆	Chongqing	151.09	5.98	0.48	20.94	115.74	7.95
四 川	Sichuan	1250.88	37.88	9.48	50.01	1100.93	52.58
贵 州	Guizhou	391.74	3.98	7.58	23.81	287.84	68.53
云 南	Yunnan	554.55	7.58	2.00	49.67	440.47	54.83
西 藏	Tibet	52.10		0.04	1.10	50.48	0.48
陕 西	Shaanxi	852.82	36.66	17.16	218.37	501.06	79.57
甘 肃	Gansu	859.07	46.86	44.85	101.29	583.98	82.09
青 海	Qinghai	88.57	1.99			82.66	3.92
宁 夏	Ningxia	297.24	7.96	7.56	21.21	237.18	23.33
新 疆	Xinjiang	2982.64	91.29	1598.39	65.79	1171.03	56.14

3-33 2010年节水灌溉面积（按水资源分区分）

Water-Saving Irrigated Area in 2010 (by Water Resources Regions)

单位：千公顷　　　　unit: 10^3hm^2

水资源一级区	Grade-Ⅰ Water Resources Region	节水灌溉面积合计 Total Area of Water-Saving Irrigation	喷灌 Sprinkler	微灌 Micro-Irrigation	低压管灌 Low-Pressure Pipe Irrigation	渠道防渗 Canal Lining	其他 Others
合　计	**Total**	**27313.87**	**3025.44**	**2115.68**	**6680.04**	**11580.30**	**3912.41**
松花江区	Songhua River	3341.36	1303.16	131.75	251.93	159.58	1494.94
辽河区	Liaohe River	1237.90	317.47	65.66	568.00	265.44	21.33
海河区	Haihe River	4458.32	444.82	68.69	2762.88	793.62	388.31
黄河区	Yellow River	3583.12	277.27	71.83	1169.40	1862.29	202.33
淮河区	Huaihe River	3913.99	285.47	64.05	1182.45	1563.49	818.53
长江区	Yangtze River	4370.68	134.53	33.57	403.26	3360.94	438.38
其中：太湖区	Among Which: Taihu Lake	595.99	4.85	2.98	190.84	363.95	33.37
东南诸河区	Rivers in Southeast	1294.64	61.95	29.25	94.21	1007.55	101.68
珠江区	Pearl River	1252.99	19.41	5.31	50.61	849.20	328.46
西南诸河区	Rivers in Southwest	262.38	2.04	1.07	9.78	220.19	29.31
西北诸河区	Rivers in Northwest	3598.48	179.33	1644.48	187.53	1498.00	89.14

3-34 2010年节水灌溉面积（按水资源分区和地区分）

Water-Saving Irrigated Area in 2010 (by Water Resources Regions and Regions)

单位：千公顷 unit: 10^3hm^2

地区	Region	节水灌溉面积合计 Total Area of Water-Saving Irrigation	喷灌 Sprinkler	微灌 Micro-Irrigation	低压管灌 Low-Pressure Pipe Irrigation	渠道防渗 Canal Lining	其他 Others
松花江区	**Songhua River**	**3341.36**	**1303.16**	**131.75**	**251.93**	**159.58**	**1494.94**
内蒙古	Inner Mongolia	444.84	187.46	0.21	241.40	15.77	
吉　林	Jilin	232.75	199.12	0.37		23.50	9.76
黑龙江	Heilongjiang	2663.77	916.58	131.17	10.53	120.31	1485.18
辽河区	**Liaohe River**	**1237.90**	**317.47**	**65.66**	**568.00**	**265.44**	**21.33**
内蒙古	Inner Mongolia	712.44	129.96	14.93	456.80	110.62	0.13
辽　宁	Liaoning	495.63	157.70	50.71	111.20	154.82	21.20
吉　林	Jilin	29.83	29.81	0.02			
海河区	**Haihe River**	**4458.32**	**444.82**	**68.69**	**2762.88**	**793.62**	**388.31**
北　京	Beijing	285.80	81.30	19.30	151.60	32.60	1.00
天　津	Tianjin	262.56	5.86	2.41	158.72	95.57	
河　北	Hebei	2698.83	241.92	32.87	1954.94	280.94	188.16
山　西	Shanxi	280.00	46.72	4.98	140.53	87.60	0.17
内蒙古	Inner Mongolia	77.96	39.31	2.57	32.49	3.59	
辽　宁	Liaoning	5.94	1.18		4.76		
山　东	Shandong	390.70	12.78	5.11	117.40	108.58	146.83
河　南	Henan	456.53	15.75	1.45	202.44	184.74	52.15
黄河区	**Yellow River**	**3583.12**	**277.27**	**71.83**	**1169.40**	**1862.29**	**202.33**
山　西	Shanxi	539.36	91.91	23.51	338.07	85.23	0.64
内蒙古	Inner Mongolia	936.13	87.56	8.70	234.40	603.41	2.06
山　东	Shandong	221.19	7.59	3.89	157.53	37.68	14.50
河　南	Henan	402.11	20.75	1.78	181.55	130.12	67.91
陕　西	Shaanxi	742.95	34.17	15.80	212.48	431.65	48.85
甘　肃	Gansu	373.24	25.34	10.60	24.16	270.31	42.84
青　海	Qinghai	70.90	1.99			66.71	2.20
宁　夏	Ningxia	297.24	7.96	7.56	21.21	237.18	23.33
淮河区	**Huaihe River**	**3913.99**	**285.47**	**64.05**	**1182.45**	**1563.49**	**818.53**
江　苏	Jiangsu	1058.54	11.44	2.42	4.56	623.94	416.18
安　徽	Anhui	647.60	79.90	7.53	66.25	379.91	114.01
山　东	Shandong	1652.99	129.26	48.46	881.79	421.62	171.86
河　南	Henan	554.87	64.87	5.64	229.85	138.02	116.48

3-34 续表 continued

地区	Region	节水灌溉面积合计 Total Area of Water-Saving Irrigation	喷灌 Sprinkler	微灌 Micro-Irrigation	低压管灌 Low-Pressure Pipe Irrigation	渠道防渗 Canal Lining	其他 Others
长江区	**Yangtze River**	**4370.68**	**134.53**	**33.57**	**403.26**	**3360.94**	**438.38**
上 海	Shanghai	149.75	2.19	0.11	86.80	60.65	
江 苏	Jiangsu	569.39	14.46	3.09	76.12	437.53	38.20
浙 江	Zhejiang	293.48	1.28	1.67	43.77	219.63	27.13
安 徽	Anhui	162.84	3.80	0.58	2.57	126.43	29.45
江 西	Jiangxi	299.81	7.42	0.39	2.81	161.91	127.28
河 南	Henan	123.13	8.88	1.95	41.77	70.40	0.13
湖 北	Hubei	402.01	12.34	6.81	25.24	331.75	25.88
湖 南	Hunan	307.70	20.28	1.41	4.74	258.52	22.75
广 西	Guangxi	32.51	0.01			32.34	0.16
重 庆	Chongqing	151.09	5.98	0.48	20.94	115.74	7.95
四 川	Sichuan	1250.88	37.88	9.48	50.01	1100.93	52.58
贵 州	Guizhou	277.99	1.20	5.77	17.32	203.66	50.05
云 南	Yunnan	195.36	4.65	0.37	13.00	159.22	18.12
陕 西	Shaanxi	109.87	2.49	1.36	5.89	69.41	30.72
甘 肃	Gansu	44.87	11.67	0.11	12.28	12.83	7.98
青 海	Qinghai						
东南诸河区	**Rivers in Southeast**	**1294.64**	**61.95**	**29.25**	**94.21**	**1007.55**	**101.68**
浙 江	Zhejiang	741.15	30.42	22.31	28.79	575.45	84.18
安 徽	Anhui	5.33	0.06			4.79	0.48
福 建	Fujian	548.16	31.47	6.94	65.42	427.31	17.02
珠江区	**Pearl River**	**1252.99**	**19.41**	**5.31**	**50.61**	**849.20**	**328.46**
湖 南	Hunan	4.98	0.36	0.16	0.08	4.03	0.35
广 东	Guangdong	201.48	8.99	1.50	8.16	179.17	3.66
广 西	Guangxi	669.72	5.09	0.43	7.19	397.34	259.67
海 南	Hainan	114.15	1.30	0.81	0.69	72.93	38.42
贵 州	Guizhou	113.75	2.78	1.81	6.49	84.19	18.48
云 南	Yunnan	148.91	0.89	0.60	28.00	111.54	7.88
西南诸河区	**Rivers in Southwest**	**262.38**	**2.04**	**1.07**	**9.78**	**220.19**	**29.31**
云 南	Yunnan	210.28	2.04	1.03	8.67	169.71	28.83
西 藏	Tibet	52.10		0.04	1.10	50.48	0.48
青 海	Qinghai						
西北诸河区	**Rivers in Northwest**	**3598.48**	**179.33**	**1644.48**	**187.53**	**1498.00**	**89.14**
内蒙古	Inner Mongolia	157.21	78.19	11.95	56.89	10.18	
甘 肃	Gansu	440.96	9.85	34.14	64.85	300.84	31.28
青 海	Qinghai	17.67				15.95	1.72
新 疆	Xinjiang	2982.64	91.29	1598.39	65.79	1171.03	56.14

主要统计指标解释

万亩以上灌区处数 在蓄水、引水、提水等灌溉工程中，灌溉设备齐全、渠系配套完整，自成灌溉体系，有统一管理的灌溉区域的数量。

灌溉面积 一个地区当年农、林、牧等灌溉面积的总和。总灌溉面积=有效灌溉面积（耕地）+林地灌溉面积+果园灌溉面积+牧草灌溉面积+其他灌溉面积。

农田有效灌溉面积 灌溉工程或设备已基本配套，有一定水源，土地比较平整，在一般年景可以进行正常灌溉的农田或耕地灌溉面积。

农田有效实灌面积 利用灌溉工程和设施，在有效灌溉面积中当年实际已进行正常（灌水一次以上）灌溉的耕地面积。在同一亩耕地上，报告期内无论灌水几次，都应按一亩计算，而不应按灌溉亩次计算。凡是肩挑、人抬、马拉抗旱点种的面积，一律不算实灌面积。有效实灌面积不大于有效灌溉面积。

机电排灌面积 由固定站、流动站、机电井、喷灌机械等所有机械、电动力设备进行排水、灌溉的耕地面积。其中，只要有固定的机械排灌的设施，能够进行正常排灌，不论当年是否进行排灌，都应统计为机电排灌面积（含灌排结合面积）。

旱涝保收面积 有效灌溉面积中，遇旱能灌，遇涝能排的面积。灌溉设施的抗旱能力，按各地不同情况，应达到30～50天；适宜发展双季稻的地方，应达到50～70天。除涝达到5年一遇以上标准，防洪一般达到20年一遇标准的有效灌溉面积。

农田排灌机械保有量 机、电动力抽水设备提水灌溉和排水统称排灌机械。排灌机械按使用动力分为电动与内燃机。按工程设施分为固定机电排灌站、流动机电排灌、喷滴灌机电排灌及机电井机电排灌4类。

固定机电排灌站处数 以江河、湖泊、水库、渠道等地面水为水源，在固定地点建设的以电动机、柴油机、汽油机等为动力带动水泵抽水灌溉、排水，并已发挥效益的灌溉站、排水站、排灌站的数量。

固定机电排灌站装机容量 等于电动机排灌站装机容量与内燃机排灌站装机容量之和。

机电井眼数 安装柴油机、汽油机、电动机或其他动力机械带动水泵抽取地下水灌溉农田、牧草地，包括已装机配套的和待装机配套的水井眼数。

配套机电井眼数 已经安装机电提水设备（包括线路）可以进行正常灌溉的机电井眼数。在几眼井上使用一台设备，但能适时灌溉的和一机多用而主要用于机、电井的，均应视为“已配套机电井”。包括由于提水设备或机井本身损坏待修理，暂时不能用的“已配套机电井”。

机电井装机容量 水利工程机组设备的容量，以机组铭牌的容量为准，包括停机检修和事故备用容量。

配套机电井装机容量 包括机配井装机容量与电配井装机容量之和。

流动机装机容量 等于电动机装机容量与内燃机装机容量之和。

喷滴灌装机容量 用于喷滴灌技术灌溉农用地的喷滴灌使用的机械动力数，只统计喷滴灌机的动力，不包括给喷滴灌机输入、送水源的动力。

Explanatory Notes of Main Statistical Indicators

Number of irrigation district with an area above 10,000 mu The number of district above 10,000 mu which were designed for irrigation with complete irrigation facilities, sub-canal system, self-established irrigation system and unified management system, in the irrigation schemes of water storage, water diversion or water lifting.

Irrigated area The sum of irrigated areas for agricultural, forest, pasture and grazing in a particular region. The total irrigated area is equal to the sum of effective irrigated areas (arable land), forest irrigated areas, orchard irrigated areas, grazing irrigated areas and other irrigated areas. Irrigated areas in the current year mean the total irrigated areas at the end of the year.

Effective irrigated areas The effective irrigated area refers to farmland or cultivated land with irrigation in normal years, equipped with installed irrigation facilities, water source and relatively leveled land.

Actual irrigated area The area of effective irrigated land has been applied irrigation (once or more than once) in the statistical year, taking the advantage of irrigation works or facilities. No matter how many times of irrigation is made in the same area of land within report period, it is all counted as one mu, but not counted according to the irrigation times. The areas irrigated for drought-relief by people or animal carrying water for irrigation are not included. Actual effective irrigation areas equals to or less than effective irrigated areas.

Irrigated and drainage area with mechanical and electrical equipment The areas are drained or irrigated by electrical and mechanical facilities, such as fixed and movable irrigation and drainage facilities, electromechanical wells and sprinklers. No matter whether farmland is irrigated in the statistical year, whenever fixed irrigation facilities are placed, the area is included in electromechanical irrigation and drainage areas (including area for both irrigation and drainage).

Harveat area guaranteed in case of flood and drought Farmlands, within effective irrigated areas, can irrigate in drought season and drain in flood season. According to drought-resistant capacity of irrigation facilities under varied conditions of different regions, irrigation may last for 30-50 days, and may last for 50-70 days in the regions suitable for double cropping rice. Waterlogging control in the effective irrigated areas should reach the standard of once in five years return period and flood control should reach the standard of once in twenty years return period.

Registered machinery and equipment for Irrigation and Drainage Machinery and equipment driven by mechanical or electrical power for pumping or lifting water for irrigation and drainage are divided into electrical power and internal combustion engine by power sources. It is grouped into four types of fixed electric-mechanical irrigation and drainage station, mobile electric-mechanical irrigation and drainage facilities, sprinkler irrigation and drip irrigation, and borehole and tubewells or electric-mechanical wells.

Number of fixed irrigation and drainage stations The number of irrigation station, drainage station or irrigation & drainage station that has already generated benefit, uses surface water such as river, lake, reservoir and canal as sources for pumping water with electric motor, diesel or gasoline engine in a fixed place for irrigation and drainage.

Installed capacity of fixed irrigation and drainage station Sum of installed capacity of fixed electric-mechanical irrigation and drainage station and fixed irrigation and drainage facilities empowered by diesel engine.

Number of mechanical and electrical wells The number of Boreholes and tubewells with installed counterpart facilities or waiting for installation, which use diesel or gasoline engine, electric motor or other power machines to pump or lift water for irrigation of farmlands and pasture lands.

Number of counterpart mechanical and electric wells Boreholes and tubewells already installed with pumping facilities (including lines) can be used for irrigation; It is also referred as equipped electromechanical well when several wells sharing one facility for timely irrigation and temporarily unused well because of damage of pumping facility and waiting for repair.

Installed capacity of mechanical and electric wells Installed capacity of electric-mechanical equipment based on brand instruction, including repair or overhaul and accident spare capacity.

Installed capacity of counterpart mechanical and electric wells The sum of installed capacity of wells equipped with mechanical equipment and installed capacity of wells equipped by electrical equipment.

Installed capacity of mobile equipment The sum of installed capacity of electrical motor and installed capacity of internal combustion engine.

Installed capacity of sprinkler and drip Machinery and equipment employed for sprinkler and drip irrigation, but it only includes the power of sprinkler and drip and excludes power of water transmission to sprinkler and drip system.

4 供用水

Water Supply and Water Use

简要说明

供用水统计资料主要包括水利工程设施供水及农村饮水安全等。

供用水量及饮水安全情况按水资源一级分区和地区分组。

1. 供水按受水区分地表水源、地下水源和其他水源统计。

2. 蓄水工程、引水工程、机电井工程与泵站工程供水量统计范围为水利系统管理的工程。

3. 农村饮水安全人口统计范围只限于农村，2004 年及以前年份统计“解决饮水困难人口”指标，2005 年后统计“饮水安全人口”指标。

4. 供水量历史资料汇总 1997 年至今历史数据；饮水安全情况汇总 1975 年至今数据。

Brief Introduction

Statistical data of water supply and utilization mainly covers water supply of water facilities and safety of rural drinking water.

Quantity of water supply and safety condition of drinking water is classified in accordance with grade- I water resources regions and regions.

1. Water supply is grouped based on the sources of surface water, groundwater and others according to water-receiving area.

2. Statistical scope of water supply only includes storage works, water diversion and electro-mechanical wells and pumping stations managed by the water sector.

3. Statistical scope of population access to safe drinking water is only limited to rural areas. Index of “population with drinking water” is used in 2004 and before; the index of “population with safe drinking water” is used in 2005 and after.

4. Historical data of volume of water supply is collected from 1997 until present, data of safe drinking water is collected from 1975 until present.

4-1 历年供用水量

Water Supply and Water Use by Years

单位：亿立方米 unit: 10^8m^3

年份 Year	供水量 合计 Total Water Supply	地表水 Surface Water	地下水 Ground-water	其他 Others	用水量 合计 Total Water Use	农业 Agricultural	工业 Industrial	生活 Domestic	生态 Ecological
1997	5623.2	4565.9	1031.5	25.7	5566.0	3919.7	1121.2	525.1	
1998	5469.8	4419.6	1028.9	21.4	5435.4	3766.2	1126.2	542.9	
1999	5613.3	4514.2	1074.6	24.5	5590.9	3869.2	1159.0	562.8	
2000	5530.7	4440.4	1069.2	21.1	5497.6	3783.5	1139.1	574.9	
2001	5567.4	4450.7	1094.9	21.9	5567.4	3825.7	1141.8	599.9	
2002	5497.3	4404.4	1072.4	20.5	5497.3	3736.2	1142.4	618.7	
2003	5320.4	4286.0	1018.1	16.3	5320.4	3432.8	1177.2	630.9	79.5
2004	5547.8	4504.2	1026.4	17.2	5547.8	3585.7	1228.9	651.2	82.0
2005	5633.0	4572.2	1038.8	22.0	5633.0	3580.0	1285.2	675.1	92.7
2006	5795.0	4706.8	1065.5	22.7	5795.0	3664.4	1343.8	693.8	93.0
2007	5818.7	4723.5	1069.5	25.7	5818.7	3598.5	1404.1	710.4	105.7
2008	5909.9	4796.4	1084.8	28.7	5909.9	3663.4	1397.1	729.2	120.2
2009	5965.2	4839.5	1094.5	31.2	5965.2	3723.1	1390.9	748.2	103.0
2010	6022.0	4881.6	1107.3	33.1	6022.0	3689.1	1447.3	765.8	119.8

4-2 2010年供用水量（按地区分）

Water Supply and Water Use in 2010 (by Regions)

单位：亿立方米 unit: $10^8 m^3$

地区	Region	供水量 合计 Total Water Supply	地表水 Surface Water	地下水 Ground-water	其他 Others	用水量 合计 Total Water Use	农业 Agricultural	工业 Industrial	生活 Domestic	生态 Ecological
合 计	**Total**	**6022.0**	**4881.6**	**1107.3**	**33.1**	**6022.0**	**3689.1**	**1447.3**	**765.8**	**119.8**
北 京	Beijing	35.2	7.2	21.2	6.8	35.2	10.8	5.1	15.3	4.0
天 津	Tianjin	22.5	16.2	5.9	0.5	22.5	11.0	4.8	5.5	1.2
河 北	Hebei	193.7	36.1	156.0	1.6	193.7	143.8	23.1	24.0	2.9
山 西	Shanxi	63.8	29.3	34.5		63.8	38.0	12.6	10.6	2.6
内蒙古	Inner Mongolia	181.9	92.6	88.6	0.7	181.9	134.5	22.6	15.0	9.8
辽 宁	Liaoning	143.7	72.1	67.6	4.0	143.7	89.8	25.0	25.5	3.4
吉 林	Jilin	120.0	75.9	44.2		120.0	73.8	26.1	16.4	3.7
黑龙江	Heilongjiang	325.0	178.9	146.1		325.0	249.6	56.0	17.6	1.8
上 海	Shanghai	126.3	126.1	0.2		126.3	16.8	84.8	23.5	1.2
江 苏	Jiangsu	552.2	543.5	8.7		552.2	304.2	191.9	52.9	3.2
浙 江	Zhejiang	203.0	198.1	4.3	0.6	203.0	94.6	59.7	39.4	9.3
安 徽	Anhui	293.1	265.6	26.6	0.9	293.1	166.7	94.0	30.2	2.2
福 建	Fujian	202.5	197.5	4.6	0.3	202.5	97.2	81.3	22.7	1.3
江 西	Jiangxi	239.7	229.8	9.9		239.7	151.0	57.4	27.5	3.9
山 东	Shandong	222.5	127.1	91.3	4.0	222.5	154.8	26.8	36.2	4.6
河 南	Henan	224.6	88.6	135.1	0.9	224.6	125.6	55.6	36.1	7.3
湖 北	Hubei	288.0	278.1	9.0	0.8	288.0	138.3	117.1	32.4	0.2
湖 南	Hunan	325.2	304.0	21.1		325.2	185.8	89.8	46.4	3.2
广 东	Guangdong	469.0	446.4	21.3	1.3	469.0	227.5	138.8	94.2	8.6
广 西	Guangxi	301.6	289.3	11.1	1.1	301.6	194.6	55.2	46.5	5.3
海 南	Hainan	44.4	41.0	3.3		44.4	33.9	3.8	6.5	0.1
重 庆	Chongqing	86.4	84.6	1.8	0.1	86.4	19.8	47.4	18.6	0.5
四 川	Sichuan	230.3	210.7	16.9	2.7	230.3	127.3	62.9	38.0	2.1
贵 州	Guizhou	101.4	93.8	7.2	0.5	101.4	50.0	34.3	16.5	0.6
云 南	Yunnan	147.5	139.0	4.8	3.7	147.5	95.3	25.5	22.8	3.9
西 藏	Tibet	35.2	32.4	2.8		35.2	31.7	1.5	2.0	
陕 西	Shaanxi	83.4	49.5	33.3	0.5	83.4	55.5	12.1	14.8	1.0
甘 肃	Gansu	121.8	96.1	24.2	1.5	121.8	94.3	13.7	10.8	3.0
青 海	Qinghai	30.8	25.6	5.0	0.1	30.8	23.2	3.3	3.5	0.8
宁 夏	Ningxia	72.4	67.0	5.4		72.4	65.0	4.1	1.8	1.4
新 疆	Xinjiang	535.1	439.2	95.2	0.7	535.1	484.6	11.2	12.8	26.5

4-3 2010年供用水量（按水资源分区分）

Water Supply and Water Use in 2010 (by Water Resources Regions)

单位：亿立方米 unit: 10^8m^3

水资源一级区	Grade- I Water Resources Region	供水量 合计 Total Water Supply	地表水 Surface Water	地下水 Ground-water	其他 Others	用水量 合计 Total Water Use	农业 Agricultural	工业 Industrial	生活 Domestic	生态 Ecological
合　计	**Total**	**6022.0**	**4881.6**	**1107.3**	**33.1**	**6022.0**	**3689.1**	**1447.3**	**765.8**	**119.8**
松花江区	Songhua River	456.6	259.2	197.3	0.1	456.6	331.4	82.5	34.4	8.3
辽河区	Liaohe River	208.9	91.8	113.0	4.1	208.9	136.7	34.8	33.3	4.1
海河区	Haihe River	368.3	122.5	236.2	9.7	368.3	247.6	50.8	59.0	10.9
黄河区	Yellow River	392.3	262.6	126.8	2.8	392.3	277.6	61.5	44.0	9.1
淮河区	Huaihe River	639.3	463.5	172.7	3.1	639.3	445.5	98.8	85.9	9.2
长江区	Yangtze River	1983.1	1889.7	85.1	8.4	1983.1	948.2	746.6	268.5	19.9
其中：太湖区	Among Which: Taihu Lake	355.3	354.7	0.6	0.1	355.3	91.3	212.5	48.5	3.1
东南诸河区	Rivers in Southeast	342.5	333.2	8.5	0.8	342.5	157.8	121.8	53.1	9.8
珠江区	Pearl River	883.5	840.7	39.6	3.1	883.5	489.2	222.6	157.4	14.2
西南诸河区	Rivers in Southwest	108.0	104.3	3.6	0.1	108.0	85.7	9.7	12.3	0.4
西北诸河区	Rivers in Northwest	639.5	514.1	124.4	1.0	639.5	569.4	18.4	18.0	33.7

4-4 历年解决农村人口和牲畜饮水情况

Drinking Water for Rural Population and Livestock by Years

年份 Year	累计解决的数量 Accumulated Population Access to Drinking Water 人数 (万人) Population (10^4persons)	#新解决 Population with Safe Drinking Water	牲畜 (万头) Livestock (10^4head)	饮水安全总人口 (万人) Total Population with Safe Drinking Water (10^4persons)	#只达到基本安全人口 Population with Generally Safe Drinking Water	饮水安全达标人口新增 (万人) Newly-Increased Population with Safe Drinking Water (10^4persons)
1975	2796		1260			
1976	3037		1417			
1977	3431		1701			
1978	3796		1995			
1979	4005		2096			
1980	5294		3092			
1981	5792		3390			
1982	6382		3597			
1983	6660		3991			
1984	7673		4319			
1985	8467		4609			
1986	9390		5576			
1987	10571		6213			
1988	11487		6756			
1989	12314		7303			
1990	13278		7906			
1991	14024		8355			
1992	15148		8917			
1993	15907		9377			
1994	16499		9793			
1995	17353		10360			
1996	18353		10654			
1997	19611		12220			
1998	20886		13357			
1999	21674		14557			
2000	22520		14698			
2001	23813		15509			
2002	26373		17131			
2003	28189		18214			
2004	29662	1473	19094			
2005	30355	701		61836		1104
2006				55939		2945
2007				58339	27659	4468
2008				62329	28287	5378
2009				62721	25149	7295
2010				67070	26082	6717

4-5　2010年农村饮水安全人口（按地区分）

Rural Population with Safe Drinking Water in 2010 (by Regions)

单位：万人　　　　unit: 10^4person

地区	Region	饮水安全总人口 Total Population with Safe Drinking Water	#只达到基本安全人口 Population with Generally Safe Drinking Water	饮水安全达标人口新增 Newly-Increased Population with Safe Drinking Water
合　计	**Total**	**67070**	**26082**	**6717**
北　京	Beijing	360	177	38
天　津	Tianjin	263	16	
河　北	Hebei	3420	641	374
山　西	Shanxi	1782	915	144
内蒙古	Inner Mongolia	1133	1133	140
辽　宁	Liaoning	1739	554	140
吉　林	Jilin	1092	234	144
黑龙江	Heilongjiang	1429	548	130
上　海	Shanghai	306		1
江　苏	Jiangsu	4811	1267	373
浙　江	Zhejiang	3209	701	207
安　徽	Anhui	4591	1842	297
福　建	Fujian	1873	612	144
江　西	Jiangxi	2027	849	190
山　东	Shandong	4252	2115	370
河　南	Henan	4166	2152	489
湖　北	Hubei	2428	452	493
湖　南	Hunan	3866	1524	329
广　东	Guangdong	3444	1031	340
广　西	Guangxi	2921	1774	311
海　南	Hainan	486	32	37
重　庆	Chongqing	1544	501	282
四　川	Sichuan	5172	2217	433
贵　州	Guizhou	2625	1735	316
云　南	Yunnan	2939	1292	323
西　藏	Tibet	220		31
陕　西	Shaanxi	2326	866	323
甘　肃	Gansu	1125	483	131
青　海	Qinghai	270	48	26
宁　夏	Ningxia	343	102	42
新　疆	Xinjiang	903	270	120

4-6 2010年农村饮水安全人口（按水资源分区分）

Rural Population with Safe Drinking Water in 2010 (by Water Resources Regions)

单位：万人

unit: 10^4person

水资源一级区	Grade-Ⅰ Water Resources Region	饮水安全总人口 Total Population with Safe Drinking Water	#只达到基本安全人口 Population with Generally Safe Drinking Water	饮水安全达标人口新增 Newly-Increased Population with Safe Drinking Water
合 计	**Total**	**67070**	**26082**	**6717**
松花江区	Songhua River	2587	925	279
辽河区	Liaohe River	2209	957	209
海河区	Haihe River	6079	1885	616
黄河区	Yellow River	6292	2773	632
淮河区	Huaihe River	10257	4663	974
长江区	Yangtze River	23901	9133	2465
其中：太湖区	Among Which: Taihu Lake	1273	86	38
东南诸河区	Rivers in Southeast	4709	1284	337
珠江区	Pearl River	8427	3679	869
西南诸河区	Rivers in Southwest	1381	356	168
西北诸河区	Rivers in Northwest	1228	428	168

4-7 2010年农村饮水安全人口（按水资源分区和地区分）

Rural Population with Safe Drinking Water in 2010 (by Water Resources Regions and Regions)

单位：万人 unit: 10^4person

地区	Region	饮水安全总人口 Total Population with Safe Drinking Water	#只达到基本安全人口 Population with Generally Safe Drinking Water	饮水安全达标人口新增 Newly-Increased Population with Safe Drinking Water
松花江区	**Songhua River**	**2587**	**925**	**279**
内蒙古	Inner Mongolia	172	172	23
吉　林	Jilin	986	205	126
黑龙江	Heilongjiang	1429	548	130
辽河区	**Liaohe River**	**2209**	**957**	**209**
内蒙古	Inner Mongolia	381	381	54
辽　宁	Liaoning	1722	547	137
吉　林	Jilin	105	28	18
海河区	**Haihe River**	**6079**	**1885**	**616**
北　京	Beijing	360	177	38
天　津	Tianjin	263	16	
河　北	Hebei	3420	641	374
山　西	Shanxi	597	343	44
内蒙古	Inner Mongolia	52	52	9
辽　宁	Liaoning	17	6	3
山　东	Shandong	698	376	94
河　南	Henan	670	273	54
黄河区	**Yellow River**	**6292**	**2773**	**632**
山　西	Shanxi	1185	571	101
内蒙古	Inner Mongolia	422	422	38
山　东	Shandong	445	115	24
河　南	Henan	1117	443	90
陕　西	Shaanxi	1757	714	229
甘　肃	Gansu	787	362	88
青　海	Qinghai	236	43	21
宁　夏	Ningxia	343	102	42
淮河区	**Huaihe River**	**10257**	**4663**	**974**
江　苏	Jiangsu	2677	912	253
安　徽	Anhui	2836	1100	171
山　东	Shandong	3109	1625	251
河　南	Henan	1634	1027	298

4-7 续表 continued

地区	Region	饮水安全总人口 Total Population with Safe Drinking Water	#只达到基本安全人口 Population with Generally Safe Drinking Water	饮水安全达标人口新增 Newly-Increased Population with Safe Drinking Water
长江区	**Yangtze River**	**23901**	**9133**	**2465**
上 海	Shanghai	306		1
江 苏	Jiangsu	2134	355	119
浙 江	Zhejiang	472	86	19
安 徽	Anhui	1656	685	120
江 西	Jiangxi	2027	849	190
河 南	Henan	745	409	47
湖 北	Hubei	2428	452	493
湖 南	Hunan	3802	1482	325
广 西	Guangxi	43	33	6
重 庆	Chongqing	1544	501	282
四 川	Sichuan	5172	2217	433
贵 州	Guizhou	1811	1298	209
云 南	Yunnan	1041	541	112
陕 西	Shaanxi	569	153	94
甘 肃	Gansu	142	72	15
青 海	Qinghai	8	1	1
东南诸河区	**Rivers in Southeast**	**4709**	**1284**	**337**
浙 江	Zhejiang	2737	615	188
安 徽	Anhui	99	56	5
福 建	Fujian	1873	612	144
珠江区	**Pearl River**	**8427**	**3679**	**869**
湖 南	Hunan	65	42	4
广 东	Guangdong	3444	1031	340
广 西	Guangxi	2878	1741	306
海 南	Hainan	486	32	37
贵 州	Guizhou	814	437	107
云 南	Yunnan	740	395	75
西南诸河区	**Rivers in Southwest**	**1381**	**356**	**168**
云 南	Yunnan	1158	356	136
西 藏	Tibet	220		31
青 海	Qinghai	3		1
西北诸河区	**Rivers in Northwest**	**1228**	**428**	**168**
内蒙古	Inner Mongolia	106	106	16
甘 肃	Gansu	196	48	28
青 海	Qinghai	23	4	4
新 疆	Xinjiang	903	270	120

4-8 2010年蓄水工程供水量（按地区分）

Water Supply of Storage Works in 2010 (by Regions)

单位：万立方米 unit: $10^4 m^3$

地区	Region	合计 Total	农业灌溉供水量 Water Supply for Irrigation	工业生产供水量 Water Supply for Industrial Use	城镇生活供水量 Water Supply for Urban Domestic Use	乡村生活供水量 Water Supply for Rural Domestic Use	生态环境供水量 Water Supply for Ecological Environment	其他 Others	另：水电供水量 Water Supply for Hydropower Generation
合 计	**Total**	**18515966**	**12732470**	**2055052**	**1727011**	**526929**	**499068**	**975438**	**20174317**
北 京	Beijing	55553	211	53	55033	2	3	251	
天 津	Tianjin	5129	2586	139			1404	1000	
河 北	Hebei	345526	138934	12308	172405	1010	9903	10966	133972
山 西	Shanxi	82783	54685	15389	7402	1060	1962	2286	20488
内蒙古	Inner Mongolia	1018424	245936	196645	192173	192165	191505		117675
辽 宁	Liaoning	478370	256277	63651	81625	2280	66135	8402	66339
吉 林	Jilin	206608	124941	4657	62460	105		14445	996459
黑龙江	Heilongjiang	375206	313588	15675	18048	467	27428		267446
上 海	Shanghai								
江 苏	Jiangsu	232782	169119	20986	28768	11410	2440	60	25520
浙 江	Zhejiang	1217145	598036	228445	224264	63252	64433	38715	1071911
安 徽	Anhui	1064741	846488	44584	44993	21837	3072	103768	435570
福 建	Fujian	952440	581290	132730	67063	23895	11473	135989	894685
江 西	Jiangxi	1286110	953192	200209	44964	13096	2094	72555	1119587
山 东	Shandong	362802	201151	63241	59903	14807	13495	10206	12336
河 南	Henan	260988	129842	50094	18357	4173	2396	56127	281768
湖 北	Hubei	1481250	918026	237263	71390	37812	9531	207228	3096653
湖 南	Hunan	1884246	1573772	140469	100101	36645	12198	21061	2755106
广 东	Guangdong	1825213	1272780	176052	226695	34768	12739	102180	1806445
广 西	Guangxi	1489518	1329952	30287	32697	7535	27675	61373	2187626
海 南	Hainan	261730	212836	11403	12923	998	36	23534	93400
重 庆	Chongqing	171639	116181	14586	25455	13626	378	1413	1657951
四 川	Sichuan	641646	521314	39888	36993	10696	1178	31577	120820
贵 州	Guizhou	481902	171478	255781	29108	7477	288	17771	1913110
云 南	Yunnan	586067	454833	38921	69674	14696	3201	4742	442944
西 藏	Tibet	144806	144707	33	15	50		2	
陕 西	Shaanxi	192160	135767	20929	24999	5155	1319	3991	27245
甘 肃	Gansu	353108	305393	24473	4823	3926	14493		250466
青 海	Qinghai	99728	50709	2260	90	752	800	45117	98824
宁 夏	Ningxia	8620	5057	2445	258	251	609		
新 疆	Xinjiang	949725	903389	11457	14333	2986	16881	679	279970

4-9 2010年蓄水工程供水量（按水资源分区分）

Water Supply of Storage Works in 2010 (by Water Resources Regions)

单位：万立方米 unit: 10^4m^3

水资源一级区	Grade- I Water Resources Region	合计 Total	农业灌溉供水量 Water Supply for Irrigation	工业生产供水量 Water Supply for Industrial Use	城镇生活供水量 Water Supply for Urban Domestic Use	乡村生活供水量 Water Supply for Rural Domestic Use	生态环境供水量 Water Supply for Ecological Environment	其他 Others	另：水电供水量 Water Supply for Hydropower Generation
合　计	**Total**	**18515966**	**12732470**	**2055052**	**1727011**	**526929**	**499068**	**975438**	**20174317**
松花江区	Songhua River	1532566	628802	211236	267178	191972	218933	14445	1355765
辽河区	Liaohe River	522217	292554	65876	86355	2895	66135	8402	87509
海河区	Haihe River	471424	181080	30566	230827	2523	11938	14490	163554
黄河区	Yellow River	286004	185459	45944	37990	7065	5088	4457	27428
淮河区	Huaihe River	1089824	821718	76205	85259	30950	17386	58306	83599
长江区	Yangtze River	6887137	4969090	881829	407376	145543	32407	450893	11289000
其中：太湖区	Among Which: Taihu Lake	25962	10812	1469	11013	2618	50		46338
东南诸河区	Rivers in Southeast	2174968	1186213	360291	286676	86970	75911	178907	1935438
珠江区	Pearl River	3828468	2912910	332857	292946	49099	39351	201306	4387847
西南诸河区	Rivers in Southwest	364663	331085	13645	14106	3932	808	1086	219774
西北诸河区	Rivers in Northwest	1358696	1223557	36602	18298	5981	31111	43146	624401

4-10 2010年蓄水工程供水量（按水资源分区和地区分）

Water Supply of Storage Works in 2010 (by Water Resources Regions and Regions)

单位：万立方米 unit: 10^4m^3

地区	Region	合计 Total	农业灌溉供水量 Water Supply for Irrigation	工业生产供水量 Water Supply for Industrial Use	城镇生活供水量 Water Supply for Urban Domestic Use	乡村生活供水量 Water Supply for Rural Domestic Use	生态环境供水量 Water Supply for Ecological Environment	其他 Others	另：水电供水量 Water Supply for Hydropower Generation
松花江区	**Songhua Rievr**	**1532566**	**628802**	**211236**	**267178**	**191972**	**218933**	**14445**	**1355765**
内蒙古	Inner Mongolia	970592	203307	192980	191400	191400	191505		91860
吉　林	Jilin	186768	111907	2581	57730	105		14445	996459
黑龙江	Heilongjiang	375206	313588	15675	18048	467	27428		267446
辽河区	**Liaohe River**	**522217**	**292554**	**65876**	**86355**	**2895**	**66135**	**8402**	**87509**
内蒙古	Inner Mongolia	24007	23243	149		615			21170
辽　宁	Liaoning	478370	256277	63651	81625	2280	66135	8402	66339
吉　林	Jilin	19840	13034	2076	4730				
海河区	**Haihe River**	**471424**	**181080**	**30566**	**230827**	**2523**	**11938**	**14490**	**163554**
北　京	Beijing	55553	211	53	55033	2	3	251	
天　津	Tianjin	5129	2586	139			1404	1000	
河　北	Hebei	345526	138934	12308	172405	1010	9903	10966	133972
山　西	Shanxi	24074	14948	5895	538	441		2252	2717
内蒙古	Inner Mongolia	611	331	280					4645
辽　宁	Liaoning								
山　东	Shandong	12367	8917	1058	979	769	628	16	
河　南	Henan	28164	15153	10833	1872	301		5	22220
黄河区	**Yellow River**	**286004**	**185459**	**45944**	**37990**	**7065**	**5088**	**4457**	**27428**
山　西	Shanxi	58709	39737	9494	6864	619	1962	34	17771
内蒙古	Inner Mongolia	21873	18395	3036	342	100			
山　东	Shandong	36222	27268	4081	3904	939	30		1008
河　南	Henan	14937	7891	5113	983	702	164	85	1190
陕　西	Shaanxi	102315	52305	20014	24316	2732	1260	1688	2600
甘　肃	Gansu	14786	10897	1421	1234	971	263		
青　海	Qinghai	28542	23910	340	90	752	800	2650	4859
宁　夏	Ningxia	8620	5057	2445	258	251	609		
淮河区	**Huaihe River**	**1089824**	**821718**	**76205**	**85259**	**30950**	**17386**	**58306**	**83599**
江　苏	Jiangsu	73194	52588	3910	12566	1760	2310	60	25520
安　徽	Anhui	550085	525648	6622	4469	13276	50	20	
山　东	Shandong	314213	164966	58102	55020	13099	12837	10190	11328
河　南	Henan	152332	78516	7572	13204	2815	2189	48036	46751

4-10 续表 continued

地区	Region	合计 Total	农业灌溉供水量 Water Supply for Irrigation	工业生产供水量 Water Supply for Industrial Use	城镇生活供水量 Water Supply for Urban Domestic Use	乡村生活供水量 Water Supply for Rural Domestic Use	生态环境供水量 Water Supply for Ecological Environment	其他 Others	另：水电供水量 Water Supply for Hydropower Generation
长江区	**Yangtze River**	**6887137**	**4969090**	**881829**	**407376**	**145543**	**32407**	**450893**	**11289000**
上　海	Shanghai								
江　苏	Jiangsu	159588	116531	17076	16202	9650	130		
浙　江	Zhejiang	17264	9811	1369	5466	618			46338
安　徽	Anhui	492009	304142	37478	39709	8120	3017	99545	420390
江　西	Jiangxi	1286110	953192	200209	44964	13096	2094	72555	1119587
河　南	Henan	65555	28282	26576	2298	356	43	8001	211607
湖　北	Hubei	1481250	918026	237263	71390	37812	9531	207228	3096653
湖　南	Hunan	1859464	1552632	137871	99267	36515	12158	21021	2747746
广　西	Guangxi	93534	89285	964	45	35	3205		49354
重　庆	Chongqing	171639	116181	14586	25455	13626	378	1413	1657951
四　川	Sichuan	641646	521314	39888	36993	10696	1178	31577	120820
贵　州	Guizhou	310750	119366	157314	22475	5680	268	5648	1698041
云　南	Yunnan	216605	155080	10295	42374	6907	347	1602	95868
陕　西	Shaanxi	89845	83462	915	683	2423	59	2303	24645
甘　肃	Gansu	1878	1787	26	55	10			
青　海	Qinghai								
东南诸河区	**Rivers in Southeast**	**2174968**	**1186213**	**360291**	**286676**	**86970**	**75911**	**178907**	**1935438**
浙　江	Zhejiang	1199881	588225	227076	218798	62634	64433	38715	1025573
福　建	Fujian	22647	16698	485	815	441	5	4203	15180
安　徽	Anhui	952440	581290	132730	67063	23895	11473	135989	894685
珠江区	**Pearl River**	**3828468**	**2912910**	**332857**	**292946**	**49099**	**39351**	**201306**	**4387847**
湖　南	Hunan	24782	21140	2598	834	130.0	40	40	7360
广　东	Guangdong	1825213	1272780	176052	226695	34768	12739	102180	1806445
广　西	Guangxi	1395984	1240667	29323	32652	7500	24470	61373	2138272
海　南	Hainan	261730	212836	11403	12923	998	36	23534	93400
贵　州	Guizhou	171152	52112	98467	6633	1797	20	12123	215069
云　南	Yunnan	149605	113374	15014	13209	3906	2046	2056	127302
西南诸河区	**Rivers in Southwest**	**364663**	**331085**	**13645**	**14106**	**3932**	**808**	**1086**	**219774**
云　南	Yunnan	219856	186379	13612	14091	3882	808	1084	219774
西　藏	Tibet	144806	144707	33	15	50		2	
青　海	Qinghai								
西北诸河区	**Rivers in Northwest**	**1358696**	**1223557**	**36602**	**18298**	**5981**	**31111**	**43146**	**624401**
内蒙古	Inner Mongolia	1341	660	200	431	50			
甘　肃	Gansu	336444	292709	23026	3534	2945	14230		250466
青　海	Qinghai	71186	26799	1920				42467	93965
新　疆	Xinjiang	949725	903389	11457	14333	2986	16881	679	279970

4-11 2010年引水工程供水量（按地区分）

Water Supply of Diversion Works in 2010 (by Regions)

单位：万立方米 unit: $10^4 m^3$

地区	Region	合计 Total	农业灌溉供水量 Water Supply for Irrigation	工业生产供水量 Water Supply for Industrial Use	城镇生活供水量 Water Supply for Urban Domestic Use	乡村生活供水量 Water Supply for Rural Domestic Use	生态环境供水量 Water Supply for Ecological Environment	其他 Others	另：水电供水量 Water Supply for Hydropower Generation
合 计	**Total**	**16858493**	**13833889**	**1369479**	**640716**	**286234**	**434614**	**293561**	**8665025**
北 京	Beijing	21183	903	2182	17764		10	324	
天 津	Tianjin	97000	16500	38254	37646		4600		53513
河 北	Hebei	233590	182810	25972	4388	1092	14785	4543	31488
山 西	Shanxi	75014	60384	7372	1969	4931	158	202	266990
内蒙古	Inner Mongolia	714311	617301	9901	1651	258	85200		108493
辽 宁	Liaoning	183806	114923	29767	35675	1739	297	1406	6040
吉 林	Jilin	94656	86605	3725	3054	1244	28		16540
黑龙江	Heilongjiang	552292	514867	12985	5729	111	18600		401344
上 海	Shanghai								
江 苏	Jiangsu	1650451	1198869	155146	121175	68053	88405	18803	
浙 江	Zhejiang	229019	133303	27293	27110	12706	23337	5270	170341
安 徽	Anhui	244141	211544	13295	7549	10863	751	140	86480
福 建	Fujian	790677	619473	90451	37175	19508	7657	16413	154029
江 西	Jiangxi	610311	510379	63623	11585	7164	1040	16519	274568
山 东	Shandong	1400030	1175101	131942	22064	12355	19265	39303	200
河 南	Henan	557539	459301	49784	6283	2430	22391	17350	460378
湖 北	Hubei	519581	417245	63523	20867	4491	857	12599	195400
湖 南	Hunan	352175	281806	24374	22714	12055	1533	9693	439055
广 东	Guangdong	1101335	708234	208146	107886	14272	8941	53856	1099698
广 西	Guangxi	682647	634171	16869	13427	17050		1130	694706
海 南	Hainan	85133	37909	849	887			45488	47278
重 庆	Chongqing	44515	31365	5833	1964	5184	77	91	21554
四 川	Sichuan	1029546	718368	197415	63182	11842	10369	28370	170140
贵 州	Guizhou	207813	136062	53724	5264	8398	141	4223	59863
云 南	Yunnan	677742	591534	30104	17027	33881	1158	4037	3472974
西 藏	Tibet	52015	45683	24	58	4357	1892		
陕 西	Shaanxi	206549	164979	14631	9206	7975	1697	8061	8173
甘 肃	Gansu	428867	341070	52020	16241	9745	9788	3	408
青 海	Qinghai	157815	119393	14464	7443	6323	10077	115	114204
宁 夏	Ningxia	396287	395843	9	35	380	20		
新 疆	Xinjiang	3462453	3307963	25803	13697	7828	101541	5621	311169

4-12 2010年引水工程供水量（按水资源分区分）

Water Supply of Diversion Works in 2010 (by Water Resources Regions)

单位：万立方米 unit: $10^4 m^3$

水资源一级区	Grade- I Water Resources Region	合计 Total	农业灌溉供水量 Water Supply for Irrigation	工业生产供水量 Water Supply for Industrial Use	城镇生活供水量 Water Supply for Urban Domestic Use	乡村生活供水量 Water Supply for Rural Domestic Use	生态环境供水量 Water Supply for Ecological Environment	其他 Others	另：水电供水量 Water Supply for Hydropower Generation
合　计	**Total**	**16858493**	**13833889**	**1369479**	**640716**	**286234**	**434614**	**293561**	**8665025**
松花江区	Songhua River	766316	675578	22791	8783	1336	57828		432971
辽河区	Liaohe River	234216	164926	29837	35675	1876	497	1406	11866
海河区	Haihe River	903314	701594	92351	72265	7862	21991	7253	323501
黄河区	Yellow River	2367517	2046310	194741	34986	22704	14352	54425	213550
淮河区	Huaihe River	1595689	1344831	115920	46902	24039	43819	20177	200
长江区	Yangtze River	3784026	2742184	511905	231791	122556	99311	76278	3403765
其中：太湖区	Among Which: Taihu Lake	173907	72722	2187	10461	4679	83858		69140
东南诸河区	Rivers in Southeast	957106	698900	115940	60371	33066	27146	21683	255348
珠江区	Pearl River	1968545	1455105	234078	126145	40978	9301	102939	1832645
西南诸河区	Rivers in Southwest	495003	441220	16212	8925	22284	2582	3779	1856304
西北诸河区	Rivers in Northwest	3786761	3563241	35704	14873	9534	157787	5621	334875

4-13 2010年引水工程供水量（按水资源分区和地区分）

Water Supply of Diversion Works in 2010 (by Water Resources Regions and Regions)

单位：万立方米 unit: $10^4 m^3$

地区	Region	合计 Total	农业灌溉供水量 Water Supply for Irrigation	工业生产供水量 Water Supply for Industrial Use	城镇生活供水量 Water Supply for Urban Domestic Use	乡村生活供水量 Water Supply for Rural Domestic Use	生态环境供水量 Water Supply for Ecological Environment	其他 Others	另：水电供水量 Water Supply for Hydropower Generation
松花江区	**Songhua River**	**766316**	**675578**	**22791**	**8783**	**1336**	**57828**		**432971**
内蒙古	Inner Mongolia	122581	77300	6081			39200		15087
吉 林	Jilin	91443	83411	3725	3054	1225	28		16540
黑龙江	Heilongjiang	552292	514867	12985	5729	111	18600		401344
辽河区	**Liaohe River**	**234216**	**164926**	**29837**	**35675**	**1876**	**497**	**1406**	**11866**
内蒙古	Inner Mongolia	47497	47109	70		118	200		5826
辽 宁	Liaoning	183506	114623	29767	35675	1739	297	1406	6040
吉 林	Jilin	3213	3194			19			
海河区	**Haihe River**	**903314**	**701594**	**92351**	**72265**	**7862**	**21991**	**7253**	**323501**
北 京	Beijing	21183	903	2182	17764		10	324	
天 津	Tianjin	97000	16500	38254	37646		4600		53513
河 北	Hebei	233590	182810	25972	4388	1092	14785	4543	31488
山 西	Shanxi	31479	24628	4911	365	1463	91	22	238500
内蒙古	Inner Mongolia	1430	1430						
辽 宁	Liaoning	300	300						
山 东	Shandong	440289	406304	15143	9002	5221	2505	2114	
河 南	Henan	78043	68719	5888	3099	86		250	
黄河区	**Yellow River**	**2367517**	**2046310**	**194741**	**34986**	**22704**	**14352**	**54425**	**213550**
山 西	Shanxi	43535	35756	2461	1604	3468	67	180	28490
内蒙古	Inner Mongolia	492555	487161	3750	1545	99			87580
山 东	Shandong	666974	537464	87669	1413	3584	501	36343	
河 南	Henan	372105	314595	35321	977	1791	3041	16380	17130
陕 西	Shaanxi	100700	80041	9699	7143	1083	1326	1408	
甘 肃	Gansu	195805	121267	49972	15921	6459	2182	3	408
青 海	Qinghai	99556	74183	5859	6348	5840	7215	111	79942
宁 夏	Ningxia	396287	395843	9	35	380	20		
淮河区	**Huaihe River**	**1595689**	**1344831**	**115920**	**46902**	**24039**	**43819**	**20177**	**200**
江 苏	Jiangsu	1138771	983065	77066	32244	19765	8160	18471	
安 徽	Anhui	65413	62620	1501	802	300	50	140	
山 东	Shandong	292767	231333	29129	11649	3550	16259	846	200
河 南	Henan	98738	67812	8224	2207	424	19350	720	

4-13 续表 continued

地区	Region	合计 Total	农业灌溉供水量 Water Supply for Irrigation	工业生产供水量 Water Supply for Industrial Use	城镇生活供水量 Water Supply for Urban Domestic Use	乡村生活供水量 Water Supply for Rural Domestic Use	生态环境供水量 Water Supply for Ecological Environment	其他 Others	另：水电供水量 Water Supply for Hydropower Generation
长江区	**Yangtze River**	**3784026**	**2742184**	**511905**	**231791**	**122556**	**99311**	**76278**	**3403765**
上　海	Shanghai								
江　苏	Jiangsu	511680	215804	78080	88931	48288	80245	332	
浙　江	Zhejiang	69479	59016	1926	4284	400	3853		69140
安　徽	Anhui	171839	143784	11672	6377	9311	696		86362
江　西	Jiangxi	610311	510379	63623	11585	7164	1040	16519	274568
河　南	Henan	8654	8175	350		129			443248
湖　北	Hubei	519581	417245	63523	20867	4491	857	12599	195400
湖　南	Hunan	339429	270499	23650	22539	11603	1503	9636	435837
广　西	Guangxi	43701	39068	3714	765	154			23694
重　庆	Chongqing	44515	31365	5833	1964	5184	77	91	21554
四　川	Sichuan	1029546	718368	197415	63182	11842	10369	28370	170140
贵　州	Guizhou	146671	92393	45143	2594	4582	1	1958	50846
云　南	Yunnan	165662	137115	11295	6447	10412	278	115	1614247
陕　西	Shaanxi	105849	84938	4932	2063	6892	371	6653	8173
甘　肃	Gansu	16892	14036	680	81	2075	21		
青　海	Qinghai	217		71	111	30		5	10556
东南诸河区	**Rivers in Southeast**	**957106**	**698900**	**115940**	**60371**	**33066**	**27146**	**21683**	**255348**
浙　江	Zhejiang	159540	74287	25367	22826	12306	19484	5270	101201
福　建	Fujian	6889	5140	122	370	1252	5		118
安　徽	Anhui	790677	619473	90451	37175	19508	7657	16413	154029
珠江区	**Pearl River**	**1968545**	**1455105**	**234078**	**126145**	**40978**	**9301**	**102939**	**1832645**
湖　南	Hunan	12745	11307	724	175	452.3	30	57	3218
广　东	Guangdong	1101335	708234	208146	107886	14272	8941	53856	1099698
广　西	Guangxi	638946	595103	13155	12662	16896		1130	671012
海　南	Hainan	85133	37909	849	887			45488	47278
贵　州	Guizhou	61142	43669	8582	2671	3816	140	2265	9017
云　南	Yunnan	69243	58882	2622	1864	5542	190	143	2423
西南诸河区	**Rivers in Southwest**	**495003**	**441220**	**16212**	**8925**	**22284**	**2582**	**3779**	**1856304**
云　南	Yunnan	442836	395537	16188	8716	17926	690	3779	1856304
西　藏	Tibet	52015	45683	24	58	4357	1892		
青　海	Qinghai	152			152				
西北诸河区	**Rivers in Northwest**	**3786761**	**3563241**	**35704**	**14873**	**9534**	**157787**	**5621**	**334875**
内蒙古	Inner Mongolia	50248	4301		106	41	45800		
甘　肃	Gansu	216170	205767	1367	239	1212	7584		
青　海	Qinghai	57889	45210	8534	831	453	2862		23706
新　疆	Xinjiang	3462453	3307963	25803	13697	7828	101541	5621	311169

4-14　2010年取水泵站工程供水量（按地区分）

Water Supply of Pumping Stations in 2010 (by Regions)

单位：万立方米　　unit: $10^4 m^3$

地区	Region	合计 Total	农业灌溉供水量 Water Supply for Irrigation	工业生产供水量 Water Supply for Industrial Use	城镇生活供水量 Water Supply for Urban Domestic Use	乡村生活供水量 Water Supply for Rural Domestic Use	生态环境供水量 Water Supply for Ecological Environment	其他 Others
合　计	**Total**	**7550152**	**5060664**	**1614157**	**293995**	**127082**	**75227**	**379027**
北　京	Beijing	4605	1572	413	135	248	2202	35
天　津	Tianjin	59456	57856				1600	
河　北	Hebei	37617	28863	2280	196	103	6175	
山　西	Shanxi	54333	47303	4245	975	1562	40	208
内蒙古	Inner Mongolia	118418	94738	19785	2989		906	
辽　宁	Liaoning	241098	221745	11259	5918	2032	134	10
吉　林	Jilin	97452	96935	122	368	27		
黑龙江	Heilongjiang	416492	410287	4494	1703	8		
上　海	Shanghai	1244637	158003	772418				314216
江　苏	Jiangsu	2011583	1258272	526491	132598	52885	15679	25658
浙　江	Zhejiang	677204	458095	110513	54549	17401	34454	2192
安　徽	Anhui	434251	403928	15251	9317	4160	1011	585
福　建	Fujian	56357	43856	4318	6188	1724	220	50
江　西	Jiangxi	164492	150674	7750	5035	818	200	15
山　东	Shandong	227493	208880	10756	2474	3402	1791	191
河　南	Henan	33487	30101	1515	1256	582	24	10
湖　北	Hubei	286706	233746	44951	2832	3919	204	1054
湖　南	Hunan	281069	248388	15282	6213	5696	799	4691
广　东	Guangdong	335937	226062	14752	45203	17631	4425	27864
广　西	Guangxi	180185	174535	1058	3012	1468		112
海　南	Hainan	3568	3568					
重　庆	Chongqing	26538	18817	2350	2401	2272	82	616
四　川	Sichuan	1946	1910		22	14		
贵　州	Guizhou	29350	25916	517	1600	1033		284
云　南	Yunnan	84007	74405	4129	2643	1977	645	208
西　藏	Tibet	1291	1281	8		2		
陕　西	Shaanxi	103634	87373	8353	2533	3847	500	1028
甘　肃	Gansu	172796	134402	28036	3279	4112	2968	
青　海	Qinghai	10681	9249	346	86		1000	
宁　夏	Ningxia	108662	108504			158		
新　疆	Xinjiang	44807	41400	2765	472		170	

4-15 2010年取水泵站工程供水量（按水资源分区分）

Water Supply of Pumping Stations in 2010 (by Water Resources Regions)

单位：万立方米 unit: 10^4m^3

水资源一级区	Grade- Ⅰ Water Resources Region	合计 Total	农业灌溉供水量 Water Supply for Irrigation	工业生产供水量 Water Supply for Industrial Use	城镇生活供水量 Water Supply for Urban Domestic Use	乡村生活供水量 Water Supply for Rural Domestic Use	生态环境供水量 Water Supply for Ecological Environment	其他 Others
合 计	**Total**	**7550152**	**5060664**	**1614157**	**293995**	**127082**	**75227**	**379027**
松花江区	Songhua River	513805	507083	4616	2071	35		
辽河区	Liaohe River	248334	228981	11259	5918	2032	134	10
海河区	Haihe River	180197	160412	6026	1237	1044	11432	45
黄河区	Yellow River	545886	463279	59584	8380	8639	5299	705
淮河区	Huaihe River	1283658	1189452	57563	20351	7297	1719	7276
长江区	Yangtze River	3801154	1816143	1375337	171872	74158	22208	341436
其中：太湖区	Among Which: Taihu Lake	2027399	572613	1061735	54113	10059	11352	317528
东南诸河区	Rivers in Southeast	341728	186883	78055	32858	13388	29200	1343
珠江区	Pearl River	564080	442910	17970	50022	20412	4747	28019
西南诸河区	Rivers in Southwest	24101	21720	981	813	76	318	193
西北诸河区	Rivers in Northwest	47210	43802	2766	472		170	

4-16 2010年取水泵站工程供水量（按水资源分区和地区分）

Water Supply of Pumping Stations in 2010 (by Water Resources Regions and Regions)

单位：万立方米 unit: $10^4 m^3$

地区	Region	合计 Total	农业灌溉供水量 Water Supply for Irrigation	工业生产供水量 Water Supply for Industrial Use	城镇生活供水量 Water Supply for Urban Domestic Use	乡村生活供水量 Water Supply for Rural Domestic Use	生态环境供水量 Water Supply for Ecological Environment	其他 Others
松花江区	**Songhua River**	**513805**	**507083**	**4616**	**2071**	**35**		
内蒙古	Inner Mongolia	620	620					
吉　林	Jilin	96693	96176	122	368	27		
黑龙江	Heilongjiang	416492	410287	4494	1703	8		
辽河区	**Liaohe River**	**248334**	**228981**	**11259**	**5918**	**2032**	**134**	**10**
内蒙古	Inner Mongolia	6517	6517					
辽　宁	Liaoning	241058	221705	11259	5918	2032	134	10
吉　林	Jilin	759	759					
海河区	**Haihe River**	**180197**	**160412**	**6026**	**1237**	**1044**	**11432**	**45**
北　京	Beijing	4605	1572	413	135	248	2202	35
天　津	Tianjin	59456	57856				1600	
河　北	Hebei	37617	28863	2280	196	103	6175	
山　西	Shanxi	10974	7695	1999	682	593	5	
内蒙古	Inner Mongolia							
辽　宁	Liaoning	40	40					
山　东	Shandong	56142	53909	482	200	100	1450	
河　南	Henan	11363	10477	852	24			10
黄河区	**Yellow River**	**545886**	**463279**	**59584**	**8380**	**8639**	**5299**	**705**
山　西	Shanxi	43358	39607	2246	293	969	35	208
内蒙古	Inner Mongolia	111176	87496	19785	2989		906	
山　东	Shandong	15436	11766	2424	440	789	17	
河　南	Henan	7307	6201	460	206	417	23	
陕　西	Shaanxi	83993	72749	6541	1291	2564	351	497
甘　肃	Gansu	166139	128571	27782	3076	3742	2968	
青　海	Qinghai	9815	8383	346	86		1000	
宁　夏	Ningxia	108662	108504			158		
淮河区	**Huaihe River**	**1283658**	**1189452**	**57563**	**20351**	**7297**	**1719**	**7276**
江　苏	Jiangsu	861973	788760	43581	16603	4555	1394	7080
安　徽	Anhui	252042	245154	5930	888	65		5
山　东	Shandong	155916	143205	7849	1834	2513	324	191
河　南	Henan	13727	12332	203	1026	165	1	

4-16 续表 continued

地区	Region	合计 Total	农业灌溉供水量 Water Supply for Irrigation	工业生产供水量 Water Supply for Industrial Use	城镇生活供水量 Water Supply for Urban Domestic Use	乡村生活供水量 Water Supply for Rural Domestic Use	生态环境供水量 Water Supply for Ecological Environment	其他 Others
长江区	**Yangtze River**	**3801154**	**1816143**	**1375337**	**171872**	**74158**	**22208**	**341436**
上 海	Shanghai	1244637	158003	772418				314216
江 苏	Jiangsu	1149610	469511	482910	115995	48330	14285	18578
浙 江	Zhejiang	396797	319191	36921	28390	5897	5499	899
安 徽	Anhui	177245	154651	9176	7918	3935	986	580
江 西	Jiangxi	164492	150674	7750	5035	818	200	15
河 南	Henan	1091	1091					
湖 北	Hubei	286706	233746	44951	2832	3919	204	1054
湖 南	Hunan	278546	245935	15282	6183	5656	799	4691
广 西	Guangxi	3265	3265					
重 庆	Chongqing	26538	18817	2350	2401	2272	82	616
四 川	Sichuan	1946	1910		22	14		
贵 州	Guizhou	20267	17781	437	991	803		256
云 南	Yunnan	25148	22544	1076	662	861	5	
陕 西	Shaanxi	19641	14624	1812	1242	1283	149	531
甘 肃	Gansu	5226	4400	253	203	370		
青 海	Qinghai							
东南诸河区	**Rivers in Southeast**	**341728**	**186883**	**78055**	**32858**	**13388**	**29200**	**1343**
浙 江	Zhejiang	280407	138904	73592	26159	11504	28955	1293
福 建	Fujian	4964	4123	145	511	160	25	
安 徽	Anhui	56357	43856	4318	6188	1724	220	50
珠江区	**Pearl River**	**564080**	**442910**	**17970**	**50022**	**20412**	**4747**	**28019**
湖 南	Hunan	2523	2453		30	40		
广 东	Guangdong	335937	226062	14752	45203	17631	4425	27864
广 西	Guangxi	176920	171270	1058	3012	1468		112
海 南	Hainan	3568	3568					
贵 州	Guizhou	9083	8136	80	609	230		28
云 南	Yunnan	36049	31421	2080	1168	1043	322	15
西南诸河区	**Rivers in Southwest**	**24101**	**21720**	**981**	**813**	**76**	**318**	**193**
云 南	Yunnan	22811	20439	973	813	74	318	193
西 藏	Tibet	1291	1281	8		2		
青 海	Qinghai							
西北诸河区	**Rivers in Northwest**	**47210**	**43802**	**2766**	**472**		**170**	
内蒙古	Inner Mongolia	105	105					
甘 肃	Gansu	1432	1431	1				
青 海	Qinghai	866	866					
新 疆	Xinjiang	44807	41400	2765	472		170	

4-17 2010年机电井工程供水量（按地区分）

Water Supply of Mechanical and Electrical Irrigation Wells in 2010 (by Regions)

单位：万立方米 unit: 10^4m^3

地区	Region	合计 Total	农业灌溉供水量 Water Supply for Irrigation	工业生产供水量 Water Supply for Industrial Use	城镇生活供水量 Water Supply for Urban Domestic Use	乡村生活供水量 Water Supply for Rural Domestic Use	生态环境供水量 Water Supply for Ecological Environment	其他 Others
合 计	**Total**	**8479137**	**6688978**	**765254**	**374973**	**541611**	**68227**	**40094**
北 京	Beijing	143811	80137	11648	18656	21833	5882	5655
天 津	Tianjin	55673	32711	9974	770	11960	258	
河 北	Hebei	1513104	1192486	150830	57293	104707	4508	3280
山 西	Shanxi	216082	159764	17433	9797	27842	632	615
内蒙古	Inner Mongolia	848396	602020	125236	50293	52581	15706	2560
辽 宁	Liaoning	424791	325162	43390	22162	27766	1285	5025
吉 林	Jilin	262308	231717	7800	11164	11430		197
黑龙江	Heilongjiang	1428739	1325888	33847	28661	40333	10	
上 海	Shanghai	1971		238				1733
江 苏	Jiangsu	64684	26467	10086	12552	14555	360	662
浙 江	Zhejiang	15251	7515	4349	1320	1775	292	
安 徽	Anhui	99017	80236	5403	3647	9716		15
福 建	Fujian	21821	13391	2727	3700	968		1035
江 西	Jiangxi	16597	16139	287	163	8		
山 东	Shandong	862981	634017	115619	37294	72179	3399	473
河 南	Henan	869974	708906	62270	35079	58753	1033	3932
湖 北	Hubei	11077	8242	944	788	1098		5
湖 南	Hunan	11487	10552	362	180	285	70	39
广 东	Guangdong	26162	18739	1346	5117	630		330
广 西	Guangxi	25513	10482	485	1665	12882		
海 南	Hainan	2617	2607			10		
重 庆	Chongqing	2227	10	7	8	2202		
四 川	Sichuan	8006	5831	197	381	1500		97
贵 州	Guizhou	2946	2139		40	263		505
云 南	Yunnan	13428	7344	1717	2385	1694	58	230
西 藏	Tibet	5179	5175	2		2		
陕 西	Shaanxi	334023	175754	76244	31522	32422	5184	12896
甘 肃	Gansu	254534	195954	22823	13317	13939	8501	
青 海	Qinghai	15434	4474	4197	3210	773	2769	11
宁 夏	Ningxia	11972	8584	641	704	1497	485	61
新 疆	Xinjiang	909330	796535	55152	23104	16008	17795	736

4-18 2010年机电井工程供水量（按水资源分区分）

Water Supply of Mechanical and Electrical Irrigation Wells in 2010 (by Water Resources Regions)

单位：万立方米　　　　unit: 10^4m^3

水资源一级区	Grade-Ⅰ Water Resources Region	合计 Total	农业灌溉供水量 Water Supply for Irrigation	工业生产供水量 Water Supply for Industrial Use	城镇生活供水量 Water Supply for Urban Domestic Use	乡村生活供水量 Water Supply for Rural Domestic Use	生态环境供水量 Water Supply for Ecological Environment	其他 Others
合　计	**Total**	**8479137**	**6688978**	**765254**	**374973**	**541611**	**68227**	**40094**
松花江区	Songhua River	1812231	1612922	79872	49575	67614	2052	197
辽河区	Liaohe River	800269	625266	76750	36638	45436	8594	7585
海河区	Haihe River	2211700	1715100	213914	95236	167079	11152	9219
黄河区	Yellow River	1062404	715072	163771	69216	90124	11996	12225
淮河区	Huaihe River	1161428	862215	126229	57551	106497	4385	4551
长江区	Yangtze River	144242	87631	18634	15524	18098	790	3565
其中：太湖区	Among Which: Taihu Lake	3069	432	765	134	5		1733
东南诸河区	Rivers in Southeast	36816	20843	6933	4964	2748	292	1035
珠江区	Pearl River	61560	35272	2880	7969	14492	38	909
西南诸河区	Rivers in Southwest	7012	6516	188	156	60	20	71
西北诸河区	Rivers in Northwest	1181475	1008140	76084	38144	29464	28907	736

4-19 2010年机电井工程供水量（按水资源分区和地区分）

Water Supply of Mechanical and Electrical Irrigation Wells in 2010 (by Water Resources Regions and Regions)

单位：万立方米 unit: 10^4m^3

地区	Region	合计 Total	农业灌溉供水量 Water Supply for Irrigation	工业生产供水量 Water Supply for Industrial Use	城镇生活供水量 Water Supply for Urban Domestic Use	乡村生活供水量 Water Supply for Rural Domestic Use	生态环境供水量 Water Supply for Ecological Environment	其他 Others
松花江区	**Songhua River**	**1812231**	**1612922**	**79872**	**49575**	**67614**	**2052**	**197**
内蒙古	Inner Mongolia	143993	75820	38453	10376	17302	2042	
吉　林	Jilin	239499	211214	7572	10538	9979		197
黑龙江	Heilongjiang	1428739	1325888	33847	28661	40333	10	
辽河区	**Liaohe River**	**800269**	**625266**	**76750**	**36638**	**45436**	**8594**	**7585**
内蒙古	Inner Mongolia	354448	281278	33132	13849	16320	7309	2560
辽　宁	Liaoning	423012	323484	43390	22162	27665	1285	5025
吉　林	Jilin	22809	20504	228	626	1451		
海河区	**Haihe River**	**2211700**	**1715100**	**213914**	**95236**	**167079**	**11152**	**9219**
北　京	Beijing	143811	80137	11648	18656	21833	5882	5655
天　津	Tianjin	55673	32711	9974	770	11960	258	
河　北	Hebei	1513104	1192486	150830	57293	104707	4508	3280
山　西	Shanxi	69017	53875	3292	3394	8145	247	64
内蒙古	Inner Mongolia	17765	12983	1135	1450	2054	143	
辽　宁	Liaoning	1779	1678			101		
山　东	Shandong	181302	135819	25341	9838	9994	110	199
河　南	Henan	229249	205410	11694	3835	8285	4	21
黄河区	**Yellow River**	**1062404**	**715072**	**163771**	**69216**	**90124**	**11996**	**12225**
山　西	Shanxi	147065	105889	14141	6403	19697	385	551
内蒙古	Inner Mongolia	270020	192011	44324	15772	12338	5575	
山　东	Shandong	88443	66361	10853	3687	7495	47	
河　南	Henan	188466	150397	13260	6952	17298	246	312
陕　西	Shaanxi	302600	167718	66618	26116	26371	4486	11290
甘　肃	Gansu	42259	20642	9736	6390	5035	456	
青　海	Qinghai	11580	3471	4197	3192	392	317	11
宁　夏	Ningxia	11972	8584	641	704	1497	485	61
淮河区	**Huaihe River**	**1161428**	**862215**	**126229**	**57551**	**106497**	**4385**	**4551**
江　苏	Jiangsu	59047	22845	9366	11259	14555	360	662
安　徽	Anhui	97352	78950	5290	3558	9538		15
山　东	Shandong	593237	431837	79424	23769	54690	3242	274
河　南	Henan	411792	328582	32148	18966	27713	783	3599

4-19 续表 continued

地区	Region	合计 Total	农业灌溉供水量 Water Supply for Irrigation	工业生产供水量 Water Supply for Industrial Use	城镇生活供水量 Water Supply for Urban Domestic Use	乡村生活供水量 Water Supply for Rural Domestic Use	生态环境供水量 Water Supply for Ecological Environment	其他 Others
长江区	**Yangtze River**	**144242**	**87631**	**18634**	**15524**	**18098**	**790**	**3565**
上　海	Shanghai	1971		238				1733
江　苏	Jiangsu	5636	3622	720	1294			
浙　江	Zhejiang	726	432	155	134	5		
安　徽	Anhui	1196	917	101	11	168		
江　西	Jiangxi	16597	16139	287	163	8		
河　南	Henan	40468	24517	5168	5326	5457		
湖　北	Hubei	11077	8242	944	788	1098		5
湖　南	Hunan	11487	10552	362	180	285	70	39
广　西	Guangxi	344				344		
重　庆	Chongqing	2227	10	7	8	2202		
四　川	Sichuan	8006	5831	197	381	1500		97
贵　州	Guizhou	2311	1957		40	263		51
云　南	Yunnan	4618	2739	482	1042	321		34
陕　西	Shaanxi	31423	8036	9626	5406	6051	698	1606
甘　肃	Gansu	6155	4638	347	753	396	22	
青　海	Qinghai							
东南诸河区	**Rivers in Southeast**	**36816**	**20843**	**6933**	**4964**	**2748**	**292**	**1035**
浙　江	Zhejiang	14525	7083	4194	1186	1770	292	
福　建	Fujian	469	369	12	78	10		
安　徽	Anhui	21821	13391	2727	3700	968		1035
珠江区	**Pearl River**	**61560**	**35272**	**2880**	**7969**	**14492**	**38**	**909**
湖　南	Hunan							
广　东	Guangdong	26162	18739	1346	5117	630		330
广　西	Guangxi	25170	10482	485	1665	12538		
海　南	Hainan	2617	2607			10		
贵　州	Guizhou	635	181					454
云　南	Yunnan	6977	3263	1049	1187	1315	38	125
西南诸河区	**Rivers in Southwest**	**7012**	**6516**	**188**	**156**	**60**	**20**	**71**
云　南	Yunnan	1833	1342	186	156	58	20	71
西　藏	Tibet	5179	5175	2		2		
青　海	Qinghai							
西北诸河区	**Rivers in Northwest**	**1181475**	**1008140**	**76084**	**38144**	**29464**	**28907**	**736**
内蒙古	Inner Mongolia	62170	39928	8192	8846	4567	637	
甘　肃	Gansu	206120	170674	12740	6175	8508	8023	
青　海	Qinghai	3854	1003		18	381	2452	
新　疆	Xinjiang	909330	796535	55152	23104	16008	17795	736

主要统计指标解释

供水量 各种水源为用水户提供的包括输水损失在内的毛水量。

用水量 各类用水户取用的包括输水损失在内的毛水量，又称取水量。

累计解决农村饮水困难人口(或牲畜) 截至报告期，通过修建水利设施，解决了水源、改良了水质，而改善、解决饮水困难的农村人口（或牲畜）的数量。

农村饮水安全标准 农村饮用水安全卫生评价指标体系分安全和基本安全 2 个档次，由水质、水量、方便程度和保证率 4 项指标组成。4 项指标中只要有一项低于安全或基本安全最低值，就不能定为饮用水安全或基本安全。水质：符合国家《生活饮用水卫生标准》要求的为安全；符合《农村实施〈生活饮用水卫生标准〉准则》要求的为基本安全。水量：每人每天可获得的水量不低于 40～60 升为安全；不低于 20～40 升为基本安全。根据气候特点、地形、水资源条件和生活习惯，将全国分为 5 个类型区，不同地区的具体水量标准可参照附表确定。方便程度：人力取水往返时间不超过 10 分钟为安全；取水往返时间不超过 20 分钟为基本安全。保证率：供水保证率不低于 95%为安全；不低于 90%为基本安全。

农村饮水安全总人口 满足农村饮水基本安全标准的农村地区（即城市及县城关镇以外地区）年末常驻人口。农村饮水包括农村居民餐饮、洗涤以及散养畜禽等日常生活用水。按照水利部、卫生部联合下发的《关于印发农村饮用水安全卫生评价指标体系的通知》的要求，农村饮水安全主要采用水质、水量、取水方便程度以及供水保证率 4 项指标进行评价，并对 5 类地区分安全饮水和基本安全饮水 2 个档次设置标准，只有当上述 4 项指标均达到饮水安全标准的人口，才算饮水安全达标人口。

农村饮水基本安全人口 农村居民饮水未全部满足安全饮水标准，但均达到基本安全饮水标准的人口。

按照有关规定，评价农村饮水是否安全存在 2 个标准，即高标准（安全达标标准）和低标准（基本安全达标标准）。按照规定，只有达到安全达标标准（高标准）的农村人口才属于农村饮水安全达标人口，但鉴于当前农村的特殊条件，一般地，将达到基本安全标准（低标准）的人口也包括在饮水安全达标人口范围之内。因此，在无特别说明的情况下，农村饮水安全人口=达到基本安全标准的农村人口（达到高标准的人口包括其中）。只达到基本安全标准的农村人口=达到基本安全达标标准（低标准）但尚未达到安全达标标准（高标准）的人口。

蓄水工程供水 凡是水源来源于蓄水工程，无论采取什么方式取水，比如从水库提水或自流引水，都应统计为蓄水工程供水。蓄水工程是指天然的塘坝及人工修筑的水库、塘坝工程。

农业灌溉供水量 水利工程为农田、林地、果园、牧草灌溉实际毛供水量的总和。

工业生产供水量 水利工程为工业生产的供水量。1991 年以前乡镇工业供水统计在农业供水中，从 1992 年开始统计在工业供水中。乡镇企业供水指水利工程为乡镇工业及农副产品加工实际毛供水量。

城镇生活供水量 水利工程对城镇居民生活供水量，还包括用于餐饮、服务以及市政环卫等公共服务方面的供水。生活供水主要统计各类水利工程向自来水厂或城镇居民供应的原水量，即未经任何处理的水量。

乡村生活供水量 水利工程为乡村居民生活的供水量，除乡村居民生活用水外，还包括牲畜用水。

生态环境供水量 主要指通过水利工程设施向城镇、乡村生态脆弱地区或恶化地区以及其他地区补水，以维持、控制、恢复、改善原有的生态环境状态，如为了避免湿地萎缩、维持地下水位、防止海水入侵、维持河川基流、恢复原有湖泊、保护植被等目的，以及为了维持人类居住地的生态环境需要所进行的补水。

水电供水量 水利工程为水电站的供水，全国水电供水量 2400 亿立方米每年，但它基本不消耗水量，如果和工业、农业供水等并列计入供水总量，将影响水资源的平衡核算研究。现行水利统计报表制度规定、水电供水量单独进行统计，不计入供水量总计。

引水工程供水量 直接从江、河、湖泊等水源地取水的引水工程供水量。常见的引水工程有无坝自流和有坝自流两种引水工程。

提（取）水泵站工程供水量 直接从江河、湖泊等水源地通过泵站方式取（供）水量。如果提水泵站从水库或者灌溉渠道中取水，则不能计入提水泵站工程供水中。

机电井工程供水量 通过机电井抽取地下水而提供的水量等。

Explanatory Notes of Main Statistical Indicators

Water supply Gross quantity of water provided by all kinds of water sources, including loss in transportation.

Water use Gross quantity of water used by all kinds of users, including loss in transportation.

Population(or livestock) in rural areas with drinking water The population or number of livestock that are able to access drinking water by means of construction of water facilities, providing water sources and water quality improvement until the statistical date of the report.

Standard of safe drinking water in rural areas The evaluation index system of safe drinking water in rural areas defines two levels of safe and generally safe, which is formed by four elements of water quality, water quantity, convenience of access to water and guarantee rate. If the value of one of the four indices is lower than the minimum level of safety or generally safety, the drinking water can not be deemed as safe or generally safe. Water quality: water quality that meets the "National Sanitary Standards for Drinking Water" is deemed as safe; water quality that meets the "Implementing Rules of National Sanitary Standards for Drinking Water in Rural Areas" is deemed as generally safe. Water quantity: each person can get 40-60L water per day or above is deemed as safe; each person get no less than 20-40L water per day is deemed as generally safe. According to feature of climate, topography, water resources conditions, and living habits and customs, China can be divided into five different regions, and specified water quantity in different regions can be determined by referencing the attached tables. Convenience of access to water: manpower getting water with no more than 10 minutes is deemed as safe and no more than 20 minutes as generally safe. Guarantee rate: 95% of water supply or more than 95% of water supply is guaranteed is deemed as safe; the guarantee rate is not lower than 90% is deemed as generally safe.

Total population in rural areas with safe drinking water Permanent residential population in rural areas (outside of city, county and township) at the end of the year where drinking water safety standard has been met. Rural drinking water includes daily water use of rural residents for cooking, washing and raising livestock etc. According to the requirement of Notification of Evaluation Index System of Rural Drinking Water Safety and Sanitation issued by Ministry of Water resources and Ministry of Health, four indices are applied for evaluating drinking water safety, namely water quality, water quantity, convenience of access to water and guarantee rate; two criteria namely safe and generally safe are given when evaluation is made in five different regions. Only when the four indexes all satisfy the standards of safe and generally safe, the population is deemed as rural population with safe drinking water.

Population with generally safe drinking water The total residents who live in rural areas where the above four indexes may not met, but standards of generally safe are all met.

According to related regulations, two standards are applied to evaluate whether drinking water in rural area is safe or not, i.e. high standard (safe) or low standard (generally safe). According to the norm, only rural population able to access safe drinking water are deemed as rural population with safe drinking water. However, due to special conditions in some rural areas, it is common to include rural population without safe drinking water into the scope of rural population with safe drinking water. Thus, if no special explanation is made, rural population with safe drinking water equal to rural population with generally safe drinking water (including rural population with high standard drinking water). Rural residents with generally safe drinking water equals to the rural population with drinking water meeting the standard of generally safe (low standard), but cannot meet the standard of safe drinking water (high standard).

Water supply of storage work If water sources are from storage works, no matter what diversion method is adopted, e.g. from the reservoir or by gravity, it is considered as water supply of storage works. Storage works refers to naturally formed dam, man-made dam, pond and reservoir.

Water supply for irrigation Total water provided by water works for irrigation of farmlands, forests, orchards and grazing land.

Water supply for industrial use Water provided by water works for industrial water use in urban and rural areas. Before 1991, the quantity of water supply for township industries is included in agricultural water supply, but from 1992 it began to be counted as industrial water supply. Water supply for township enterprise means actual gross quantity of water supply provided by water works for township industries and processing of agricultural products and by-products.

Water supply for urban domestic use Water supply for urban residents, and also water supply to restaurants, service industry, municipal environment and sanitation and other public utilities. Domestic water supply mainly refers to source water for water plant or urban residents provided by all kinds of water works, that is, the amount of water without any treatment.

Water supply for rural domestic use Quantity of water supply for both rural residents and livestock.

Water supply for ecological environment Water transfer or recharge to ecological fragile or ecological deterioration region through water structures, in order to sustain, control, restore and improve the original ecosystem and environment, such as prevent wetlands shrinking, sustain groundwater level, prevent seawater intrusion, keep base flow of rivers, restore original lake and vegetations, and consider the needs of sustaining ecological environment of living places of human being.

Water supply for hydropower generation Water supply provided by water projects for hydropower generation. In China, the annual water supply for hydropower generation is 2.4×10^{11} m^3, but power generation does not consume water resources. If it is included in the total quantity of water supply for industrial and agricultural use, it shall exert impact on water balance calculation. According to the current statistic regulation of water resources, water supply for hydropower generation is calculated independently and excluded from the total quantity of water supply.

Water supply of diversion works Water is diverted directly from river or lake. The common water diversion works are two types of gravity diversion schemes with or without a dam.

Water supply of pumping station Water is pumped directly from rivers, lakes and other water sources. If water is diverted from a reservoir or irrigation canals, the quantity should not be included.

Water supply of mechanical and electrical irrigation wells The quantity of water is supplied by mechanical and electrical irrigation wells.

5 水土保持

Soil and Water Conservation

简要说明

水土保持统计资料主要包括水土流失治理面积及其分类治理面积等。按年度、水资源一级区和地区进行分组。

1. 小流域治理统计范围是指列入县级以上(含县级)治理规划，并进行重点治理的流域面积在5平方千米以上的小流域。

2. 水土流失治理面积历史资料汇总1973年至今数据；新增水土流失治理面积历史资料汇总1989年至今数据。

Brief Introduction

Statistical data of soil and water conservation mainly includes controlled area of soil erosion and types of measures for erosion control. The data is grouped in accordance with years, Grade-Ⅰ water resources region and regions.

1. Statistical scope of small watershed under control covers those listed in the plan at and above the county level, and the drainage area of small watershed should be more than 5 square kilometers.

2. Historical data of controlled area of soil erosion is collected from 1973 until present, and historical data of newly-increased controlled area is from 1989 until present.

5-1 历年水土流失治理面积
Controlled Area of Soil Erosion by Years

单位：千公顷 unit: 10^3hm^2

年份 Year	水土流失治理面积 Controlled Area	#水平梯田 Leveled Terraced Field	坝地 Gully Dammed Field	水保林 Water Conservation Forest
1973	35090	4919	725	13725
1974	38423	6209	855	17796
1975	40757	7011	847	
1976	42007	7383	942	
1977	42441	7161	929	20924
1978	40435	7239	891	
1979	40606	6461	931	21273
1980	41152	6539	895	21679
1981	41647	6427	878	21647
1982	41412	6367	924	22367
1983	42405	6457	922	22829
1984	44623	7062	1050	24570
1985	46393	6982	1275	25648
1986	47909	7436	1269	26923
1987	49528	7755	1579	27889
1988	51349	7952	1438	29461
1989	52154	8209	1495	30490
1990	52971	7623	1563	31660
1991	55838	8072	1893	33381

年份 Year	水土流失治理面积 Controlled Area	#小流域治理面积 Improved Area of Small Watershed	水土流失治理面积新增合计 Total Newly-Increased Controlled Area	水平梯田 Leveled Terraced Field	坝地 Gully Dammed Field	水保林 Water Conservation Forest	种草 Planted Grassland	其他 Others	水土流失治理面积减少 Reduction of Controlled Area
1992	58635								
1993	61253								
1994	64080								
1995	66855								
1996	69321								
1997	72242								
1998	75022								
1999	77828								
2000	80961	28473	4728						1595
2001	81539	30385	4888						4309
2002	85410	34255	5056						1186
2003	89714	35628	5538						1234
2004	92004	36040	4445						2156
2005	94654	37059	4198						1102
2006	97491	37915	3969						1543
2007	99871	38731	3916	311	58	1497	537	1513	1471
2008	101587	39189	3867	275	41	1474	492	1584	2666
2009	104545	41139	4318	412	38	1647	470	1751	1373
2010	106800	41602	4015	401	42	1500	409	1663	1737

5-2 2010年水土流失治理面积（按地区分）

Controlled Area of Soil Erosion in 2010 (by Regions)

单位：千公顷 unit: 10^3hm^2

地区	Region	水土流失治理面积 Controlled Area	#小流域治理面积 Improved Area of Small Watershed	水土流失治理面积新增合计 Total Newly-Increased Improved Area	水平梯田 Leveled Terraced Field	坝地 Gully Dammed Field	水保林 Water Conservation Forest	种草 Planted Grassland	其他 Others	水土流失治理面积减少 Reduction of Controlled Area
合　计	**Total**	**106799.93**	**41602.01**	**4014.73**	**401.24**	**41.89**	**1499.68**	**408.79**	**1663.14**	**1737.18**
北　京	Beijing	542.80	542.80	31.00	0.45		0.16		30.39	
天　津	Tianjin	46.43	23.73	1.40	0.06	0.02	0.08		1.24	0.60
河　北	Hebei	6290.31	3163.02	151.51	13.08	1.25	75.05	1.41	60.73	91.92
山　西	Shanxi	5352.50	794.16	287.45	11.40	4.18	153.65	9.19	109.03	28.83
内蒙古	Inner Mongolia	10897.47	3400.89	446.98	7.62	0.48	259.91	178.97		116.93
辽　宁	Liaoning	6333.72	3550.04	144.00	15.56	0.30	67.24	1.42	59.48	52.73
吉　林	Jilin	3586.57	465.60	50.29	2.60	0.37	14.67	0.67	31.98	4.27
黑龙江	Heilongjiang	4690.50	1584.17	153.26	26.80		44.52	1.48	80.46	57.44
上　海	Shanghai									
江　苏	Jiangsu	1052.27	333.23	22.14	2.00	1.11	6.79	1.59	10.65	7.30
浙　江	Zhejiang	2431.64	530.40	77.09	9.51	1.85	23.81	8.39	33.53	47.30
安　徽	Anhui	2136.08	932.22	33.97	5.00	1.50	9.42	0.96	17.09	0.20
福　建	Fujian	1470.80	771.23	67.54	4.54	1.03	12.44	4.09	45.44	34.61
江　西	Jiangxi	4514.04	879.15	206.18	3.60	1.22	52.55	10.23	138.58	27.00
山　东	Shandong	4651.52	1423.05	82.34	14.27	3.87	47.30	4.00	12.89	24.01
河　南	Henan	4428.70	2648.01	188.02	17.13	2.21	52.10	0.91	115.67	208.70
湖　北	Hubei	4666.47	1821.12	217.49	35.60	6.54	83.16	3.75	88.45	0.70
湖　南	Hunan	2899.00	805.11	43.25	10.00	1.60	13.16	1.64	16.85	6.98
广　东	Guangdong	1378.45	560.65	13.84	0.34	0.14	3.29	0.46	9.61	2.30
广　西	Guangxi	1873.77	282.38	32.73	0.18	0.40	10.13	0.12	21.90	2.63
海　南	Hainan	32.73	0.39	0.25				0.01	0.24	
重　庆	Chongqing	2312.33	1944.36	92.80	5.40	0.26	33.51	0.11	53.53	46.97
四　川	Sichuan	6329.64	3742.12	243.12	20.82	5.60	59.09	13.94	143.67	13.72
贵　州	Guizhou	3109.13	2740.71	112.03	3.33		37.62	4.64	66.45	0.06
云　南	Yunnan	5555.64	2856.52	324.67	30.36	1.45	118.94	5.34	168.58	17.03
西　藏	Tibet	40.41	3.56							
陕　西	Shaanxi	9120.68	3165.22	660.76	35.77	2.47	225.80	101.12	295.60	682.92
甘　肃	Gansu	7944.67	1924.57	190.10	105.26	0.06	35.03	14.71	35.04	52.53
青　海	Qinghai	825.49	305.03	13.18	3.30		1.84		8.04	
宁　夏	Ningxia	1865.78	253.17	100.86	17.26	2.94	41.90	38.41	0.35	209.49
新　疆	Xinjiang	420.42	155.42	26.52	0.00	1.04	16.55	1.24	7.69	

5-3 2010年水土流失治理面积（按水资源分区分）

Controlled Area of Soil Erosion in 2010 (by Water Resources Regions)

单位：千公顷 unit: 10^3hm^2

水资源一级区	Grade- I Water Resources Region	水土流失治理面积 Controlled Area	#小流域治理面积 Improved Area of Small Watershed	水土流失治理面积 新增合计 Total Newly-Increased Improved Area	水平梯田 Leveled Terraced Field	坝地 Gully Dammed Field	水保林 Water Conservation Forest	种草 Planted Grassland	其他 Others	水土流失治理面积减少 Reduction of Controlled Area
合 计	**Total**	**106799.93**	**41602.01**	**4014.73**	**401.24**	**41.89**	**1499.68**	**408.79**	**1663.14**	**1737.18**
松花江区	Songhua River	9050.81	2229.08	275.51	32.12	0.37	117.52	15.59	109.91	61.44
辽河区	Liaohe River	11035.01	5124.85	264.50	20.05	0.30	130.13	52.12	61.90	65.28
海河区	Haihe River	10036.60	4621.73	319.09	18.29	4.09	146.32	10.76	139.62	176.15
黄河区	Yellow River	23994.77	6817.10	1064.95	157.02	9.90	418.95	235.22	243.85	728.12
淮河区	Huaihe River	6862.69	2813.58	120.83	17.48	3.17	56.76	5.21	38.21	34.15
长江区	Yangtze River	32932.31	15339.30	1484.57	126.73	18.58	449.64	40.47	849.16	559.20
其中：太湖区	Among Which: Taihu Lake	117.02	47.40	3.75			1.86	0.73	1.16	0.70
东南诸河区	Rivers in Southeast	4100.65	1359.99	146.60	14.27	3.18	37.19	12.55	79.41	82.11
珠江区	Pearl River	5162.43	2055.86	145.55	4.86	1.22	55.23	4.62	79.63	10.83
西南诸河区	Rivers in Southwest	1783.19	727.16	93.50	10.35	0.04	30.26	1.38	51.47	3.25
西北诸河区	Rivers in Northwest	1841.49	513.37	99.63	0.07	1.04	57.67	30.87	9.98	16.64

5-4 2010年水土流失治理面积（按水资源分区和地区分）

Controlled Area of Soil Erosion in 2010 (by Water Resonrces Regions and Regions)

单位：千公顷 unit: 10^3hm^2

地区	Region	水土流失治理面积 Controlled Area	#小流域治理面积 Improved Area of Small Watershed	水土流失治理面积 新增合计 Total Newly-Increased Improved Area	水平梯田 Leveled Terraced Field	坝地 Gully Dammed Field	水保林 Water Conservation Forest	种草 Planted Grassland	其他 Others	水土流失治理面积减少 Reduction of Controlled Area
松花江区	**Songhua River**	**9050.81**	**2229.08**	**275.51**	**32.12**	**0.37**	**117.52**	**15.59**	**109.91**	**61.44**
内蒙古	Inner Mongolia	1338.43	255.31	76.01	3.46		59.11	13.44		
吉　林	Jilin	3021.88	389.60	46.24	1.86	0.37	13.89	0.67	29.45	4.00
黑龙江	Heilongjiang	4690.50	1584.17	153.26	26.80		44.52	1.48	80.46	57.44
辽河区	**Liaohe River**	**11035.01**	**5124.85**	**264.50**	**20.05**	**0.30**	**130.13**	**52.12**	**61.90**	**65.28**
内蒙古	Inner Mongolia	4249.75	1554.29	117.01	3.80		62.51	50.70		12.41
辽　宁	Liaoning	6220.57	3494.56	143.44	15.51	0.30	66.84	1.42	59.37	52.60
吉　林	Jilin	564.69	76.00	4.05	0.74		0.78		2.53	0.27
海河区	**Haihe River**	**10036.60**	**4621.73**	**319.09**	**18.29**	**4.09**	**146.32**	**10.76**	**139.62**	**176.15**
北　京	Beijing	542.80	542.80	31.00	0.45		0.16		30.39	
天　津	Tianjin	46.43	23.73	1.40	0.06	0.02	0.08		1.24	0.60
河　北	Hebei	6290.31	3163.02	151.51	13.08	1.25	75.05	1.41	60.73	91.92
山　西	Shanxi	1844.25	248.99	88.72	1.33	1.20	45.42	1.52	39.25	7.83
内蒙古	Inner Mongolia	586.51	316.58	18.43			10.64	7.79		5.20
辽　宁	Liaoning	113.15	55.48	0.56	0.05		0.40		0.11	0.13
山　东	Shandong	220.29	21.98	5.07	0.50		3.34		1.23	2.69
河　南	Henan	392.86	249.15	22.40	2.82	1.62	11.24	0.04	6.68	67.78
黄河区	**Yellow River**	**23994.77**	**6817.10**	**1064.95**	**157.02**	**9.90**	**418.95**	**235.22**	**243.85**	**728.12**
山　西	Shanxi	3508.25	545.17	198.73	10.07	2.98	108.23	7.67	69.78	21.00
内蒙古	Inner Mongolia	3938.28	936.23	167.22	0.29	0.48	88.36	78.09		82.98
山　东	Shandong	579.07	160.00	13.34	2.51	1.31	8.08	0.60	0.84	8.52
河　南	Henan	1232.45	648.79	34.54	5.55	0.20	18.29		10.50	7.97
陕　西	Shaanxi	6416.37	2278.31	384.38	25.33	1.93	124.75	98.17	134.20	356.99
甘　肃	Gansu	5658.80	1694.09	155.35	92.71	0.06	28.34	12.28	21.96	41.17
青　海	Qinghai	795.77	301.34	10.53	3.30		1.00		6.23	
宁　夏	Ningxia	1865.78	253.17	100.86	17.26	2.94	41.90	38.41	0.35	209.49
淮河区	**Huaihe River**	**6862.69**	**2813.58**	**120.83**	**17.48**	**3.17**	**56.76**	**5.21**	**38.21**	**34.15**
江　苏	Jiangsu	658.75	188.32	14.80	1.00	0.30	4.61	0.85	8.05	6.49
安　徽	Anhui	454.45	223.55	8.49	1.44	0.20	1.92	0.50	4.43	
山　东	Shandong	3852.16	1241.07	63.93	11.26	2.56	35.88	3.40	10.82	12.80
河　南	Henan	1897.33	1160.64	33.62	3.78	0.11	14.36	0.46	14.91	14.86

5-4 续表 continued

地区	Region	水土流失治理面积 Controlled Area	#小流域治理面积 Improved Area of Small Watershed	水土流失治理面积 新增合计 Total Newly-Increased Improved Area	水平梯田 Leveled Terraced Field	坝地 Gully Dammed Field	水保林 Water Conservation Forest	种草 Planted Grassland	其他 Others	水土流失治理面积减少 Reduction of Controlled Area
长江区	**Yangtze River**	**32932.31**	**15339.30**	**1484.57**	**126.73**	**18.58**	**449.64**	**40.47**	**849.16**	**559.20**
上　海	Shanghai									
江　苏	Jiangsu	393.52	144.91	7.34	1.00	0.81	2.19	0.74	2.60	0.81
浙　江	Zhejiang	54.08	12.75	1.43			0.66	0.13	0.64	
安　徽	Anhui	1429.34	637.56	22.08	3.34	1.00	5.90	0.26	11.58	
江　西	Jiangxi	4514.04	879.15	206.18	3.60	1.22	52.55	10.23	138.58	27.00
河　南	Henan	906.06	589.43	97.46	4.98	0.28	8.21	0.41	83.58	118.09
湖　北	Hubei	4666.47	1821.12	217.49	35.60	6.54	83.16	3.75	88.45	0.70
湖　南	Hunan	2856.56	782.13	42.69	9.90	1.60	13.06	1.58	16.55	6.98
广　西	Guangxi	29.03	12.14	1.89			0.16		1.73	
重　庆	Chongqing	2312.33	1944.36	92.80	5.40	0.26	33.51	0.11	53.53	46.97
四　川	Sichuan	6329.64	3742.12	243.12	20.82	5.60	59.09	13.94	143.67	13.72
贵　州	Guizhou	2345.67	2110.88	74.99	2.91		21.96	2.10	48.02	
云　南	Yunnan	2712.25	1561.16	168.14	16.19	0.73	62.47	2.52	86.23	7.94
陕　西	Shaanxi	2704.31	886.91	276.38	10.44	0.54	101.05	2.95	161.40	325.93
甘　肃	Gansu	1677.33	213.03	31.77	12.55		5.70	1.75	11.77	11.06
青　海	Qinghai	1.69	1.67	0.83					0.83	
东南诸河区	**Rivers in Southeast**	**4100.65**	**1359.99**	**146.60**	**14.27**	**3.18**	**37.19**	**12.55**	**79.41**	**82.11**
浙　江	Zhejiang	2377.56	517.65	75.66	9.51	1.85	23.15	8.26	32.89	47.30
福　建	Fujian	252.29	71.11	3.40	0.22	0.30	1.60	0.20	1.08	0.20
安　徽	Anhui	1470.80	771.23	67.54	4.54	1.03	12.44	4.09	45.44	34.61
珠江区	**Pearl River**	**5162.43**	**2055.86**	**145.55**	**4.86**	**1.22**	**55.23**	**4.62**	**79.63**	**10.83**
湖　南	Hunan	42.44	22.98	0.56	0.10		0.10	0.06	0.30	
广　东	Guangdong	1378.45	560.65	13.84	0.34	0.14	3.29	0.46	9.61	2.30
广　西	Guangxi	1844.74	270.24	30.85	0.18	0.40	9.98	0.12	20.17	2.63
海　南	Hainan	32.73	0.39	0.25				0.01	0.24	
贵　州	Guizhou	763.46	629.83	37.04	0.42		15.66	2.54	18.42	0.06
云　南	Yunnan	1100.608	571.76	63.03	3.82	0.68	26.21	1.44	30.88	5.84
西南诸河区	**Rivers in Southwest**	**1783.19**	**727.16**	**93.50**	**10.35**	**0.04**	**30.26**	**1.38**	**51.47**	**3.25**
云　南	Yunnan	1742.78	723.60	93.50	10.35	0.04	30.26	1.38	51.47	3.25
西　藏	Tibet	40.41	3.56							
青　海	Qinghai									
西北诸河区	**Rivers in Northwest**	**1841.49**	**513.37**	**99.63**	**0.07**	**1.04**	**57.67**	**30.87**	**9.98**	**16.64**
内蒙古	Inner Mongolia	784.50	338.48	68.31	0.07		39.29	28.95		16.34
甘　肃	Gansu	608.54	17.45	2.98			0.99	0.68	1.31	0.30
青　海	Qinghai	28.03	2.02	1.82			0.84		0.98	
新　疆	Xinjiang	420.42	155.42	26.52		1.04	16.55	1.24	7.69	

5-5 历年开发建设项目水土保持方案

Soil and Water Conservation Plan of Development and Construction Project by Years

年份 Year	水土保持方案审批数量 (项) Approved Soil and Water Conservation Plan (unit)	水土保持方案总投资 (万元) Total Investment of Soil and Water Conservation Plan (10^4 yuan)	防治责任范围 (千公顷) Responsible Scope of Erosion Control (10^3 hm^2)	减少土壤流失量 (万吨) Reduction of Soil Loss (10^4 t)	水土保持设施验收数量 (个) Soil Conservation Works Checked and Accepted (unit)
2003	21537	822095	2532	941304	6559
2004	21049	1451349	782	272514	6298
2005	22517	2076362	901	151076	6259
2006	26783	2882328	784	192992	5023
2007	21720	3518973	899	121317	4332
2008	27389	3505679	789	117368	5648
2009	22194	5645749	1609		
2010	24832	10102652	1304	113742	5205

注　2008 年、2009 年数据未统计上海地区。

Note　Figures of 2008 and 2009 don't include the data of Shanghai.

5-6 2010年开发建设项目水土保持方案（按地区分）

Soil and Water Conservation Plan of Development and Construction Project of 2010 (by Regions)

地区	Region	水土保持方案审批数量 (项) Approved Soil and Water Conservation Plan (unit)	水土保持方案总投资 (万元) Total Investment of Soil and Water Conservation Plan (10^4 yuan)	防治责任范围 (千公顷) Responsible Scope of Erosion Control (10^3 hm^2)	设计拦挡弃土弃渣 (万立方米) Spoil Disposal (10^4m^3)	实施返还治理示范工程数量 (个) Pilot Project with Compensation Funds for Erosion Control (unit)	减少土壤流失量 (万吨) Reduction of Soil Loss (10^4t)	水土保持设施验收数量 (个) Soil Conservation Works Checked and Accepted (unit)
合　计	**Total**	**24832**	**10102652**	**1304**	**321053**	**1353**	**113742**	**5205**
北　京	Beijing	523	661085	15	2578		87	17
天　津	Tianjin	11	10334	2	1149		2	9
河　北	Hebei	699	299584	33	15380	40	250	150
山　西	Shanxi	328	300820	89	27754	151	919	14
内蒙古	Inner Mongolia	787	315635	93	55445	31	441	232
辽　宁	Liaoning	445	349810	16	9328	24	65264	175
吉　林	Jilin	677	150756	21	5674		33	225
黑龙江	Heilongjiang	135	73144	30	288	67	678	14
上　海	Shanghai	2	1023		1		1	5
江　苏	Jiangsu	97	23476	2	116	5	13	39
浙　江	Zhejiang	2975	708361	47	9256	16	2230	496
安　徽	Anhui	339	115237	2	3586	24	257	99
福　建	Fujian	562	371893	21	24468	26	3254	64
江　西	Jiangxi	1600	126954	22	5328	127	209	394
山　东	Shandong	1667	122806	13	7003	127	112	401
河　南	Henan	351	204893	29	1925	55	21	126
湖　北	Hubei	884	253960	61	14213	46	2211	213
湖　南	Hunan	1240	599944	28	1710	325	1578	292
广　东	Guangdong	1380	646703	73	13428	1	759	405
广　西	Guangxi	1196	768325	48	9437		188	125
海　南	Hainan	154	105368	6	365		16	34
重　庆	Chongqing	704	354109	18	15346	9	20731	9
四　川	Sichuan	3154	411683	51	23634	44	12100	966
贵　州	Guizhou	1135	897183	413	22388	22	379	108
云　南	Yunnan	2009	1690838	60	20765	37	1545	323
西　藏	Tibet	106	14573	9	1137		19	
陕　西	Shaanxi	486	148513	41	13023	124	2	123
甘　肃	Gansu	709	106672	22	7492	19	54	106
青　海	Qinghai	79	175265	16	2339		189	10
宁　夏	Ningxia	156	57082	13	6437	16	180	3
新　疆	Xinjiang	242	36622	10	61	17	20	28

主要统计指标解释

水土流失　是由于水力、重力、风力等外力引起的水土资源和土地生产力遭到破坏和损失的现象。造成水土流失的原因可分为自然原因和人类活动原因两类。遭到水土流失侵害和损失的农用地面积称水土流失面积。

水土流失治理面积（又称水土保持面积）　指在山丘地区水土流失面积上，按照综合治理的原则，采取各种治理措施，如：水平梯土（田）、淤地坝、谷坊、造林种草、封山育林育草等治理水土流失面积总和。

水平梯田　指在坡地上沿等高线修建的、断面呈阶梯状的田块。（注：在我国南方，旱作梯田称梯地或梯土，种植水稻的称梯田）

坝地　在沟道拦蓄工程上游因泥沙淤积形成的地面较平整的可耕作土地。

水保林　以防治水土流失为主要功能的人工林和天然林。根据其功能的不同，可分为坡面防护林、沟头防护林、沟底防护林、塬边防护林、护岸林、水库防护林、防风固沙林、海岸防护林等。

种草　在水土流失地区，为蓄水保土，改良土壤，发展畜牧，美化环境，促进畜牧业发展而进行的草本植物培育活动。

小流域治理面积　是以小流域为单元，根据流域内的自然条件，按照土壤侵蚀的类型特点和农业区划方向，在全面规划的基础上，合理安排农、林、牧、副各业用地，布置水土保持农业技术措施，林草措施与工程措施，相互协调、相互促进形成综合的水土流失防治体系。凡列入县级以上治理规划，并进行重点治理的，流域面积大于5平方千米，小于50平方千米的小流域治理面积均进行统计。

Explanatory Notes of Main Statistical Indicators

Soil erosion Damage or losses of water resources and land productivity caused by external forces, such as water power, gravity and wind etc. Soil erosion is usually caused by two reasons of natural conditions or human activities. The damaged or lost cultivated land for agricultural purpose caused by soil erosion is termed as eroded area.

Controlled area of soil erosion (also named soil and water conservation area) The sum of improved eroded areas in Mountainous or hilly areas, has implemented comprehensive control measures in line with the principle of integrated management, including terraced fields, silt retention dam, check dam, reforestation, grass plantation, ban of wood cutting and grazing.

Leveled Terraced field Cultivated land with a cascade section built along the contour lines on slope-land. (Note: In the south part of China, dry terraces are called terrace land or terrace earth and paddy terraces are called terraced fields).

Gully dammed field Relatively leveled cultivated land created by upstream silt arrested by silt retention dam in the gully.

Water conservation forest Artificial and nature forests used mainly for control of soil and water loss. According to their functions, the names of slope protection forest, gully head protection forest, gully bottom protection forest, plateau edge protection forest, bank protection forest, reservoir protection forest, wind and sand protection forest and sea coast protection forest are given.

Planted grassland Activities of planting and cultivating grass in eroded area for conserving soil and water, soil improvement, pasture development, environment beatification and promoting development of animal husbandry.

Improved area of small watershed Taking small watershed as a unit, land use for agricultural, forestry, husbandry and agricultural by-product production are implemental based on natural conditions of watershed as well as type and feature of soil erosion, agricultural zoning and general planning, which are integrated with agricultural technology, forest-grass and structural measures, and forms a comprehensive soil and water erosion prevention and control system. If a watershed with an area larger than 5 square kilometers and smaller than 50 square kilometers, within the list of management plan at and above the county level as major project, it should be included in the statistics.

6 水利建设投资

Investments in Water Development

简 要 说 明

水利建设投资统计资料主要包括水利固定资产投资、项目、完成、工程量情况以及工程能力和效益等。

本部分资料主要按地区分组。历史资料汇总 1949 年至今数据。

Brief Introduction

Statistical data of investments in water development mainly includes investment of fixed asset, project, completion of investment, completed civil works, capacity and benefit of project etc..

The data is divided into groups based on river basins and regions. Historical data is collected from 1949 until present.

6-1 主 要 指 标

Key Indicators

单位：万元　　unit: 10^4 yuan

指标名称	Item	2004	2005	2006	2007	2008	2009	2010
中央水利建设计划投资	Investment Plan of Central Government in Water Projects	2788097	2715788	2987103	3088220	6254207	6370307	9840567
水利建设投资完成额	Completed Investment for Water Project Construction	7835450	7468483	7938444	9448538	10882012	18940321	23199265
按投资来源分：	Divided by Sources:							
（1）国家预算内拨款	National Budget Allocation	1258899	1330632	1931541	2700258	3903636	9299491	9180534
（2）国家预算内专项	Special Funds from National Budget	1922409	1793636	1847169	1956989	1604711	1287604	947861
（3）国内贷款	Domestic Loan	1026356	941809	806606	833576	969469	1528610	3374355
（4）利用外资	Foreign Investment	122315	192643	143434	94756	105085	75675	13058
（5）自筹资金	Self-Raising Funds	2962934	2421951	2123367	2199399	2353630	3338654	3161926
（6）水利建设基金	Water Project Construction Funds	287902	302698	361223	677814	604949	1054664	2151824
（7）其他投资	Other Investment	254634	485115	725104	985746	1340535	2355623	4369707
按投资用途分：	Based on Investment Purposes:							
（1）防洪工程	Flood Control Projects	3669475	2928299	2881214	3184809	3700390	6748123	6846472
（2）水资源工程	Water Resources Projects	2183463	2231172	3176997	4050906	4678489	8660425	10705379
（3）水土保持及生态建设	Soil and Water Conservation and Ecological Restoration Projects	587101	391856	422184	603164	768749	867355	858998
（4）水电工程	Hydropower Development	715307	654724	573234	664919	773709	720419	1053896
（5）行业能力建设	Capacity Building	174905	326570	201919	204573	266448	264842	444325
（6）其他	Others	505200	935862	682897	740166	694229	1679157	3290195

注　1. 从2003年开始，中央水利建设计划投资包括南水北调当年投资。

2. 2007年中央水利建设计划投资不包括当年中央财政转移支付地方水利专项资金32亿元和小型农田水利建设中央财政专项补助资金10亿元。

3. 2008年中央水利建设计划投资不包括当年小型农田水利建设中央财政专项补助资金30亿元。

Note　1. Investment plans of central government for water project construction since 2003 include those for South-North Water Diversion Project.

2. In 2007, investment plans of central government for water project construction exclude 3.2 billion yuan of Central Government funds transferred to special funds of local governments and 1 billion yuan of special funds to small on-farm irrigation and drainage works from the Central Government Finance.

3. In 2008, investment plans of central government for water project construction exclude 3 billion yuan of special funds to small on-farm irrigation and drainage works from the Central Government Finance.

6-2 历年水利建设施工和投产项目个数

Number of Water Projects Under-Construction and Put-into-Operation by Years

单位：个

unit: unit

年份 Year	施工项目 Under-Construction	#新开工项目 Newly-Started Project	部分投产项目 Partially Put-into-Operation	全部投产项目 Fully Put-into-Operation
1989	1928	782		669
1990	1987	799		652
1991	2001	804		585
1992	2253	978		684
1993	2268	963		694
1994	2300	931		678
1995	2286	931		571
1996	2146	920		635
1997	2320	1091		753
1998	2932	1699		696
1999	2632	1033		722
2000	3456	1901		1106
2001	3344	1792	397	825
2002	4203	2171	827	1103
2003	5196	2834	1305	1376
2004	4307	1816	1313	1249
2005	4855	2095	1709	1407
2006	4614	2158	1596	1422
2007	4852	2203	1428	1584
2008	7529	4418	1380	2683
2009	10715	5992	1025	5499
2010	10704	5811	979	6346

注 1. 1989～2000 年，未细分当年部分投产与全部投产，均为“全部投产项目”。

2. 本表只包括当年正式施工的水利工程设施项目和机构能力建设项目，不包括建设投资计划安排的水利前期、规划及专题研究等项目。

Note 1. The data in 1989-2000 do not separate into partially-operated and fully-operated projects, and merged into the number of projects putting into operation of the year.

2. The table only includes constructed water project and capacity building project, excluding projects of early-stage preparation of feasibility study, planning and special-subject studies.

6-3 2010年水利建设施工和投产项目个数（按地区分）

Number of Water Projects Under-Construction and Put-into-Operation in 2010 (by Regions)

单位：个　　unit: unit

地区	Region	施工项目 Under-Construction	#新开工项目 Newly-Started Project	部分投产项目 Partially Put-into-Operation	全部投产项目 Fully Put-into-Operation
合　计	**Total**	**10704**	**5811**	**979**	**6346**
北　京	Beijing	49	21	1	7
天　津	Tianjin	46	26	3	30
河　北	Hebei	202	64	14	117
山　西	Shanxi	232	69	21	90
内蒙古	Inner Mongolia	188	56	29	114
辽　宁	Liaoning	240	137	24	147
吉　林	Jilin	69	16	1	20
黑龙江	Heilongjiang	108	27	6	33
上　海	Shanghai	112	74	1	57
江　苏	Jiangsu	251	137	11	137
浙　江	Zhejiang	316	144	13	135
安　徽	Anhui	362	66	31	211
福　建	Fujian	255	179	12	169
江　西	Jiangxi	478	117	16	262
山　东	Shandong	571	365	43	427
河　南	Henan	456	118	88	254
湖　北	Hubei	928	662	63	617
湖　南	Hunan	465	312	243	104
广　东	Guangdong	593	194	36	198
广　西	Guangxi	629	323		311
海　南	Hainan	76	36	3	70
重　庆	Chongqing	802	594	45	555
四　川	Sichuan	493	353	40	390
贵　州	Guizhou	1131	906	57	902
云　南	Yunnan	354	141	19	134
西　藏	Tibet	81	67	7	53
陕　西	Shaanxi	273	88	40	166
甘　肃	Gansu	252	134	38	145
青　海	Qinghai	183	130	15	135
宁　夏	Ningxia	125	64	17	86
新　疆	Xinjiang	384	191	42	270

注　本表只包括当年正式施工的水利工程设施项目和机构能力建设项目，不包括建设投资计划安排的水利前期、规划及专题研究等项目。

Note　The table only includes constructed water project and capacity building project, excluding projects of early-stage preparation of feasibility study, planning and special-subject studies.

6-4 历年水利建设投资规模和进展

Investment Scale and Progress of Water Project Construction by Years

单位：万元　　unit: 10^4 yuan

年份 Year	在建项目实际需要总投资 Total Needed Investment for Projects Under-Construction	累计完成投资 Accumulated Completed Investment	累计新增固定资产 Accumulated Newly-Increased Fixed Assets	#当年新增 Newly-Increased of the Year	未完工程累计完成投资 Completed Investment of Uncompleted Project
2004	57472646	33787604	22889594	4788389	10897896
2005	59195516	31451336	20427098	5741035	11016751
2006	61205439	32795254	22999308	5414850	9794480
2007	57498856	33186759	22947692	7255913	10236968
2008	66787193	38436646	25225183	8451275	13211463
2009	78208336	46208244	31295254	15546720	14912990
2010	99662055	56693583	38715221	18497877	17978362

注　本表只包括当年正式施工的水利工程设施项目和机构能力项目。

Note　The data only includes water infrastructures and capacity building projects formally initiated of the year.

6-5 2010年水利建设投资规模和进展（按地区分）

Investment Scale and Progress of Water Project Construction in 2010 (by Regions)

单位：万元 unit: 10^4 yuan

地区	Region	在建项目实际需要总投资 Total Needed Investment of Project under Construction	累计完成投资 Accumulated Completed Investment	累计新增固定资产 Accumulated Newly-Increased Fixed Assets	#当年新增 Newly-Increased of the Year	未完工程累计完成投资 Completed Investment of Uncompleted Projcet
合 计	**Total**	**99662055**	**56693583**	**38715221**	**18497877**	**17978362**
北 京	Beijing	1196781	1013795	771455	75260	242340
天 津	Tianjin	866191	530490	244117	169692	286373
河 北	Hebei	4719818	2708569	1822493	563465	886076
山 西	Shanxi	2476081	1812776	461607	240278	1351169
内蒙古	Inner Mongolia	2612229	1478055	1134615	468056	343440
辽 宁	Liaoning	2795830	1955221	1925158	829903	30063
吉 林	Jilin	2243530	1159236	506472	167439	652764
黑龙江	Heilongjiang	2730279	941283	924308	386307	16975
上 海	Shanghai	1499627	925902	315240	315240	610662
江 苏	Jiangsu	3495391	2366456	1931565	1155243	434891
浙 江	Zhejiang	7166259	4395354	1854240	713669	2541114
安 徽	Anhui	2681361	2386743	2110903	924963	275840
福 建	Fujian	861813	528420	442643	323189	85777
江 西	Jiangxi	4858066	2012501	1355962	888154	656539
山 东	Shandong	4519467	3259151	2796763	1162924	462388
河 南	Henan	9246358	3834033	2884644	852099	949388
湖 北	Hubei	8266850	3281756	2859449	2024038	422307
湖 南	Hunan	1420562	1007313	997608	572692	9705
广 东	Guangdong	5992053	3768791	1335814	796023	2432977
广 西	Guangxi	2646946	2128501	2066759	681071	61742
海 南	Hainan	377988	288491	288441	114626	50
重 庆	Chongqing	3390715	2335072	978699	736383	1356372
四 川	Sichuan	3147347	1421544	1290893	777096	130651
贵 州	Guizhou	2055663	818213	668550	519404	149663
云 南	Yunnan	3948946	2097080	956593	568147	1140487
西 藏	Tibet	855556	372652	369590	193334	3062
陕 西	Shaanxi	2715482	1247824	1075903	582231	171921
甘 肃	Gansu	2310526	1572787	976781	495748	596006
青 海	Qinghai	476495	252033	114255	93716	137778
宁 夏	Ningxia	1928984	948353	850351	212969	98002
新 疆	Xinjiang	6158862	3845191	2403352	894521	1441839

注 本表只包括当年正式施工的水利工程设施项目和机构能力项目。

Note The data only includes water infrastructures and capacity building projects formally initiated of the year.

6-6 历年水利建设投资完成额

Completed Investment for Water Project Construction by Years

单位：万元　　　　unit: 10^4 yuan

年份 Year	完成投资合计 Total Completed Investment	中央投资 Central Government Investment	其他投资 Others
1950	9200		
1951	19500		
1952	32800		
1953	34000		
1954	23100		
1955	35800		
1956	74200		
1957	75900		
1958	213266		
1959	245190		
1960	333941		
1961	96041		
1962	77990		
1963	86760		
1964	100800		
1965	101600		
1966	161400		
1967	145800		
1968	88100		
1969	135700		
1970	170400		
1971	210000		
1972	227900		
1973	240900		
1974	236700		
1975	260600		
1976	291400		
1977	286600		
1978	353300		
1979	370400		
1980	270700		
1981	135700		
1982	174737		
1983	211296		
1984	206828		
1985	201580		
1986	228702		
1987	271012		
1988	306454		
1989	355508		
1990	487203		
1991	648677		
1992	971670		
1993	1249260		
1994	1687353		
1995	2063156		
1996	2385240		
1997	3154061		
1998	4676865		
1999	4991476		
2000	6129331	2954199	3175132
2001	5607065	2757822	2849243
2002	8192153	4149894	4042259
2003	7434176	3124746	4309430
2004	7835450	2925784	4909666
2005	7468483	2547065	4921418
2006	7938444	2987571	4950873
2007	9448538	3550444	5898094
2008	10882012	4169558	6712455
2009	18940321	8453697	10486624
2010	23199265	9604835	13594430

6-7 历年水利建设到位投资

Allocated Investment for Water Project Construction by Years

单位：万元 unit: 10^4 yuan

年份 Year	计划投资 Planned Investment	到位投资合计 Total Allocated Investment	中央投资 Central Government Investment	其他投资 Others
2000	6109753	5415598	2770183	2645415
2001	8158739	5820373	3063614	2756759
2002	7873236	6985271	3552762	3432509
2003	8137149	6794217	2926763	3867454
2004	7902719	6393526	2315087	4078439
2005	8273650	7122425	2439757	4682668
2006	9327119	8404460	3428579	4975881
2007	10264653	9208767	3403233	5805533
2008	16040746	14184747	6497568	7687178
2009	17026927	17243218	6560403	10682815
2010	27075729	25800210	13639088	12161123

6-8 2010年水利建设到位投资和投资完成额（按地区分）

Allocated and Completed Investment of Water Project Construction in 2010 (by Regions)

单位：万元 unit: 10^4 yuan

地区	Region	计划投资 Planned Investment	到位投资 合计 Total Allocated Investment	#中央投资 Central Government Investment	地方投资 Local Government Investment	完成投资 合计 Total Completed Investment	#中央投资 Central Government Investment	地方投资 Local Government Investment
合 计	**Total**	**27075729**	**25800210**	**13639088**	**9047080**	**23199265**	**9604835**	**9188067**
北 京	Beijing	159901	121222	31697	83689	179836	72461	90530
天 津	Tianjin	162490	157479	74770	82709	285047	98382	74712
河 北	Hebei	1139850	1004432	627558	152971	1508254	718770	134100
山 西	Shanxi	696452	648005	162265	329011	705345	144165	431213
内蒙古	Inner Mongolia	576766	521961	183492	273093	553758	172977	276478
辽 宁	Liaoning	696224	635081	255950	187078	475896	152245	208713
吉 林	Jilin	475053	430660	269267	132439	308025	158027	140094
黑龙江	Heilongjiang	495523	440258	250422	176136	382081	189571	178810
上 海	Shanghai	554740	414024	11581	389443	469862	6300	450562
江 苏	Jiangsu	1283857	1428717	418870	848840	1243779	378146	708508
浙 江	Zhejiang	1382440	1243125	91933	806618	1366669	96974	889037
安 徽	Anhui	755943	698926	473540	225092	616894	319900	296994
福 建	Fujian	427551	400266	215205	159555	411450	198520	190047
江 西	Jiangxi	908292	793798	483138	247375	765397	421634	296291
山 东	Shandong	1451866	1505809	567334	769872	1215374	417935	624605
河 南	Henan	2017947	1982139	1527997	137038	1510459	908656	160136
湖 北	Hubei	3722515	3712009	3143455	224548	2277103	1371739	225469
湖 南	Hunan	871717	852490	576474	262583	584954	365067	207050
广 东	Guangdong	1020227	1034612	137386	786067	1343117	112250	1051007
广 西	Guangxi	860881	858130	524973	331137	720917	383036	336766
海 南	Hainan	164723	162621	99798	62323	115031	43211	50387
重 庆	Chongqing	1091420	1018348	361284	507333	951381	296622	429440
四 川	Sichuan	1013419	988290	623431	264897	834782	444840	289811
贵 州	Guizhou	882185	842931	448022	314808	575386	348534	205023
云 南	Yunnan	996264	883825	385636	407696	1052882	324482	458860
西 藏	Tibet	226773	226773	211773	5000	195550	180550	5000
陕 西	Shaanxi	681804	779311	469493	249328	590384	323359	177331
甘 肃	Gansu	612921	543346	367667	83468	531991	361503	84986
青 海	Qinghai	177426	172340	91518	73233	127224	72080	47269
宁 夏	Ningxia	366246	289650	169705	86888	290189	141193	98803
新 疆	Xinjiang	1202311	1009632	383452	386814	1010250	381709	370036

注 本年投资来源中只单列中央和地方政府投资，利用外资、企业和私人投资以及贷款等投资包含在合计项目中。

Note Investment sources of the year only include central and local government investment, the use of foreign capital, enterprise and private investment, and loans are included in the total.

6-9 历年中央水利建设计划投资

Investment Plan of Central Government in Water Projects by Years

单位：万元 unit: 10^4 yuan

年份 Year	合计 Total	中央计划投资								地方配套
		合计 Total Investment Plan of Central Government	国家预算内拨款 National Budget Allocation	国家预算内专项资金 Special Funds from National Budget	银行贷款 Bank Loan	水利建设基金 Water Project Construction Funds	利用外资 Foreign Investment	自筹资金 Self-Raising Funds	其他 Others	Local Counterpart Funds
1989	378421									
1990	538198									
1991	655166									
1992	1028934									
1993	1376411									
1994	1886707									
1995	2231891									
1996	2688028	1055600	439600		335000		185000	500	95500	1632428
1997	3384137	1368861	627800		345775	219590	166000	9696		2015276
1998	7101177	3623900	802700	2177900	326900	140000	156400	20000		3477277
1999	7035634	3376228	593800	2334410	105658	180000	149000	13360		3659406
2000	6109753	2641132	573750	1776382	15000	180000	66000	30000		3468621
2001	5731680	3799585	542912	2991024		180000	85649			1932095
2002	5731139	3210070	723500	2235070		140000	111500			2521069
2003	6562394	3272983	802500	2311472		110000	49011			3289411
2004	5239960	2788097	687420	1982876		110000	7801			2451863
2005	4955283	2715788	721895	1883644		110000	249			2239495
2006	6254734	2987103	1587945	1294158		105000				3267631
2007	6326569	3088220	1386312	1578908		120000	3000			3238349
2008	11772273	6254207	5494207			120000			640000	5518066
2009	10674744	6370307	4800307			120000			1450000	4304437
2010	18868884	9840567	7010567			150000			2680000	9028317

注 1. 从2003年开始，中央水利建设计划投资包括南水北调当年投资。
2. 2007年中央水利建设计划投资不包括当年中央财政转移支付地方水利专项资金32亿元。
3. 2008年中央水利建设计划投资不包括当年小型农田水利建设中央财政专项补助资金30亿元。
4. 2008～2010年的“其他”是指中央财政专项补助资金。

Note 1. Investment plans of central government for water project construction since 2003 include those for South-North Water Diversion Project.
2. In 2007, investment plans of central government for water project construction exclude 3.2 billion yuan of Central Government funds transferred to special funds of local governments.
3. In 2008, investment plans of central government for water project construction exclude 3 billion yuan of special funds to small on-farm irrigation and drainage works from the Central Government Finance.
4. Others in 2008-2010 refers to special subsidy funds from Central Government Finance.

6-10 2010年中央水利建设计划投资（按地区分）

Investment Plan of Central Government in Water Projects in 2010 (by Regions)

单位：万元 unit: 10^4 yuan

地区	Region	合计 Total	中央计划投资 合计 Total Investment Plan of Central Government	国家预算内拨款 National Budget Allocation	水利建设基金 Water Project Construction Funds	其他 Others	地方配套 Local Counterpart Funds
合 计	**Total**	**18868884**	**9840567**	**7010567**	**150000**	**2680000**	**9028317**
北 京	Beijing	60816	7672	6572		1100	53144
天 津	Tianjin	93165	31082	28982		2100	62083
河 北	Hebei	409055	264257	190482		73775	144798
山 西	Shanxi	200655	155420	99630		55790	45235
内蒙古	Inner Mongolia	331119	213817	154877		58940	117302
辽 宁	Liaoning	476541	259225	208825		50400	217316
吉 林	Jilin	458334	267628	180668		86960	190706
黑龙江	Heilongjiang	401293	264901	167241		97660	136392
上 海	Shanghai	31908	9496	7596		1900	22412
江 苏	Jiangsu	629379	222811	170891		51920	406568
浙 江	Zhejiang	353384	117193	93513		23680	236191
安 徽	Anhui	579977	443965	310135		133830	136012
福 建	Fujian	316539	208714	140359		68355	107825
江 西	Jiangxi	659369	464149	242249		221900	195220
山 东	Shandong	500776	225255	156935		68320	275521
河 南	Henan	682168	519386	384516		134870	162782
湖 北	Hubei	632093	489877	294147		195730	142216
湖 南	Hunan	748260	574168	305516		268652	174092
广 东	Guangdong	460050	163300	133960		29340	296750
广 西	Guangxi	703146	547445	350151		197294	155701
海 南	Hainan	131806	100998	68643		32355	30808
重 庆	Chongqing	588250	369150	287518		81632	219100
四 川	Sichuan	970666	621469	440449	35000	146020	349197
贵 州	Guizhou	713130	434957	292617	42700	99640	278173
云 南	Yunnan	539871	385836	267336		118500	154035
西 藏	Tibet	244768	219554	138594	60000	20960	25214
陕 西	Shaanxi	468642	354928	263648		91280	113714
甘 肃	Gansu	483700	351109	291397		59712	132591
青 海	Qinghai	132227	92677	60653		32024	39550
宁 夏	Ningxia	201867	158125	103109	4300	50716	43742
新 疆	Xinjiang	635710	485258	360613		124645	150452
中央直属	Organizations Directly under the Central	5030220	816745	808745	8000		4213475

注 1. 中央水利建设计划投资包括南水北调当年投资。
2. "其他"是指中央财政专项补助资金。

Note 1. Investment plans of central government for water project construction include those for South-North Water Diversion Project.
2. Others refers to special subsidy funds from Central Government Finance.

6-11 2010年中央水利建设计划投资（按流域分）

Investment Plan of Central Government in Water Projects in 2010 (by River Basins)

单位：万元 unit: 10^4 yuan

直属单位	Institutions Directly under MWR	合计 Total	中央计划投资 合计 Total Investment Plan of Central Government	国家预算内拨款 National Budget Allocation	水利建设基金 Water Project Construction Funds	其他 Others	地方配套 Local Counterpart Funds
合 计	**Total**	**18868884**	**9840567**	**7010567**	**150000**	**2680000**	**9028317**
松辽委	Songliao River Water Resources Commission	1344188	799774	564754		235020	544414
海 委	Haihe River Water Resources Commission	796658	487784	355019		132765	308874
淮 委	Huaihe River Water Resources Commission	1438261	813140	611370		201770	625121
黄 委	Yellow River Water Resources Commission	3014710	2267578	1655790.5	7300	604487	747132
长 委	Yangtze River Water Resources Commission	4482849	3120022	1989288	95000	1035734	1362827
珠 委	Pearl River Water Resources Commission	1998999	1268457	849468	42700	376289	730542
太湖局	Taihu Basin Authority	967779	404765	305830	5000	93935	563014
部属其他	Other Institutions under the Ministry	4825441	679048	679047.5			4146393

6-12 2010年中央水利建设计划投资（按项目类型分）

Investment Plan of Central Government in Water Projects in 2010 (by Types)

单位：万元 unit: 10^4 yuan

工程类别	Type of Project	合计 Total	中央计划投资 合计 Total Investment Plan of Central Government	国家预算内拨款 National Budget Allocation	水利建设基金 Water Project Construction Funds	其他 Others	地方配套 Local Counterpart Funds
合　计	**Total**	**18868884**	**9840567**	**7010567**	**150000**	**2680000**	**9028317**
一、防洪工程	**Flood Control Projects**	**5384862**	**3811879**	**1968879**	**43000**	**1900000**	**1572983**
1. 大江大河治理	Large River Harness	2611306	1949065	1144065	5000	800000	662241
2. 控制性枢纽工程	Dam Project	685557	227800	189800	38000		457757
3. 病险库加固	Reservoir Reinforcement	1422219	1264288	264288		1000000	157931
4. 大中型病险水闸	Large-Size & Medium-Size Risky Water Gates	2960	2960	2960			
5. 城市防洪堤	Urban Flood Control Embankment						
6. 行蓄洪区安全建设	Flood Retention Basin Construction	250986	164554	164554			86432
7. 重点海堤	Main Sea Dyke	278000	100000	100000			178000
8. 国际界河	International Boundary River	75200	60000	60000			15200
9. 防汛通信	Flood Control Information System						
10. 水文建设	Hydrology	58634	43212	43212			15422
11. 防汛机动抢险队	Mobile Flood Disaster Relief Team						
12. 平垸行洪退田还湖移民建镇	Town Ship Resettlement Area Built for Returning Polder Land to Lakes						
13. 山洪灾害	Mountain Flood Disaster	100000	100000			100000	
二、水土保持及生态环境工程	**Soil and Water Conservation and Ecological Recovery Projects**	**620824**	**475996**	**475996**			**144828**
1. 重点治理	Key Projects	373618	270000	270000			103618
2. 生态修复	Ecological Recovery	247206	205996	205996			41210
三、水资源工程	**Water Resources Projects**	**12365052**	**5250906**	**4363906**	**107000**	**780000**	**7114146**
1. 节水灌溉工程	Water-Saving Irrigation	38650	20000	20000			18650
2. 人畜饮水	Human and Livestock Drinking Water	3074190	2000000	2000000			1074190
3. 大型灌区建设	Large-Scale Irrigation District Construction	1136045	690000	690000			446045
4. 重点水源工程	Main Water Source Project	7162388	1650906	1543906	107000		5511482
5. 小型农田水利设施	Small on-Farm Irrigation and Drainage Facilities	780000	780000			780000	
6. 牧区节水灌溉示范	Water-Saving Irrigation Demonstration Areas in Pasture Land	14500	10000	10000			4500
7. 灌排泵站	Irrigation & Drainage Pumping Station	159279	100000	100000			59279
四、专项工程	**Special Projects**	**398146**	**201786**	**201786**			**196360**
1. 基础设施建设	Basic Infrastructures	19806	19351	19351			455
2. 科研教育	Research and Education	11216	11216	11216			
3. 前期工作	Early-Stage Work	41219	41219	41219			
4. 小水电及农村电气化工程	Small Hydropower Development & Rural Electrification	207686	60000	60000			147686
5. 其他	Others	118219	70000	70000			48219

6-13 历年分资金来源中央政府水利建设投资完成额

Completed Investment of Central Government for Basic Water Project Construction by Financial Resources and Years

单位：万元 unit: 10^4 yuan

年份 Year	投资完成合计 Total Completed Investment	国家预算内拨款 National Budget Allocation	国家预算内专项资金 Special Funds from National Budget	国内贷款 Domestic Loan	债券 Bonds	水利建设基金 Water Project Construction Funds	利用外资 Foreign Investment	自筹资金 Self-Raising Funds	其他 Others
2000	2954199	494184	2111404	40520	10122	134169	136323	14711	12766
2001	2757822	562460	1933136	15028		91391	131171	17807	6829
2002	4149894	656938	3191917	49200	6690	112367	114273	8692	9817
2003	3124746	537661	2319549	75825	2080	116441	24625	6890	41674
2004	2925784	845984	1891397	46866		75751	38935	8831	18020
2005	2547065	659224	1769155			90406		3499	24782
2006	2987571	1160369	1728516			70474		3389	24824
2007	3550444	1694283	1737805			83395		16833	18128
2008	4169558	2499243	1326835			215404		2660	125415
2009	8453697	6651275	694317			528613		4111	575381
2010	9604835	6077624	162274			1679759		2338	1682839

6-14 2010年分资金来源中央政府水利建设投资完成额（按地区分）

Completed Investment of Central Government for Basic Water Project Construction by Financial Resources in 2010 (by Regions)

单位：万元　　　　unit: 10^4yuan

地区	Region	完成投资 合计 Total Completed Investment	国家预算内拨款 National Budget Allocation	国家预算内专项资金 Special Funds from National Budget	水利建设基金 Water Project Construction Funds	自筹资金 Self-Raising Funds	其他 Others
合　计	**Total**	**9604835**	**6077624**	**162274**	**1679759**	**2338**	**1682839**
北　京	Beijing	72461	47929		24532		
天　津	Tianjin	98382	63541		21000		13841
河　北	Hebei	718770	230890	10118	459569		18193
山　西	Shanxi	144165	94597	1304			48264
内蒙古	Inner Mongolia	172977	133321	1820			37836
辽　宁	Liaoning	152245	138500	9669	60		4015
吉　林	Jilin	158027	125267				32760
黑龙江	Heilongjiang	189571	148991				40580
上　海	Shanghai	6300	4713				1587
江　苏	Jiangsu	378146	259143	1346	81559		36098
浙　江	Zhejiang	96974	75127				21847
安　徽	Anhui	319900	218701	10480	5570	1220	83929
福　建	Fujian	198520	106700	1300			90520
江　西	Jiangxi	421634	262919	41533			117182
山　东	Shandong	417935	221529	41886	91803	60	62658
河　南	Henan	908656	338992	11275	385503		172885
湖　北	Hubei	1371739	784731	3	469656		117349
湖　南	Hunan	365067	265745	2816	390	140	95976
广　东	Guangdong	112250	105204	3352			3694
广　西	Guangxi	383036	302686			888	79462
海　南	Hainan	43211	29119	786			13306
重　庆	Chongqing	296622	251615	91	2280		42635
四　川	Sichuan	444840	280589	1023	35000		128228
贵　州	Guizhou	348534	241490		42758		64286
云　南	Yunnan	324482	209222	519			114742
西　藏	Tibet	180550	104243		60000		16307
陕　西	Shaanxi	323359	268117	12044			43198
甘　肃	Gansu	361503	324091	1798			35614
青　海	Qinghai	72080	52251	102			19727
宁　夏	Ningxia	141193	123613	844			16736
新　疆	Xinjiang	381709	264049	8166	80	30	109384

6-15 历年分资金来源地方政府水利建设投资完成额

Completed Investment of Local Government Funding for Water Project Construction by Financial Resources and Years

单位：万元 unit: 10^4 yuan

年份 Year	完成投资合计 Total Completed Investment	国家预算内拨款 National Budget Allocation	国家预算内专项资金 Special Funds from National Budget	国内贷款 Domestic Loan	债券 Bonds	水利建设基金 Water Project Construction Funds	利用外资 Foreign Investment	自筹资金 Self-Raising Funds	其他 Others
2000	3175132	228710	40862	437885	20233	188800	96164	1885598	276880
2001	2849243	328967		310452	12744	118488	144344	1724053	210195
2002	4042259	472630		502878	5045	163528	88225	2478586	331367
2003	4309430	520660	26544	838338		178465	78795	2464967	201661
2004	4909666	412915	31012	979490		212152	83381	2954103	236614
2005	3153043	671408	24481			212292		1911277	333585
2006	3328865	771171	118653			290750		1781509	366782
2007	4323681	1005975	219184			594419		2182566	321537
2008	4988317	1404392	277876			389544		2350969	565535
2009	8088050	2648216	593286			526050		3334543	985954
2010	9188067	3102910	785587			472065		3159588	1667918

注　本表的国家预算内专项资金是通过其他渠道下达的中央转贷地方国债资金。

Note　The special funds from national budget in this table are sourced from national bonds transferred from the Central Government to local government.

6-16 2010年分资金来源地方政府水利建设投资完成额（按地区分）

Completed Investment of Local Government Funding for Water Project Construction by Financial Resources in 2010 (by Regions)

单位：万元 unit: 10^4 yuan

地区	Region	完成投资 合计 Total Completed Investment	国家预算内拨款 National Budget Allocation	国家预算内专项资金 Special Funds from National Budget	水利建设基金 Water Project Construction Funds	自筹资金 Self-Raising Funds	其他 Others
合　计	**Total**	**9188067**	**3102910**	**785587**	**472065**	**3159588**	**1667918**
北　京	Beijing	90530	42882		340		47308
天　津	Tianjin	74712	4975	1063	3660	59684	5330
河　北	Hebei	134100	22945	12575	42441	36190	19949
山　西	Shanxi	431213	22776		76544	73708	258185
内蒙古	Inner Mongolia	276478	25000		98059	125591	27828
辽　宁	Liaoning	208713	54854	38183	775	79149	35754
吉　林	Jilin	140094	85870	4489	1419	26145	22171
黑龙江	Heilongjiang	178810	55491			123319	
上　海	Shanghai	450562	355053	703		94806	
江　苏	Jiangsu	708508	497182	21228	2628	113391	74079
浙　江	Zhejiang	889037	188045	58318	145584	164739	332350
安　徽	Anhui	296994	58840	28839	4636	166156	38523
福　建	Fujian	190047	95264	11462	2823	78587	1911
江　西	Jiangxi	296291	40212	100792	9513	99365	46410
山　东	Shandong	624605	15853	167640	18033	419643	3436
河　南	Henan	160136	17464	46127	461	14422	81663
湖　北	Hubei	225469	31135	88430	326	90541	15037
湖　南	Hunan	207050	38030	475	4429	121915	42202
广　东	Guangdong	1051007	599171		19067	353555	79214
广　西	Guangxi	336766	175276	8684	8909	120222	23676
海　南	Hainan	50387	24577	222	430	4589	20569
重　庆	Chongqing	429440	14531	12667	5347	318748	78147
四　川	Sichuan	289811	44631	2946	202	99465	142568
贵　州	Guizhou	205023	164926		10669	26652	2776
云　南	Yunnan	458860	98759	131501	4430	122560	101610
西　藏	Tibet	5000				5000	
陕　西	Shaanxi	177331	39490	11611	5443	8919	111868
甘　肃	Gansu	84986	40404	21192	4266	4675	14448
青　海	Qinghai	47269	11204			25061	11004
宁　夏	Ningxia	98803	55783	2627	1632	16162	22599
新　疆	Xinjiang	370036	182287	13815		166630	7304

注　本表的国家预算内专项资金是通过其他渠道下达的中央转贷地方国债资金。

Note　The special funds from national budget are sourced from the national bonds transferred from the Central Government to local governments.

6-17 历年分中央和地方项目水利建设投资完成额

Completed Investment for Water Project Construction Divided by Central and Local Governments and Years

单位：万元 unit: 10^4 yuan

年份 Year	完成投资合计 Total Completed Investment	中央项目完成投资 Completed Investment of Central Government Projects	#国家预算内投资 Investment from National Budget	#国家预算内专项资金 Special Funds from National Budget	地方项目完成投资 Completed Investment of Local Government Projects	#国家预算内投资 Investment from National Budget	#国家预算内专项资金 Special Funds from National Budget
2000	6129331						
2001	5607065						
2002	8192153	1250858	893363	509424	6941295	3427941	2682493
2003	7434176	964952	643859	339213	6469224	2760555	2006880
2004	7835450	1429738	566833	408592	6405712	692066	1513817
2005	7468483	1227628	988583	457260	6240855	2438382	1336376
2006	7938444	1610784	650071	457745	6327660	510299	1270771
2007	9448538	1544575	1380809	284705	7903963	3954252	1672284
2008	10882012	1092053	845889	111390	9789959	5267405	1493320
2009	18940321	2068697	1458349	73712	16871624	10183409	1213892
2010	23199265	4427984	2619536	14650	18771281	9054547	922861

注 国家预算内投资包括预算内拨款（指财政预算内经营性或非经营性资金支出）、预算内专项资金和水利建设基金。

Note Investment from national budget includes allocation from budget (here refers to business and non-business expenditure from national budget), and special funds from budget and water project construction funds.

6-18 2010年分中央和地方项目水利建设投资完成额（按地区分）

Completed Investment for Water Project Construction Divided by Central and Local Governments in 2010 (by Regions)

单位：万元　　　　unit: 10^4 yuan

地区	Region	完成投资合计 Total Completed Investment	中央项目完成投资 Completed Investment of Central Government Projects	#国家预算内投资 Investment from National Budget	#国家预算内专项资金 Special Funds from National Budget	地方项目完成投资 Completed Investment of Local Government Projects	#国家预算内投资 Investment from National Budget	#国家预算内专项资金 Special Funds from National Budget
合　计	**Total**	**23199265**	**4427984**	**2619536**	**14650**	**18771281**	**9054547**	**922861**
北　京	Beijing	179836	87833	71400		92003	43943	
天　津	Tianjin	285047	173124	61171		111923	29408	1063
河　北	Hebei	1508254	1128141	562381	104	380113	173381	22589
山　西	Shanxi	705345	485	485	37	704860	118192	1267
内蒙古	Inner Mongolia	553758	4320	4320		549438	155821	1820
辽　宁	Liaoning	475896				475896	241206	47852
吉　林	Jilin	308025	5797	5797		302228	209829	4489
黑龙江	Heilongjiang	382081	597	597		381484	203885	
上　海	Shanghai	469862	2055	2055		467807	358414	703
江　苏	Jiangsu	1243779	193357	169239	50	1050422	691219	22524
浙　江	Zhejiang	1366669				1366669	321490	58318
安　徽	Anhui	616894	34288	34288		582606	282572	39319
福　建	Fujian	411450				411450	214726	12761
江　西	Jiangxi	765397				765397	445455	142324
山　东	Shandong	1215374	301851	197844	12349	913523	348977	186827
河　南	Henan	1510459	879991	463166	2107	630469	336185	55296
湖　北	Hubei	2277103	1555363	987101	3	721740	386854	88430
湖　南	Hunan	584954	32866	32866		552088	278499	3291
广　东	Guangdong	1343117	6353	6353		1336764	701374	3352
广　西	Guangxi	720917	6482	5392		714435	481254	8684
海　南	Hainan	115031				115031	54704	1008
重　庆	Chongqing	951381				951381	278904	12758
四　川	Sichuan	834782				834782	329189	3969
贵　州	Guizhou	575386				575386	406416	
云　南	Yunnan	1052882	1215	1215		1051667	438786	132019
西　藏	Tibet	195550				195550	104243	
陕　西	Shaanxi	590384	6401	6401		583983	324861	23655
甘　肃	Gansu	531991	5219	5219		526772	382266	22990
青　海	Qinghai	127224	1933	1933		125291	61624	102
宁　夏	Ningxia	290189	314	314		289874	182553	3471
新　疆	Xinjiang	1010250				1010250	468317	21981

注　国家预算内投资包括预算内拨款（指财政预算内经营性或非经营性资金支出）、预算内专项资金和水利建设基金。

Note　Investment from national budget includes allocation from budget (here refers to business and non-business expenditure from national budget), and special funds from budget and water project construction funds.

6-19 历年分资金来源水利建设投资完成额

Completed Investment for Water Project Construction by Financial Sources and Years

单位：万元　　　　unit: 10^4 yuan

年份 Year	完成投资 合计 Total Completed Investment	国家投资 National Investment	国内贷款 Domestic Loan	债券 Bonds	水利建设基金 Water Project Investment Funds	企业私人投资 Company and Private Investment	利用外资 Foreign Investment	自筹投资 Self-Raising Funds	以工代赈 Labor for Subsidy	其他 Others
1989	355508	227082	14537				11131	86035		16723
1990	487203	278314	20532				22100	135075		31182
1991	648677	339331	48209				59562	172800		28775
1992	1092231	365583	90528				54233	302079	120561	159247
1993	1352846	388237	234441				60343	376303	112057	181465
1994	1687140	421409	389491				148003	500900		227337
1995	2062088	529962	476092				247177	564120		244737
1996	2432539	668533	527637	595			246354	728528	47301	213591
1997	3154061	860940	456094	5040	199311		330697	1010467		291512

年份 Year	完成投资 合计 Total Completed Investment	国家预算内拨款 National Budget Allocation	国家预算内专项资金 Special Funds from National Budget	国内贷款 Domestic Loan	债券 Bonds	水利建设基金 Water Project Investment Funds	企业私人投资 Company and Private Investment	利用外资 Foreign Investment	自筹投资 Self-Raising Funds	以工代赈 Labor for Funds	其他 Others
1998	4676865	995338	1107358	562135		180526		209127	1302536		319845
1999	4991476	857574	1398239	369829	219563	236018		203968	1409224		297061
2000	6129331	722894	2152266	478405	30355	322969		232487	1900309		289646
2001	5607065	891427	1933136	325480	12744	209879		275515	1741860		217024
2002	8192153	1129568	3191917	552078	11735	275895		202498	2487278		341184
2003	7434176	1058321	2346093	914163	2080	294907		103420	2471857		243335
2004	7835450	1258899	1922409	1026356		287902		122315	2962934		254634
2005	7468483	1330632	1793636	941809		302698	507175	192643	1914776		485114
2006	7938444	1931541	1847169	806606		361223	338470	143434	1784897		725104
2007	9448538	2700258	1956989	833576	400	677814	383498	94756	2199398		601848
2008	10882012	3903636	1604711	969469		604949	358735	105085	2353630		981800
2009	18940321	9299491	1287604	1528610		1054664	414027	75675	3338654		1941596
2010	23199265	9180534	947861	3374355	25299	2151824	480135	13058	3161926		3889572

6-20 2010年分资金来源水利建设投资完成额（按地区分）（一）

Completed Investment for Water Project Construction by Financial Sources in 2010 (by Regions) (1)

单位：万元 unit: 10^4 yuan

地区	Region	完成投资 合计 Total Completed Investment	国家预算内拨款 National Budget Allocation	国家预算内专项资金 Special Funds from National Budget	国内贷款 Domestic Loan	水利建设基金 Water Project Investment Funds	企业和私人投资 Company and Private Investment	利用外资 Foreign Investment	自筹投资 Self-Raising Funds	其他 Others
合 计	**Total**	**23199265**	**9180534**	**947861**	**3374355**	**2151824**	**480135**	**13058**	**3161926**	**3889572**
北 京	Beijing	179836	90810		16433	24872				47720
天 津	Tianjin	285047	68516	1063	111499	24660		454	59684	19171
河 北	Hebei	1508254	253835	22693	652440	502010	2944		36190	38142
山 西	Shanxi	705345	117373	1304	113360	76544	6754		73708	316303
内蒙古	Inner Mongolia	553758	158321	1820	25963	98059	58156		125591	85848
辽 宁	Liaoning	475896	193354	47852	94996	835	151		79149	59560
吉 林	Jilin	308025	211137	4489	9904	1419			26145	54931
黑龙江	Heilongjiang	382081	204482				13700		123319	40580
上 海	Shanghai	469862	359766	703			13000		94806	1587
江 苏	Jiangsu	1243779	756325	22574	157125	84187			113391	110177
浙 江	Zhejiang	1366669	263172	58318	237316	145584	15608		164739	481932
安 徽	Anhui	616894	277541	39319		10206			167376	122452
福 建	Fujian	411450	201965	12761	3257	2823	12506		78587	99552
江 西	Jiangxi	765397	303131	142324	12914	9513	9176	2806	99365	186168
山 东	Shandong	1215374	237382	209525	167567	109836	32	8	419703	71321
河 南	Henan	1510459	356456	57402	413508	385964			14422	282708
湖 北	Hubei	2277103	815866	88433	642036	469982	1600	368	90541	168277
湖 南	Hunan	584954	303774	3291	4682	4819	1857		122055	144476
广 东	Guangdong	1343117	704375	3352	133151	19067	29338		353555	100280
广 西	Guangxi	720917	477962	8684		8909	1115		121110	103137
海 南	Hainan	115031	53696	1008		430	21433		4589	33875
重 庆	Chongqing	951381	266146	12758	111803	7627	59733	8655	318748	165910
四 川	Sichuan	834782	325220	3969	89900	35202	4357		99465	276669
贵 州	Guizhou	575386	406416		17322	53427	380	767	26652	70423
云 南	Yunnan	1052882	307981	132019	230482	4430	1579		122560	253831
西 藏	Tibet	195550	104243		10000	60000			5000	16307
陕 西	Shaanxi	590384	307607	23655	4161	5443	26031		8919	214568
甘 肃	Gansu	531991	364495	22990	1581	4266	24085		4675	109898
青 海	Qinghai	127224	63455	102					25061	38607
宁 夏	Ningxia	290189	179396	3471	22600	1632	13855		16162	53073
新 疆	Xinjiang	1010250	446336	21981	90356	80	162746		166660	122090

注 该表“其他”项中含有债券完成额。

Note “Others” in the table include completed value of bonds.

6-21 2010年分资金来源水利建设投资完成额（按地区分）（二）

Completed Investment for Water Project Construction by Financial Sources in 2010 (by Regions) (2)

单位：万元 unit: 10^4 yuan

地区	Region	完成投资 合计 Total Completed Investment	政府投资 Government Investment	中央 Central	地方 Local	国内贷款 Domestic Loan	企业和私人投资 Company and Private Investment	利用外资 Foreign Investment	债券 Bonds	其他 Others
合 计	**Total**	**23199265**	**18792902**	**9604835**	**9188067**	**3374355**	**480135**	**13058**	**25299**	**513516**
北 京	Beijing	179836	162991	72461	90530	16433				412
天 津	Tianjin	285047	173094	98382	74712	111499		454		
河 北	Hebei	1508254	852870	718770	134100	652440	2944			
山 西	Shanxi	705345	575377	144165	431213	113360	6754			9854
内蒙古	Inner Mongolia	553758	449455	172977	276478	25963	58156			20184
辽 宁	Liaoning	475896	360957	152245	208713	94996	151		14182	5609
吉 林	Jilin	308025	298121	158027	140094	9904				
黑龙江	Heilongjiang	382081	368381	189571	178810		13700			
上 海	Shanghai	469862	456862	6300	450562		13000			
江 苏	Jiangsu	1243779	1086654	378146	708508	157125				
浙 江	Zhejiang	1366669	986010	96974	889037	237316	15608			127735
安 徽	Anhui	616894	616894	319900	296994					
福 建	Fujian	411450	388567	198520	190047	3257	12506			7121
江 西	Jiangxi	765397	717925	421634	296291	12914	9176	2806		22576
山 东	Shandong	1215374	1042540	417935	624605	167567	32	8		5227
河 南	Henan	1510459	1068792	908656	160136	413508				28160
湖 北	Hubei	2277103	1597209	1371739	225469	642036	1600	368		35891
湖 南	Hunan	584954	572117	365067	207050	4682	1857			6297
广 东	Guangdong	1343117	1163257	112250	1051007	133151	29338		3941	13431
广 西	Guangxi	720917	719802	383036	336766		1115			
海 南	Hainan	115031	93598	43211	50387		21433			
重 庆	Chongqing	951381	726062	296622	429440	111803	59733	8655	3825	41303
四 川	Sichuan	834782	734652	444840	289811	89900	4357		92	5781
贵 州	Guizhou	575386	553557	348534	205023	17322	380	767		3360
云 南	Yunnan	1052882	783342	324482	458860	230482	1579			37479
西 藏	Tibet	195550	185550	180550	5000	10000				
陕 西	Shaanxi	590384	500690	323359	177331	4161	26031		1975	57527
甘 肃	Gansu	531991	446489	361503	84986	1581	24085			59836
青 海	Qinghai	127224	119348	72080	47269				112	7764
宁 夏	Ningxia	290189	239996	141193	98803	22600	13855		1172	12565
新 疆	Xinjiang	1010250	751745	381709	370036	90356	162746			5403

注 政府投资指中央及地方各级政府完成的水利建设的各项财政资金（包括预算内非经营性基金、国债专项资金和水利建设基金等）和政府部门自筹投资等。

Note Government investment refers to all sorts of financial funds from Central Government and local governments at all levels (including non-business funds from budget, special funds and bonds and water project construction funds) and self-raising funds of governmental departments.

6-22 历年分用途水利建设投资完成额

Completed Investment for Water Project Construction by Purposes and Years

单位：万元 unit: 10^4 yuan

年份 Year	完成投资合计 Total Completed Investment	水库 Reservoir	防洪 Flood Control	灌溉 Irrigation	除涝 Drainage	供水 Water Supply	水电 Hydropower	水保及生态 Soil Conservation and Ecological Restoration	机构能力建设 Capacity Building	前期工作 Early-Stage Work	其他 Others
1958	213266	86489	25338	65115	19993						16331
1959	245190	148925	6622	63854	5634						20155
1960	333941	171127	10196	117441	7804						27373
1961	96041	60217	2629	16339	3161						13696
1962	77990	40899	2966	9586	5773						18766
1963	86760	43349	9735	10915	15006						7755
1979	370400	99352	36856	96545	44911						92736
1980	270700	91673	29628	61211	27240						60948
1981	135700	52191	20783	23579	7469						31678
1982	174737	51607	8641	28606	8323						77560
1983	211296	56110	20271	36301	10250						88364
1984	206828	56174	23682	42147	13752						71073
1985	201580	53477	32567	43146	14887						57503
1986	228702	53937	43456	46689	12542	12272					59806
1987	271012	75211	58208	51691	17169	5222					63511
1988	306454	82400	71690	59632	17501	2533					72698
1989	355508	105133	72675	73017	20855	3674					80154
1990	487203	135140	102015	105913	21430	35619					87086
1991	648677	139023	138463	123888	28583	55188	98356				65176
1992	971670	198994	221794	161717	50616	95338	154145				89066
1993	1249260	308558	236551	176821	39098	119747	243324				125161
1994	1687353	436379	242735	162911	57023	237327	393176				157802
1995	2063156	589771	318514	182524	68919	139079	581660				182689
1996	2385240	919545	362152	231447	73659	143625	486151				168661
1997	3154061	1001367	510191	307183	65073	284668	791548				194031
1998	4676865	1131204	1570617	591833	91479	277736	704240				309756
1999	4991576	1122989	2266682	280571	109693	287314	473833	120034			995237
2000	6129331	960273	3049937	537250	110118	410900	563284	182927			314642
2001	5607065		3083006	703721	112183	806205	301137	176624	192108	88888	143538
2002	8192153		4407481	1000174	103544	1515592	466745	319977	169155	68250	141236
2003	7434176		3350814	1045892	88164	1206149	622774	519068	161628	93008	346678
2004	7835450		3579295	875545	90180	1307918	715307	587101	71699	103206	505200
2005	7468483		2781555	1065966	146744	1165206	654724	391856	224008	102562	935862
2006	7938444		2787116	1094704	94098	2082293	573234	422184	65560	136359	682897
2007	9448538		2985677	1039159	199132	3011747	664919	603164	88527	116046	740166
2008	10882012		3465187	1165918	235203	3512571	773709	768749	106007	160441	694229
2009	18940321		6287388	2482320	460735	6178105	720419	867355	106040	158802	1679157
2010	23199265		6635903	3342666	210569	7362713	1053896	858998	195615	248711	3290195

注 1998年前未细分出水保及生态，均放于"其他"中；2001年以后，水库投资已按用途分摊到有关工程类型中。

Note Soil and water conservation and ecological restoration projects are grouped into other projects before the year of 1998. After the year of 2001, the investment of reservoir has been grouped into other types of projects in accordance with usage.

6-23　2010年分用途水利建设投资完成额（按地区分）

Completed Investment for Water Project Construction by Purposes in 2010 (by Regions)

单位：万元　　　　unit: 10^4 yuan

地区	Region	完成投资 合计 Total Completed Investment	防洪 Flood Control	灌溉 Irrigation	除涝 Drainage	供水 Water Supply	水电 Hydropower	水保及生态 Soil Conservation and Ecological Restoration	机构能力建设 Capacity Building	前期工作 Early-Stage Work	其他 Others
合　计	**Total**	**23199265**	**6635903**	**3342666**	**210569**	**7362713**	**1053896**	**858998**	**195615**	**248711**	**3290195**
北　京	Beijing	179836	92525			20668		19937	23923	13905	8877
天　津	Tianjin	285047	32414	8579	8760	173552		13329	2952	3963	41498
河　北	Hebei	1508254	157280	26981		1120764	7879	6232	1866	2185	185067
山　西	Shanxi	705345	109787	95085		246589	114506	55196	26766	42797	14619
内蒙古	Inner Mongolia	553758	240234	69262		220133	11798	7198	1989		3144
辽　宁	Liaoning	475896	158877	26497		235943	757	2044		4555	47223
吉　林	Jilin	308025	58567	115593		102766	18358	4584	4938	3219	
黑龙江	Heilongjiang	382081	96920	177606		88852	16678		2025		
上　海	Shanghai	469862	228792	15951	4403			103935	1882	875	114023
江　苏	Jiangsu	1243779	467952	77111	35015	257381		164526	12582	12252	216961
浙　江	Zhejiang	1366669	420109	69741	26301	310717	4961	6041	13610	46409	468779
安　徽	Anhui	616894	318284	65042	27897	145560	24022	13478	5042	9470	8098
福　建	Fujian	411450	233386	41667	2005	81396	4417	2596		3605	42379
江　西	Jiangxi	765397	447033	148942	9952	111690	22215	22738	481	1130	1215
山　东	Shandong	1215374	440502	209264	6072	322585		7518	11194	6303	211936
河　南	Henan	1510459	264286	88184	3407	899377	5736	21920	21014	7297	199238
湖　北	Hubei	2277103	258740	99518	28130	327779	12853	72176	19853	9732	1448322
湖　南	Hunan	584954	296851	60021	412	143163	26577	17684	3111	3779	33355
广　东	Guangdong	1343117	919400	27923	44254	257204	16402	1388	3781	5435	67330
广　西	Guangxi	720917	361133	104399	12551	218476	7169	901	1709	3632	10947
海　南	Hainan	115031	40580	56878		14583	450	2068	472		
重　庆	Chongqing	951381	236346	165366		312565	130086	28405	6922	13577	58115
四　川	Sichuan	834782	151679	156406	60	216067	289095	9061	1292	2092	9030
贵　州	Guizhou	575386	77775	110509	175	330883	27824	13350	1702	3312	9856
云　南	Yunnan	1052882	226250	334315	577	387867	38243	6932	10232	16045	32422
西　藏	Tibet	195550	15429	130185		38649	9332	300	1655		
陕　西	Shaanxi	590384	56949	73657		299223	28006	101744	1979	1797	27029
甘　肃	Gansu	531991	50649	211697		180354	29241	48508	11542		
青　海	Qinghai	127224	32607	46087		40258	3938	2193	158	1981	4
宁　夏	Ningxia	290189	15113	114968		101240		37305	593	2903	18067
新　疆	Xinjiang	1010250	129455	415231	598	156429	203354	65710	350	26460	12662

6-24 历年各水资源分区水利建设投资完成额

Completed Investment for Water Project Construction by Zoning of Water Resources Regions and Years

单位：亿元 unit: 10^8 yuan

年份 Year	完成投资合计 Total Completed Investment	松花江区 Songhua River	辽河区 Liaohe River	海河区 Haihe River	黄河区 Yellow River	淮河区 Huaihe River	长江区 Yangtze River	珠江区 Pearl River	东南诸河区 Rivers in Southeast	西南诸河区 Rivers in Southwest	西北诸河区 Rivers in Northwest
1975	26.06			2.73	4.75	3.66	6.99				
1980	27.07	1.15	0.53	2.73	4.47	2.79	7.12	1.41			
1985	20.16	0.73	0.41	2.55	4.20	1.81	5.25	1.52			
1990	48.72	2.25	3.01	4.06	8.86	3.92	14.75	4.66			
1991	64.87	2.39	3.00	3.88	11.08	5.99	18.84	9.51			
1992	97.17	4.71	3.62	6.40	16.35	9.37	32.11	12.26			
1993	124.93	3.77	6.20	11.62	24.26	7.74	39.27	13.49			
1994	168.74	6.13	5.21	12.38	33.36	12.08	51.47	21.04			
1995	206.32	5.38	6.96	14.00	52.51	16.15	59.88	17.38			
1996	238.52	4.08	3.63	20.34	68.03	17.17	58.17	21.95			
1997	315.41	5.01	2.81	20.91	92.58	18.25	72.32	38.39			
1998	467.56	13.47	3.54	31.28	116.17	29.78	125.73	50.36			
1999	499.16	6.29	26.40	21.44	104.67	33.85	157.97	43.47			
2000	612.93	9.42	24.23	47.21	95.84	38.25	218.37	62.45			
2001	560.71	16.49	7.47	33.54	100.03	32.83	186.58	50.86			
2002	819.22	38.95	12.43	62.20	108.50	46.20	283.38	77.17			
2003	743.42	41.54	10.19	61.83	86.86	51.32	210.65	66.39			
2004	783.55	32.63	11.54	55.43	108.92	84.52	207.31	69.22			
2005	746.85	30.89	21.77	51.60	95.04	80.70	210.76	81.38	91.17	16.83	66.69
2006	793.84	31.44	23.88	112.82	78.46	87.15	219.32	76.83	73.69	16.48	73.80
2007	944.85	33.13	28.55	101.84	111.53	130.89	290.87	75.21	75.59	21.85	75.40
2008	1088.20	38.20	40.88	81.91	123.09	118.48	375.07	100.30	88.54	25.79	95.95
2009	1894.03	73.67	81.11	160.97	281.24	206.18	614.21	195.60	117.72	38.41	124.91
2010	2319.93	74.47	53.95	247.07	341.84	171.35	808.78	262.40	169.50	64.49	126.09

注 2005年以前，本表按照流域统计当年投资完成额，其中东南诸河区、西南诸河区、西北诸河区未作细分。

Note Before the year of 2005, the completed investment of the year in this table is calculated based on river basins, and the data of rivers in southeast, rivers in southwest, rivers in northwest, are not given.

6-25 2010年各水资源分区水利建设投资完成额（按地区分）

Completed Investment for Water Project Construction by Water Resources Regions in 2010 (by Regions)

单位：万元 unit: 10^4 yuan

地区	Region	完成投资 合计 Total Completed Investment	松花江区 Songhua River	辽河区 Liaohe River	海河区 Haihe River	黄河区 Yellow River	淮河区 Huaihe River	长江区 Yangtze River	珠江区 Pearl River	东南诸河区 Rivers in Southeast	西南诸河区 Rivers in Southwest	西北诸河区 Rivers in Northwest
合 计	**Total**	**23199265**	**744695**	**539509**	**2470665**	**3418372**	**1713462**	**8087781**	**2624002**	**1694946**	**644905**	**1260929**
北 京	Beijing	179836			179836							
天 津	Tianjin	285047			285047							
河 北	Hebei	1508254			1508254							
山 西	Shanxi	705345			278478	426867						
内蒙古	Inner Mongolia	553758	59321	58881	7279	396593						31684
辽 宁	Liaoning	475896		475896								
吉 林	Jilin	308025	303293	4732								
黑龙江	Heilongjiang	382081	382081									
上 海	Shanghai	469862						469862				
江 苏	Jiangsu	1243779					497056	746723				
浙 江	Zhejiang	1366669						99731		1266938		
安 徽	Anhui	616894					291945	308391		16558		
福 建	Fujian	411450								411450		
江 西	Jiangxi	765397						765397				
山 东	Shandong	1215374			155405	440442	619526					
河 南	Henan	1510459			56366	1075056	304935	74102				
湖 北	Hubei	2277103						2277103				
湖 南	Hunan	584954						583924	1030			
广 东	Guangdong	1343117							1343117			
广 西	Guangxi	720917							720917			
海 南	Hainan	115031							115031			
重 庆	Chongqing	951381						951381				
四 川	Sichuan	834782						834782				
贵 州	Guizhou	575386						456359	119027			
云 南	Yunnan	1052882						279934	324879		448069	
西 藏	Tibet	195550									195550	
陕 西	Shaanxi	590384				398342		192042				
甘 肃	Gansu	531991				283775		43353				204863
青 海	Qinghai	127224				107108		4697			1287	14133
宁 夏	Ningxia	290189				290189						
新 疆	Xinjiang	1010250										1010250

6-26 历年分隶属关系水利建设投资完成额

Completed Investment for Water Project Construction by Ownership and Years

单位：万元　　　　unit: 10^4 yuan

年份 Year	完成投资 合计 Total Completed Investment	中央属 Central Government	省属 Provincial Governments	地市属 Prefectures and Cities	县属 Counties	其他 Others
1999	4991576	1275512	1626012	1216724	764316	109012
2000	6129331	1385363	2465371	1187976	974035	116586
2001	5607065	1219487	2237784	1070939	976605	102250
2002	8192153	1250858	3454247	1818716	1668332	
2003	7434176	964952	3239531	1458719	1699661	71313
2004	7835450	1429738	2900010	1642748	1518628	343126
2005	7468483	1227628	2548527	1882009	1579786	230533
2006	7938444	1610784	2260775	2010232	1825458	231196
2007	9448538	1544575	2891368	2389052	2266202	357341
2008	10882012	1092053	3193009	2675569	3667281	254100
2009	18940321	2068697	4693782	4906296	7119662	151884
2010	23199265	4427984	5147607	4886393	8160858	576423

6-27 2010年分隶属关系水利建设投资完成额（按地区分）

Completed Investment for Water Project Construction by Ownership in 2010 (by Regions)

单位：万元 unit: 10^4 yuan

地区	Region	完成投资 合计 Total Completed Investment	中央属 Central Government	省属 Provincial Governments	地市属 Prefectures and Cities	县属 Counties	其他 Others
合 计	**Total**	**23199265**	**4427984**	**5147607**	**4886393**	**8160858**	**576423**
北 京	Beijing	179836	87833	49907	41627		469
天 津	Tianjin	285047	173124	82325	29598		
河 北	Hebei	1508254	1128141	56234	213465	110414	
山 西	Shanxi	705345	485	499340	145850	51941	7729
内蒙古	Inner Mongolia	553758	4320	124341	162955	224006	38136
辽 宁	Liaoning	475896		131438	165863	177643	951
吉 林	Jilin	308025	5797	163723	50894	87451	160
黑龙江	Heilongjiang	382081	597	24651	70222	229168	57443
上 海	Shanghai	469862	2055	427870	39937		
江 苏	Jiangsu	1243779	193357	427371	432405	187416	3230
浙 江	Zhejiang	1366669		48265	332857	972059	13487
安 徽	Anhui	616894	34288	183769	236402	158154	4280
福 建	Fujian	411450		160350	109873	106537	34690
江 西	Jiangxi	765397		126173	247770	318297	73157
山 东	Shandong	1215374	301851	114889	256008	499250	43375
河 南	Henan	1510459	879991	27859	325387	270999	6224
湖 北	Hubei	2277103	1555363	20378	41588	632490	27284
湖 南	Hunan	584954	32866	1626	161983	380966	7513
广 东	Guangdong	1343117	6353	156532	326563	731019	122651
广 西	Guangxi	720917	6482	407327	130455	171445	5209
海 南	Hainan	115031		35167		79239	625
重 庆	Chongqing	951381		246647		704734	
四 川	Sichuan	834782		387619	56941	386191	4031
贵 州	Guizhou	575386		162408	169020	224840	19118
云 南	Yunnan	1052882	1215	327002	285772	426625	12269
西 藏	Tibet	195550		131264	35181	29105	
陕 西	Shaanxi	590384	6401	69779	315915	186492	11796
甘 肃	Gansu	531991	5219	94312	72634	359826	
青 海	Qinghai	127224	1933	21171	30141	71769	2210
宁 夏	Ningxia	290189	314	136059	7339	102480	43996
新 疆	Xinjiang	1010250		301811	391747	280301	36390

6-28 历年分建设性质水利建设投资完成额

Completed Investment of Water Projects by Types of Construction and Years

单位：万元 unit: 10^4 yuan

年份 Year	完成投资合计 Total Completed Investment	新建 Newly-Constructed	扩建 Expansion	改建 Rehabilitation	建造生活设施 Domestic Facilities	迁建 Relocation Construction	恢复 Restoration	单纯购置 Procurement Only	前期工作 Early-Stage Work
2000	6129331	3118348	945106	1922485	5471	30586	98502	8833	
2001	5607065	3142493	798182	1555439	1419	3808	98859	5453	
2002	8192153	4370052	985730	2583175	4554	16425	225996	6221	
2003	7434176	4612389	748559	1922749	855	16889	125502	7234	
2004	7835450	5232176	787089	1648118	1697	552	160443	5376	
2005	7468483	5169892	913465	1254193	5989	435	116656	7852	
2006	7938444	5836456	679318	1243188		13730	58633	5082	102036
2007	9448538	6622152	809702	1855168		1888	78782	10328	70518
2008	10882012	6937057	809372	2881669	12990	14725	148107	8967	69126
2009	18940321	11696786	1340636	5704611	1291	10202	54847	6191	125403
2010	23199265	16492525	1262254	5091019		12872	228757	15949	95888

6-29 2010年分建设性质水利建设投资完成额（按地区分）

Completed Investment of Water Projects by Types of Construction in 2010 (by Regions)

单位：万元　　　　unit: 10^4 yuan

地区	Region	完成投资 合计 Total Completed Investment	新建 Newly-Constructed	扩建 Expansion	改建 Rehabilitation	建造生活设施 Domestic Facilities	迁建 Relocation	恢复 Restoration	单纯购置 Procurement Only	前期工作 Early-Stage Work
合　计	**Total**	**23199265**	**16492525**	**1262254**	**5091019**		**12872**	**228757**	**15949**	**95888**
北　京	Beijing	179836	160005	48	2490					17293
天　津	Tianjin	285047	236578	2778	41375				853	3463
河　北	Hebei	1508254	1336000	2691	168968				20	575
山　西	Shanxi	705345	644887	230	58219				198	1811
内蒙古	Inner Mongolia	553758	285887	41761	226110					
辽　宁	Liaoning	475896	364850	6226	99639			5180		
吉　林	Jilin	308025	212082		92674				50	3219
黑龙江	Heilongjiang	382081	260876	3100	118105					
上　海	Shanghai	469862	247207		221754				25	875
江　苏	Jiangsu	1243779	629525	303478	285232		8371	11885	1807	3481
浙　江	Zhejiang	1366669	1209648	39192	113800			4028		
安　徽	Anhui	616894	341457	17898	246292		707	925	683	8932
福　建	Fujian	411450	339403	23478	47363		1115	91		
江　西	Jiangxi	765397	297541	22048	443746			1912		150
山　东	Shandong	1215374	617357	90046	487738			15357	342	4533
河　南	Henan	1510459	1170615	55777	254851		2679	21500	725	4313
湖　北	Hubei	2277103	1870494	39019	312379			41543	5166	8503
湖　南	Hunan	584954	239433	25534	318972			1015		
广　东	Guangdong	1343117	645634	295763	386184			12672	292	2572
广　西	Guangxi	720917	468344	50210	202363					
海　南	Hainan	115031	75277	3100	36287				367	
重　庆	Chongqing	951381	821557	54938	33132			28487	2082	11185
四　川	Sichuan	834782	730850	6766	46636			50530		
贵　州	Guizhou	575386	490944	28927	33014			19265	1886	1350
云　南	Yunnan	1052882	745581	40114	266242				945	
西　藏	Tibet	195550	190825		4725					
陕　西	Shaanxi	590384	467628	18160	97724			5873		1000
甘　肃	Gansu	531991	325888	5950	199630			523		
青　海	Qinghai	127224	107788	3689	10271			3385	158	1933
宁　夏	Ningxia	290189	187217	76527	26099			345		
新　疆	Xinjiang	1010250	771146	4806	209006			4241	350	20700

6-30 历年分建设阶段水利建设投资完成额

Completed Investment of Water Projects by Construction Stages and Years

单位：万元 unit: 10^4 yuan

年份 Year	完成投资 合计 Total Completed Investment	筹建 Preparation	当年正式施工 Start Construction of the Year	当年收尾 Completed of the Year	全部停缓建 Suspended or Cancelled	单纯购置 Procurement Only	前期工作 Early-Stage Work
2000	6129331	3460	6066009	49828	303	9731	
2001	5607065	116523	5272460	208304	650	6080	
2002	8192153	164376	7780740	240816		6221	
2003	7434176	45986	7206884	170562	3510	7234	
2004	7835450	141607	7406704	273994	7763	5384	
2005	7468483		7394937	56826	8867	7852	
2006	7938444	40716	7651806	132829	14226	5082	93784
2007	9448538	61830	9017110	259879	11690	8836	89193
2008	10882012	82697	10607800	80926	11540	8967	90082
2009	18940321	352473	18322138	112391	23122	6191	124006
2010	23199265	211602	22783218	25864	8067	15949	154565

6-31　2010年分建设阶段水利建设投资完成额（按地区分）

Completed Investment of Water Projects by Construction Stages in 2010 (by Regions)

单位：万元　　　　unit: 10^4 yuan

地区	Region	完成投资合计 Total Completed Investment	筹建 Preparation	当年正式施工 Start Construction of the Year	当年收尾 Completed of the Year	全部停缓建 Suspended or Cancelled	单纯购置 Procurement Only	前期工作 Early-Stage Work
合　计	**Total**	**23199265**	**211602**	**22783218**	**25864**	**8067**	**15949**	**154565**
北　京	Beijing	179836	72	161310				18454
天　津	Tianjin	285047		280231			853	3963
河　北	Hebei	1508254	85903	1421756			20	575
山　西	Shanxi	705345	619	701551	1166		198	1811
内蒙古	Inner Mongolia	553758		553758				
辽　宁	Liaoning	475896	3000	450451		1000		21445
吉　林	Jilin	308025	5895	298021	8		50	4051
黑龙江	Heilongjiang	382081		382081				
上　海	Shanghai	469862	709	468252			25	875
江　苏	Jiangsu	1243779	19765	1218123	603		1807	3481
浙　江	Zhejiang	1366669	3240	1362713				716
安　徽	Anhui	616894	262	594915	11872		683	9162
福　建	Fujian	411450	624	404749				6077
江　西	Jiangxi	765397	695	764517		35		150
山　东	Shandong	1215374	1579	1206116	109		342	7228
河　南	Henan	1510459	50103	1452042	3248	29	725	4313
湖　北	Hubei	2277103	2581	2259225			5166	10132
湖　南	Hunan	584954	36	584918				
广　东	Guangdong	1343117	11528	1315370	500		292	15428
广　西	Guangxi	720917	8968	711863	86			
海　南	Hainan	115031		114664			367	
重　庆	Chongqing	951381	955	936661			2082	11683
四　川	Sichuan	834782	3334	821633		7003		2812
贵　州	Guizhou	575386	5276	551970	8087		1886	8166
云　南	Yunnan	1052882		1051937			945	
西　藏	Tibet	195550	702	194848				
陕　西	Shaanxi	590384	2937	585853	184			1410
甘　肃	Gansu	531991		531991				
青　海	Qinghai	127224		125133			158	1933
宁　夏	Ningxia	290189	2500	287689				
新　疆	Xinjiang	1010250	320	988880			350	20700

6-32 历年分规模水利建设投资完成额

Completed Investment of Water Projects by Size of Project and Years

单位：万元

unit: 10^4 yuan

年份 Year	完成投资 合计 Total Completed Investment	大中型 Large and Medium	小型 Small	其他 Others
2000	6129331	3683398	2445343	
2001	5607065	3384402	2207202	15461
2002	8192153	3035528	5088159	68465
2003	7434176	2343713	4815522	274940
2004	7835450	2259955	5365376	210120
2005	7468483	3263029	3766332	439121
2006	7938444	2961707	4451579	525158
2007	9448538	3183673	5485744	779121
2008	10882012	2539432	8179610	162970
2009	18940321	4502610	14205434	232277
2010	23199265	6878706	16093909	226650

6-33 2010年分规模水利建设投资完成额（按地区分）

Completed Investment of Water Projects by Size of Project in 2010 (by Regions)

单位：万元 unit: 10^4 yuan

地区	Region	完成投资 合计 Total Completed Investment	大中型 Large and Medium	小型 Small	其他 Others
合计	**Total**	**23199265**	**6878706**	**16093909**	**226650**
北京	Beijing	179836	28195	99551	52090
天津	Tianjin	285047	170450	104284	10313
河北	Hebei	1508254	1106221	380906	21127
山西	Shanxi	705345	163310	538632	3403
内蒙古	Inner Mongolia	553758	100473	453036	249
辽宁	Liaoning	475896	226025	249871	
吉林	Jilin	308025	105700	196528	5797
黑龙江	Heilongjiang	382081	23717	356339	2025
上海	Shanghai	469862		468252	1610
江苏	Jiangsu	1243779	216185	1021180	6414
浙江	Zhejiang	1366669	158548	1208121	
安徽	Anhui	616894	31416	576263	9215
福建	Fujian	411450	15142	396309	
江西	Jiangxi	765397	80122	685275	
山东	Shandong	1215374	334611	873215	7548
河南	Henan	1510459	865340	633658	11462
湖北	Hubei	2277103	1522233	725918	28952
湖南	Hunan	584954	32866	550734	1353
广东	Guangdong	1343117	156446	1180318	6353
广西	Guangxi	720917	128028	592889	
海南	Hainan	115031	33700	80964	367
重庆	Chongqing	951381	27604	899350	24427
四川	Sichuan	834782	320800	513462	520
贵州	Guizhou	575386	137900	433545	3941
云南	Yunnan	1052882	228686	822428	1768
西藏	Tibet	195550	101264	94286	
陕西	Shaanxi	590384	26210	561195	2979
甘肃	Gansu	531991	94796	435912	1282
青海	Qinghai	127224	17810	107323	2091
宁夏	Ningxia	290189	37415	252459	314
新疆	Xinjiang	1010250	387493	601707	21050

6-34 历年分构成水利建设投资完成额

Completed Investment of Water Projects by Type of Construction and Years

单位：万元 unit: 10^4 yuan

年份 Year	完成投资 合计 Total Completed Investment	建筑工程 Construction Project	安装工程 Installation	设备工器具购置 Procurement of Machinery and Equipment	其他 Others
2000	6129331	4534545	268650	367051	959085
2001	5607065	4052065	197296	227128	1130576
2002	8192153	6064058	274537	416958	1436599
2003	7434176	5670323	289401	352728	1121724
2004	7835450	5526833	276530	436531	1595556
2005	7468483	5306556	269855	398472	1493600
2006	7938444	5837364	318550	384313	1398217
2007	9448538	6725242	465282	568467	1689547
2008	10882012	7815009	674188	599969	1792847
2009	18940321	12972462	1133765	1250000	3584094
2010	23199265	15248673	1096243	1245116	5609232

6-35　2010年分构成水利建设投资完成额（按地区分）

Completed Investment of Water Projects by Type of Construction in 2010 (by Regions)

单位：万元　　unit: 10^4 yuan

地区	Region	完成投资合计 Total Completed Investment	建筑工程 Construction Project	安装工程 Installation	设备工器具购置 Procurement of Machinery and Equipment	其他 Others
合　计	**Total**	**23199265**	**15248673**	**1096243**	**1245116**	**5609232**
北　京	Beijing	179836	105987	2215	28504	43130
天　津	Tianjin	285047	173498	6041	8311	97196
河　北	Hebei	1508254	501017	54458	98864	853914
山　西	Shanxi	705345	318352	17044	20848	349101
内蒙古	Inner Mongolia	553758	424906	27139	51253	50460
辽　宁	Liaoning	475896	306685	49406	19493	100313
吉　林	Jilin	308025	301241	20	1429	5335
黑龙江	Heilongjiang	382081	320416	13082	36840	11743
上　海	Shanghai	469862	434775	8384	2011	24692
江　苏	Jiangsu	1243779	702293	34833	194368	312284
浙　江	Zhejiang	1366669	1102190	43712	15327	205439
安　徽	Anhui	616894	484035	25286	39623	67949
福　建	Fujian	411450	298321	43109	7410	62609
江　西	Jiangxi	765397	669554	8893	6658	80292
山　东	Shandong	1215374	851723	52645	50442	260565
河　南	Henan	1510459	872122	40041	101227	497070
湖　北	Hubei	2277103	660555	76322	50272	1489954
湖　南	Hunan	584954	467067	28558	28583	60746
广　东	Guangdong	1343117	1084808	100001	21367	136941
广　西	Guangxi	720917	415084	113916	94759	97158
海　南	Hainan	115031	76208	10519	17277	11026
重　庆	Chongqing	951381	603901	75566	65321	206593
四　川	Sichuan	834782	667817	46091	42799	78075
贵　州	Guizhou	575386	494995	28382	24086	27923
云　南	Yunnan	1052882	849103	18658	26879	158241
西　藏	Tibet	195550	189970	532	2020	3028
陕　西	Shaanxi	590384	484534	40796	28574	36480
甘　肃	Gansu	531991	396983	44280	22922	67806
青　海	Qinghai	127224	93418	5868	660	27278
宁　夏	Ningxia	290189	257900	7823	16120	8346
新　疆	Xinjiang	1010250	639214	72621	120869	177545

6-36 历年水利建设当年完成工程量

Completed Working Load by Years

单位：万立方米 unit: $10^4 m^3$

年份 Year	土方 Earth	石方 Rock	混凝土 Concrete
1953	11327	179	33
1954	17831	170	15
1955	28301	289	46
1956	56870	861	46
1957	59618	1084	125
1960	177946	15165	475
1961	19735	1809	116
1962	25287	1711	77
1963	27438	1679	104
1964	37869	2270	145
1965	64193	2881	186
1971	51085	1478	143
1972	125853	11652	370
1973	111397	13464	469
1974	115695	10671	417
1975	125712	13821	502
1976	163160	26423	712
1977	139104	15147	638
1978	139800	19600	808
1979	206100	16300	746
1980	55000	5400	506
1981	20800	2500	231
1982	19500	2100	245
1983	24300	2000	283
1984	26500	2300	268
1985	25200	2000	244
1986	24100	2000	225
1987	31000	2600	276
1988	29300	2300	298
1989	31650	2886	328
1990	33209	2712	437
1991	40143	3124	512
1992	54862	5054	583
1993	46099	5710	630
1994	41177	5127	707
1995	34955	6126	824
1996	34883	7865	807
1997	42755	5630	988
1998	101393	15023	1322
1999	104684	14022	1613
2000	129432	14456	2084
2001	92777	14716	1855
2002	139036	18178	2581
2003	94079	14677	2710
2004	132007	24057	2514
2005	138665	20718	2168
2006	201603	39847	1971
2007	140567	25099	2050
2008	170705	26686	2651
2009	198846	25333	4641
2010	226128	30505	4660

6-37 2010年水利建设当年完成工程量（按地区分）

Completed Working Load in 2010 (by Regions)

单位：万立方米 unit: 10^4m^3

地区	Region	当年计划 Planned of the Year			当年完成 Completed of the Year		
		土方 Earth	石方 Rock	混凝土 Concrete	土方 Earth	石方 Rock	混凝土 Concrete
合　计	**Total**	**239377**	**31487**	**5080**	**226128**	**30505**	**4660**
北　京	Beijing	238	2	1	218	2	1
天　津	Tianjin	3268	32	111	2996	43	111
河　北	Hebei	16832	636	176	15972	599	167
山　西	Shanxi	7962	2349	120	6786	2348	125
内蒙古	Inner Mongolia	11918	629	81	11823	629	81
辽　宁	Liaoning	6014	242	106	4798	245	79
吉　林	Jilin	4074	144	31	3911	141	26
黑龙江	Heilongjiang	2363	153	59	2547	157	67
上　海	Shanghai	8357	860	43	7239	858	35
江　苏	Jiangsu	14009	224	456	13784	197	156
浙　江	Zhejiang	10672	2764	328	10315	2920	310
安　徽	Anhui	4773	231	114	4921	314	127
福　建	Fujian	1485	393	111	1324	343	104
江　西	Jiangxi	5678	1222	347	4810	1028	300
山　东	Shandong	19172	2033	271	16733	2002	262
河　南	Henan	19096	510	320	18783	562	342
湖　北	Hubei	12503	1298	283	10375	1222	289
湖　南	Hunan	1599	308	113	1279	263	89
广　东	Guangdong	5582	931	263	7224	1260	379
广　西	Guangxi	855	147	67	915	189	97
海　南	Hainan	334	31	20	333	30	20
重　庆	Chongqing	4011	2741	316	3607	2588	273
四　川	Sichuan	3544	1272	153	3506	1198	144
贵　州	Guizhou	4593	1787	287	4011	1679	264
云　南	Yunnan	5471	2213	186	4958	1936	158
西　藏	Tibet	1118	334	52	1107	328	51
陕　西	Shaanxi	14626	3038	106	13402	2768	96
甘　肃	Gansu	19485	488	191	19736	497	202
青　海	Qinghai	1828	1843	58	1834	1775	43
宁　夏	Ningxia	14603	611	33	14226	398	32
新　疆	Xinjiang	13314	2020	277	12655	1983	230

6-38 历年水利建设累计完成工程量

Accumulated Completed Working Load of Water Project by Years

单位：万立方米　　　　unit: 10^4m^3

年份 Year	全部计划 Total Planned			累计完成 Total Completed		
	土方 Earth	石方 Rock	混凝土 Concrete	土方 Earth	石方 Rock	混凝土 Concrete
2000	746010	87963	31746	437914	52230	10192
2001	711388	119858	13089	427458	61541	6685
2002	651588	86461	12960	485593	57858	7886
2003	664041	87724	12965	462941	59674	8617
2004	6422138	1320016	108489	3837466	603405	68102
2005	3211069	660008	54245	1918733	301703	34051
2006	1077148	198978	17349	672085	110836	11386
2007	1083946	222242	17523	601617	91505	10944
2008	1049975	238789	19372	645032	99363	11721
2009	1060725	117890	21656	633610	77809	13828
2010	1188888	118309	24666	647565	80824	14956

6-39　2010 年水利建设累计完成工程量（按地区分）

Accumulated Completed Working Load of Water Project in 2010 (by Regions)

单位：万立方米　　unit: 10^4m^3

地区	Region	全部计划 Total Planned			累计完成 Total Completed		
		土方 Earth	石方 Rock	混凝土 Concrete	土方 Earth	石方 Rock	混凝土 Concrete
合　计	**Total**	**1188888**	**118309**	**24666**	**647565**	**80824**	**14956**
北　京	Beijing	5478	3	117	4932	3	125
天　津	Tianjin	8667	60	325	4573	56	191
河　北	Hebei	49129	1467	1166	32456	1091	598
山　西	Shanxi	21406	7414	422	18336	3613	311
内蒙古	Inner Mongolia	61123	4780	1723	49590	2748	1036
辽　宁	Liaoning	15545	1921	668	10402	1487	287
吉　林	Jilin	33325	2281	287	19911	894	131
黑龙江	Heilongjiang	44781	1631	388	10313	899	173
上　海	Shanghai	12346	4082	141	8972	1045	104
江　苏	Jiangsu	126038	2790	875	33240	638	346
浙　江	Zhejiang	27212	15984	1136	21811	13472	774
安　徽	Anhui	28123	2276	724	21889	1495	654
福　建	Fujian	3335	872	186	1554	502	122
江　西	Jiangxi	147529	6857	1313	17992	2199	758
山　东	Shandong	86680	4548	754	66024	4143	606
河　南	Henan	123630	2619	2041	68800	1760	803
湖　北	Hubei	32632	3505	1161	20318	2174	639
湖　南	Hunan	2710	865	361	2010	685	289
广　东	Guangdong	44653	6540	2064	30091	4337	1250
广　西	Guangxi	7897	2068	901	5050	1290	680
海　南	Hainan	1005	109	41	738	89	32
重　庆	Chongqing	10983	7768	994	7375	6466	660
四　川	Sichuan	10043	4236	644	6539	2883	474
贵　州	Guizhou	9010	3229	719	5550	2443	393
云　南	Yunnan	14700	5949	734	9906	4061	371
西　藏	Tibet	1749	459	126	1491	421	72
陕　西	Shaanxi	46433	5492	708	27944	4663	266
甘　肃	Gansu	66037	3644	1260	38340	2972	951
青　海	Qinghai	5608	2235	138	3958	1923	69
宁　夏	Ningxia	40772	1439	270	32307	955	160
新　疆	Xinjiang	100309	11189	2282	65153	9414	1631

6-40 历年水利建设房屋建筑面积和竣工房屋价值

Areas and Cost of Buildings of Water Project by Years

年份 Year	施工房屋面积（平方米） Area of Houses Constructed (m^2)	#住宅 Living House	竣工房屋面积（平方米） Completed Area of House Construction (m^2)	#住宅 Living House	竣工房屋价值（万元） Cost of Completed Houses (10^4 yuan)	#住宅 Living House
1975	1342800	537000	904200	355000	6961	2343
1976	1200400	455100	785600	294000	6131	1970
1977	1587200	626800	876200	329000	7096	2402
1978	1802100	714100	1258700	517000	10702	4033
1979	2554800	1164400	1588700	714000	14142	5783
1980			1597000	852000	17407	9202
1981	2017000	1355000	1284000	874000	17035	
1982	2438358	1704214	1357962	994664	15533	
1983	2026442	1378578	1238982	849588	21637	
1984	1868746	1018127	1155026	643856	17836	
1985	600456	338616	1130000	730000		
1986	824363	372849	990000	618000	18909	10815
1987	834363	444384	1088000	593000		
1988	1764111	728056	746000	416000	17083	8570
1989	1544608	683320	782916	364246	26149	9365
1990	1549120	772450	804328	457422	26221	13934
1991	1857321	937048	941511	420812	30718	14388
1992	2224053	1179727	942008	443237	34764	15383
1993	2540254	1353939	1251295	691426	58823	28309
1994	2039010	1099433	923290	497640	58086	24627
1995	1909074	987599	942177	511795	88221	32738
1996	1637962	842640	750128	366766	63237	28696
1997	1661510	889611	696040	348033	65615	26740
1998	2206108	1350879	1127242	702967	97326	55954
1999	1322318	691618	721906	433053	86482	53599
2000			582635	251512	75403	29191
2001	1069177	516367	611465	280038	51789	24037
2002	1039532	320273	549871	230001	65574	35568
2003	1059248	482288	548892	196774	58799	20132
2004	555608	182444	186899	66943	19250	10427
2005	1522939	898884	1063651	733026	124465	55880
2006	1021542	374901	664862	257512	130937	52332
2007	1107854	481058	797327	293081	174412	58260
2008	641966	79279	501095	61961	65124	6233
2009	895613	133589	699639	87977	97727	11533
2010	848336	231362	639419	196135	98772	20851

6-41 2010年水利建设房屋建筑面积和竣工房屋价值（按地区分）

Areas and Cost of Buildings of Water Project in 2010 (by Regions)

地区	Region	施工房屋面积（平方米）Area of Houses Constructed (m^2)	#住宅 Living House	竣工房屋面积（平方米）Completed Area of House Constrction (m^2)	#住宅 Living House	竣工房屋价值（万元）Cost of Completed Houses (10^4 yuan)	#住宅 Living House
合　计	**Total**	**848336**	**231362**	**639419**	**196135**	**98772**	**20851**
北　京	Beijing	2073		2073		49	
天　津	Tianjin	6407		4236		1350	
河　北	Hebei	3631	150	3631	150	127	11
山　西	Shanxi	19034	413	12032	73	2159	6
内蒙古	Inner Mongolia	42239		40839		3857	
辽　宁	Liaoning	10112		6945		1369	
吉　林	Jilin						
黑龙江	Heilongjiang						
上　海	Shanghai	2251		836		219	
江　苏	Jiangsu	15363	5795	6480		770	
浙　江	Zhejiang	98421	64597	82307	62497	12304	9483
安　徽	Anhui	19138		18938		3982	
福　建	Fujian	4638	240	4638	240	765	81
江　西	Jiangxi	85853	80600	82973	78000	5629	4708
山　东	Shandong	66924	1249	65227	1249	10329	191
河　南	Henan	93036	12362	69188	11902	13227	14
湖　北	Hubei	126353	7284	39017	6538	5182	1318
湖　南	Hunan	1564	205	64		25	
广　东	Guangdong	6132	2520	3456	2520	212	80
广　西	Guangxi	64438	6217	58036	5576	9062	505
海　南	Hainan						
重　庆	Chongqing	39631	14530	38203	13680	7372	2933
四　川	Sichuan	38546	19407	20419	2601	3348	233
贵　州	Guizhou	3384	900	2914	700	565	38
云　南	Yunnan	19325	4371	18750	4241	3091	480
西　藏	Tibet	3396	1099	3396	1099	68	
陕　西	Shaanxi	42816	6196	27723	1842	8322	267
甘　肃	Gansu	3485		3485		501	
青　海	Qinghai	1326	980	1060	980	10	
宁　夏	Ningxia	10729	1180	10203	1180	2166	156
新　疆	Xinjiang	18092	1067	12351	1067	2710	346

6-42 历年水利

Completed Works of

年份 Year	水库总库容（亿立方米）Total Storage Capacity of Reservoirs (10^8m^3)	农田有效灌溉面积（千公顷）Effective Irrigated Area (10^3hm^2)	除涝面积（千公顷）Drainage Area (10^3hm^2)	发电装机容量（千千瓦）Installed Capacity of Power Generation (10^3kW)	排灌装机容量（千千瓦）Installed Capacity of Irrigation and Drainage Works (10^3kW)	供水能力（万吨每日）Capacity of Water Supply ($10^4t/d$)
1989	118.95	998.69	593.27	888.80	225.50	
1990	129.09	1109.13	862.62	1170.40	329.30	
1991	125.04	1041.40	645.19	1922.60	244.90	
1992	120.41	1215.23	836.43	2443.30	200.90	
1993	152.69	1105.52	772.57	3038.20	151.20	
1994	312.91	1171.57	963.29	5294.70	231.60	
1995	342.12	1334.10	853.54	6661.80	286.00	
1996	321.66	1182.93	805.55	6523.40	250.00	860.36
1997	348.99	1056.73	1066.81	7117.20	235.30	1811.81
1998	348.65	1364.77	1095.81	5200.60	471.10	2283.35
1999	310.27	1014.89	133.59	4620.50	215.10	965.60
2000	359.15	798.07	89.79	4090.10	271.60	3961.42
2001	113.48	572.73	173.03	2080.80	114.90	5891.73
2002	250.95	485.93	183.69	1672.30	240.10	2044.47
2003	386.26	820.14	105.09	2708.90	575.50	2478.45
2004	263.05	603.68	165.83	2388.20	64.60	2345.35
2005	317.93	543.64	157.93	2292.60	63.90	1246.36
2006	411.13	556.21	143.41	2133.15	54.87	1851.47
2007	209.42	1261.63	322.64	1532.84	79.45	1734.38
2008	162.59	1189.33	577.59	1846.30	119.66	1283.14
2009	269.80	1929.17	546.46	4267.36	305.15	2311.20
2010	196.28	1115.39	472.66	3791.69	283.66	1585.08

建设施工规模

Water Project by Years

改善灌溉面积（千公顷）Improved Irrigated Area (10^3hm^2)	改善除涝面积（千公顷）Drained Area (10^3hm^2)	新建及加固堤防（千米）Newly-Built & Strengthened Embankment (km)	水保治理面积（千公顷）Controlled Area of Soil Erosion (10^3hm^2)	解决饮水困难人口（万人）Population Access to Drinking Water (10^4 persons)	饮水安全达标人口（万人）Population with Safe Drinking Water (10^4 persons)	节水灌溉面积（千公顷）Water-Saving Irrigated Area (10^3hm^2)
681.85	413.85					
566.79	672.69					
678.60	680.71					
425.63	594.44					
517.28	313.48					
699.65	699.18					
1575.13	757.59					
1142.98	762.37					
1720.41	578.18					
2077.57	781.91	8478.08	1925.58	648.90		108.18
2565.22	1381.42	8437.96	1675.12	2139.88		195.79
1437.79	583.71	4695.94	1301.93	2406.42		351.48
1715.70	745.15	5667.73	2579.56	1226.59		262.53
1249.72	463.22	3653.70	1762.34	933.37		250.84
2244.32	678.08	5111.99	854.20		1562.82	488.97
1927.16	599.29	4895.22	783.51		2758.50	368.72
1849.77	1334.84	4273.42	1613.73		4088.10	254.76
2749.38	726.03	5002.74	2553.15		6715.80	343.85
3791.69	678.75	6362.94	1333.20		6574.41	411.17

6-43 2010年水利建设
Completed Works of Water Project

地区	Region	水库总库容（亿立方米）Total Storage Capacity of Reservoirs (10^8m^3)	农田有效灌溉面积（千公顷）Effective Irrigated Area (10^3hm^2)	除涝面积（千公顷）Drained Area (10^3hm^2)	发电装机容量（千千瓦）Installed Capacity of Power Generation (10^3kW)	排灌装机容量（千千瓦）Installed Capacity of Irrigation and Drainage Works (10^3kW)	供水能力（万吨每日）Capacity of Water Supply ($10^4t/d$)
合 计	**Total**	**196.28**	**1115.39**	**472.66**	**3791.69**	**283.66**	**1585.08**
北 京	Beijing						
天 津	Tianjin		0.87				
河 北	Hebei		6.33		12.58		
山 西	Shanxi	0.88	3.09		7.43	1.49	1.89
内蒙古	Inner Mongolia	15.23	0.85		4.76		104.08
辽 宁	Liaoning	10.28	2.87		0.35		29.77
吉 林	Jilin				20.24		
黑龙江	Heilongjiang	5.57	161.73		51.20	49.31	
上 海	Shanghai						
江 苏	Jiangsu		0.73	15.95		12.04	32.31
浙 江	Zhejiang	2.82	18.00	38.67	20.21	0.60	265.40
安 徽	Anhui		24.23	17.49	0.10	26.69	0.03
福 建	Fujian	1.22	6.87		17.04		16.79
江 西	Jiangxi	0.49	3.52		32.84	4.37	10.27
山 东	Shandong	2.06	83.00	23.00	0.75	0.17	62.75
河 南	Henan	1.53	76.19	316.97	2.09		7.12
湖 北	Hubei	1.92	82.70	27.31	61.57	71.75	7.50
湖 南	Hunan	15.95	5.37		139.76		2.28
广 东	Guangdong	11.71	59.62	13.56	296.54	56.68	359.35
广 西	Guangxi			0.04			
海 南	Hainan				0.69	0.50	5.61
重 庆	Chongqing	8.59	107.52		488.83	7.75	149.97
四 川	Sichuan	42.04	45.58	0.65	1162.98	0.18	6.81
贵 州	Guizhou	3.58	30.17		62.98	0.77	29.65
云 南	Yunnan	11.15	127.47	0.33	11.00		92.80
西 藏	Tibet		5.24		5.71		
陕 西	Shaanxi	0.33	166.89	17.21	95.19	13.12	136.34
甘 肃	Gansu		3.90		56.06		19.75
青 海	Qinghai	0.57	20.33		13.03		
宁 夏	Ningxia	8.07	38.95	1.48		38.24	25.00
新 疆	Xinjiang	52.30	33.37		1227.78		219.62

施工规模（按地区分）

in 2010 (by Regions)

改善灌溉面积（千公顷）Improved Irrigated Area (10^3hm^2)	改善除涝面积（千公顷）Drained Area (10^3hm^2)	新建及加固堤防（千米）Newly-Built & Strengthened Embankment (km)	水保治理面积（千公顷）Controlled Area of Soil Erosion (10^3hm^2)	饮水安全达标人口（万人）Population with Safe Drinking Water (10^4 persons)	节水灌溉面积（千公顷）Water-Saving Irrigated Area (10^3hm^2)
3791.69	**678.75**	**6362.94**	**1333.20**	**6574.41**	**411.17**
1.96		26.51			4.57
102.48	6.67	4.30	6.70	366.36	5.59
89.57		243.05	26.88	152.48	0.84
208.57		169.97	15.69	139.71	42.80
15.96		52.88	8.24	107.21	3.27
57.20		332.80		135.00	
399.61		70.74	18.93	119.51	4.37
12.81		2.40			
151.66	175.02	253.38	8.19	333.06	7.61
225.93		182.14	24.69	422.00	20.37
288.55	131.98	116.75	22.09	305.90	0.51
13.03		235.70	68.06	171.91	
46.03	13.30	67.13		192.67	0.72
308.10	59.71	499.72	20.31	226.21	61.58
120.59	77.24	124.95	95.83	405.11	7.03
145.49	105.44	264.99	250.44	533.49	5.59
19.05		545.68	0.62	131.43	0.76
185.20	57.91	2245.36	99.31	432.83	1.05
0.03	0.83	70.14		335.92	
16.55	4.10	45.96		33.67	0.83
68.67		151.04	73.94	312.31	6.78
55.97	23.75	36.95	9.84	342.39	20.10
12.84	12.52	23.12	104.35	321.16	4.88
171.08	5.60	15.59	16.39	305.97	8.84
26.67		66.39	1.89	31.05	1.58
65.65	1.33	43.62	363.57	389.00	2.95
52.59		100.91	54.27	128.76	54.98
34.68		14.93	0.95	26.29	3.30
141.75	1.48		28.92	52.31	29.62
753.42	1.87	355.85	13.10	120.70	110.10

6-44 历年水利建

Newly-Increased Benefits of Water

年份 Year	水库总库容 （亿立方米） Total Storage Capacity of Reservoirs (10^8m^3)	农田有效灌溉面积 （千公顷） Effective Irrigated Area (10^3hm^2)	除涝面积 （千公顷） Drained Area (10^3hm^2)	发电装机容量 （千千瓦） Installed Capacity of Power Generation (10^3kW)	排灌装机容量 （千千瓦） Installed Capacity of Irrigation and Drainage Works (10^3kW)	供水能力 （万吨每日） Capacity of Water Supply ($10^4t/d$)
1989	22.79	94.09	64.29	124.10	31.40	
1990	29.64	121.17	62.21	164.30	99.50	
1991	23.34	101.25	43.77	311.10	84.10	
1992	19.13	90.53	116.67	391.00	67.40	
1993	11.48	78.48	133.89	182.50	42.90	
1994	7.61	94.09	77.23	392.90	23.80	
1995	42.23	174.89	28.30	388.20	66.80	
1996	14.95	158.03	29.43	355.30	90.60	450.44
1997	11.86	94.61	89.65	719.80	28.10	145.12
1998	28.15	187.01	57.67	749.00	102.30	456.57
1999	46.61	198.23	42.83	885.60	19.40	82.84
2000	183.62	126.86	49.69	2139.10	21.90	529.80
2001	31.96	191.41	28.51	1317.40	34.80	2939.65
2002	29.19	156.47	171.29	543.10	89.20	281.64
2003	5.83	146.99	11.67	368.60	544.00	871.31
2004	12.86	252.11	71.99	725.80	20.80	530.81
2005	112.64	98.65	74.62	794.40	47.30	398.36
2006	267.39	139.45	55.46	1146.16	28.46	349.78
2007	55.71	314.09	206.89	754.18	59.78	488.23
2008	44.37	275.44	223.66	701.04	79.39	333.69
2009	50.96	550.52	286.11	912.68	89.77	740.58
2010	32.88	355.59	441.76	905.81	102.38	509.43

设新增效益

Project Construction by Years

改善灌溉面积（千公顷）Improved Irrigated Area (10^3hm^2)	改善除涝面积（千公顷）Drained Area (10^3hm^2)	新建及加固堤防（千米）Newly-Built & Strengthened Embankment (km)	水保治理面积（千公顷）Controlled Area of Soil Erosion (10^3hm^2)	解决饮水困难人口（万人）Population Access to Drinking Water (10^4 persons)	饮水安全达标人口（万人）Population with Safe Drinking Water (10^4 persons)	节水灌溉面积（千公顷）Water-Saving Irrigated Area (10^3hm^2)
204.49	208.73					
141.90	526.79					
341.81	226.40					
219.92	419.77					
187.43	86.12					
251.04	309.10					
330.28	161.89					
283.51	140.24					
839.09	1279.70					
956.97	163.28	4545.91	1699.45	470.38		76.49
1484.52	529.17	5772.04	1118.41	1950.07		132.73
927.62	463.75	2693.61	1011.98	1245.44		245.81
1232.00	494.73	2918.24	1681.30	985.68		155.79
467.11	129.29	2246.61	1717.64	700.92		178.87
889.95	284.08	2726.91	635.29		1321.43	287.75
1121.20	383.39	2370.23	517.35		2478.28	310.37
1055.83	1015.16	1968.95	1261.41		2967.62	175.60
1845.54	449.49	2385.49	2090.95		5896.54	298.76
2230.19	477.20	3651.83	1041.65		6314.49	343.42

6-45 2010 年水利建设
Newly-Increased Benefits of Water

地区	Region	水库总库容（亿立方米）Total Storage Capacity of Reservoirs (10^8m^3)	农田有效灌溉面积（千公顷）Effective Irrigated Area (10^3hm^2)	除涝面积（千公顷）Drained Area (10^3hm^2)	发电装机容量（千千瓦）Installed Capacity of Power Generation (10^3kW)	排灌装机容量（千千瓦）Installed Capacity of Irrigation and Drainage Works (10^3kW)	供水能力（万吨每日）Capacity of Water Supply ($10^4t/d$)
合 计	**Total**	**32.88**	**355.59**	**441.76**	**905.81**	**102.38**	**509.43**
北 京	Beijing						
天 津	Tianjin		0.87				
河 北	Hebei		1.73		0.64		
山 西	Shanxi	0.74	1.58		2.38		1.89
内蒙古	Inner Mongolia	4.08	0.17		1.61		19.38
辽 宁	Liaoning	1.71			0.35		
吉 林	Jilin				20.24		
黑龙江	Heilongjiang	1.45			7.20		
上 海	Shanghai						
江 苏	Jiangsu		0.60	15.95		11.00	32.30
浙 江	Zhejiang	2.80	13.16	38.67	11.12		21.38
安 徽	Anhui		24.22	17.49	0.10	25.50	0.03
福 建	Fujian	0.17	6.87		17.04		15.58
江 西	Jiangxi	0.30	0.67		30.34	4.37	8.20
山 东	Shandong	1.96	79.79	23.00	0.75	0.17	62.38
河 南	Henan	1.47	51.52	316.97	2.09		7.12
湖 北	Hubei	0.92	39.73	25.57	49.10	31.75	5.50
湖 南	Hunan		0.57		17.64		2.02
广 东	Guangdong	0.80	0.89	2.00	46.32	0.44	23.42
广 西	Guangxi						
海 南	Hainan				0.69	0.50	5.61
重 庆	Chongqing	1.80	14.03		40.99	6.63	73.08
四 川	Sichuan	0.71	18.98	0.65	62.29	0.18	4.31
贵 州	Guizhou	2.04	18.97		20.27	0.16	19.34
云 南	Yunnan	2.60	20.31		7.00		35.26
西 藏	Tibet		5.11		5.71		
陕 西	Shaanxi	0.26	10.88		93.08	3.45	82.03
甘 肃	Gansu		3.90		45.25		7.23
青 海	Qinghai	0.04	0.33		1.00		
宁 夏	Ningxia	7.14	12.15	1.48		18.24	5.00
新 疆	Xinjiang	1.88	28.57		422.63		78.38

新增效益（按地区分）

Project Construction in 2010 (by Regions)

改善灌溉面积（千公顷）Improved Irrigated Area (10^3hm^2)	改善除涝面积（千公顷）Drained Area (10^3hm^2)	新建及加固堤防（千米）Newly-Built & Strengthened Embankment (km)	水保治理面积（千公顷）Controlled Area of Soil Erosion (10^3hm^2)	饮水安全达标人口（万人）Population with Safe Drinking Water (10^4 persons)	节水灌溉面积（千公顷）Water-Saving Irrigated Area (10^3hm^2)
2230.19	**477.20**	**3651.83**	**1041.65**	**6314.49**	**343.42**
1.96		26.51			4.57
4.48			6.70	366.36	4.59
21.66		243.05	12.98	152.48	
22.87		169.97	5.14	139.71	39.48
15.29		31.86	8.24	105.51	0.40
57.20		332.80		135.00	
		16.46		119.51	3.49
7.73					
127.02	108.55	147.16	8.19	333.06	6.86
225.12		72.75	9.98	422.00	20.37
272.19	118.65	79.27	21.07	295.90	0.51
7.37		186.95	4.55	152.17	
35.61	12.33	49.93		171.08	0.72
270.60	59.53	215.47	19.45	226.21	56.39
91.96	74.37	88.15	95.53	405.11	6.30
94.17	48.13	190.27	179.70	481.97	4.01
13.62	0.00	541.14	0.51	128.27	0.76
39.25	5.17	536.43	0.01	339.41	0.75
0.03	0.83	22.47		335.92	
16.55	4.10	45.96		33.67	0.83
26.80		107.94	60.00	302.26	4.06
51.73	23.75	19.50	8.94	340.68	14.92
11.63	12.45	13.36	89.39	298.60	3.55
101.93	4.67	4.91	13.52	305.97	2.29
23.79		44.46		31.05	1.58
51.33	1.33	41.42	408.09	369.40	2.95
49.22		91.62	53.96	128.76	50.13
12.70		4.88		24.65	1.72
62.56	1.48		22.93	49.09	5.96
513.81	1.87	327.13	12.77	120.70	105.71

主要统计指标解释

水利建设投资 指水利系统固定资产投资。主要包括水利系统基本建设投资、部分更新改造投资等，防洪岁修、小农水等财政投资未包括在内。

建设项目 指按照以总体设计进行施工，由一个或若干个具有内在联系的工程组成的总体。基本建设项目指经批准在一个总体设计或初步设计范围内进行建设，经济上实行统一核算，行政上有独立的组织形式，实行统一管理的基本建设单位。

基本建设项目按规模分为大中型项目和小型项目，水利上基本建设项目大中型项目划分标准是：①水库，库容1亿立方米以上（包括1亿立方米，下同）；②灌溉面积，灌溉面积50万亩以上；③水电工程，发电装机5万千瓦以上；④其他水利工程，除国家指定外均不作为大中型项目。

建设阶段 指建设项目报告期所处的建设阶段。分为以下几个阶段。

（1）筹建项目：指正在进行前期工作尚未正式施工的项目。

（2）施工项目：指报告期内进行过建筑或安装施工活动的项目。

（3）本年正式施工项目：指本年正式进行过建筑或安装活动的建设项目。

（4）本年新开工项目：指报告期内新开工的建设项目。

（5）本年续建项目：指本年以前已经正式开工，跨入本年继续进行建筑安装和购置活动的建设项目。

（6）建成投产项目：指报告期内按设计文件规定建成主体工程和相应配套的辅助设施，形成生产能力或工程效益，经过验收合格，并且已正式投入生产或交付使用的建设项目。

（7）本年收尾项目：是指以前年度已经全部建成投入生产或交付使用，但尚有少量不影响正常生产和使用的辅助工程或生产性工程在报告期继续施工的项目。

（8）停缓建项目：指根据国民经济宏观调控及其他原因，经有关部门批准停止建设或近期内不再建设的项目。停缓建项目分为全部停缓建项目和部分停缓建项目。

1）全部停缓建项目是指经有关部门批准不再建设或短期内整个项目停止建设的项目。

2）部分停缓建项目是指建设项目仍在施工，但其中的部分单项工程经有关部门批准停止或近期内不再建设并已停止施工的项目。报告期部分停缓建项目仍应作为施工项目统计。

（9）全部竣工项目：指整个建设项目按设计文件规定的主体工程和辅助、附属工程全部建成，并已正式验收移交生产或使用部门的项目。

建设性质 基本建设项目的建设性质根据整个建设项目的情况确定，分为以下几种。

（1）新建：一般是指从无到有、“平地起家”开始建设的企业、事业和行政单位或独立的工程。现有企业、事业、行政单位一般不属于新建。但如有的单位原有基础很小，经过建设后新增的资产价值超过该企业、事业、行政单位原有固定资产价值（原值）3倍以上的也应作为新建。

（2）扩建：指在厂内或其他地点，为扩大原有产品的生产能力（或效益）或增加新的产品生产能力，而增建主要的生产车间（或主要工程）、分厂、独立的生产线的企业、事业单位。行政、事业单位在原单位增建业务用房（如学校增建教学用房、医院增建门诊部、病房等）也作为扩建。

现有企业、事业单位为扩大原有主要产品生产能力或增加新的产品生产能力，增建一个或几个主要生产车间（或主要工程）、分厂，同时进行一些更新改造工程的，也应作为扩建。

（3）改建：指对原有设施进行技术改造或更新（包括相应配套的辅助性生产、生活福利设施），没有增建主要生产车间、分厂等的企业、事业单位。

（4）单纯建造生活设施：指在不扩建、改建生产性工程和业务用房的情况下，单纯建造职工住宅、托儿所、子弟学校、医务室、浴室、食堂等生活福利设施的企业、事业及行政单位。

（5）迁建：指为改变生产力布局或由于城市环境保护和安全生产的需要等原因而搬迁到另地建设的企业、事业单位。

（6）恢复：指自然灾害、战争等原因，使原有的固定资产全部或部分报废，以后又投资恢复建设的单位。

（7）单纯购置：指现有企业、事业、行政单位单纯购置不需要安装的设备、工具、器具，而不进行工程建设的单位。

隶属关系 基本建设项目按建设单位直属或主管上级机关确定。

隶属关系分为中央、省（自治区、直辖市）、地区（州、盟、省辖市）、县（旗、县级市）和其他五大类。

（1）中央：指中共中央、人大常委会和国务院各部、委、局、总公司以及直属机构直接领导和管理的基本建设项目和企业、事业、行政单位。这些单位的固定资产投资计划由国务院各部门直接编制和下达，建设中所需要的统配物资和主要设备以及建设中的问题都由中央有关部门安排和解决。

（2）省（自治区、直辖市）：由省（自治区、直辖市）政府及业务主管部门直接领导和管理的基本建设项目和企业、事业、行政单位。

（3）地区（州、盟、省辖市）：由地区、自治州、盟、省辖市直接领导和管理的基本建设项目和企业、事业、行政单位。

（4）县（旗、县级市）：由县、自治旗、县级市直接领导和管理的基本建设项目和企业、事业、行政单位。

（5）其他：不隶属以上各级政府及主管部门的建设项目和企业、事业单位，如外商投资企业和无主管部门的企业等。

Explanatory Notes of Main Statistical Indicators

Water project construction investment Investment of fixed assets in the water sector, mainly covers the investment of basic water infrastructures and some rehabilitation projects, but excluding annual maintenance of flood control works and financial allocation to small irrigation, drainage and rural water supply schemes.

Construction project A project encloses one or more interdependent schemes and is implemented in accordance with overall design. Capital construction project refers to a construction unit that approved to be constructed under overall design or the scope of preliminary design, which is under one accounting system and unified management, and has an independent organization.

Capital construction project can be divided into large or medium project and small project according to its scale. The criteria of identifying large and medium water projects are:① reservoir, installed capacity is over 100 million m^3 (including 100 million m^3, hereinafter the same); ② irrigated area, irrigated area is over 500 thousand mu; ③ hydropower project, installed capacity is over 50,000kW; ④ other water projects, specially designated by the state.

Construction phrase The phase of project construction during the period of report. The project construction phases are divided as following:

(1) Preparation project: the project that is conducting preparatory work and has not formally been constructed.

(2) Construction project: the project that is under construction or installation during the report period.

(3) Construction project of the year: the project that has formally started construction or installation in the statistical year.

(4) Newly started project of the year: the construction project that is newly initiated in the statistical year.

(5) Continued project of the year: the project that has formally started and continued construction, installation and purchase activities in the statistical year.

(6) Completed investment project: key parts of the project and supporting facilities have passed check and acceptance and been formally put into operation or service in the statistical period.

(7) Nearly-completed project of the year: the project has completed construction and placed into operation, but several supporting facilities that do not affect the normal production and utilization continue to be constructed in the statistical period.

(8) Suspend or cancel project: the project is required to stop or suspended after the approval of relevant department, due to national macroeconomic regulation and control or other reasons. The stopped or suspended projects can be divided into completely stopped or suspended project and partially stopped or suspended project.

1) Complete stopped or suspended project refers to the project that no longer constructed or will not be constructed in a short period of time, according to the approved of the relevant department.

2) Partial stopped or suspended project refers to the project that still under construction, but part of the project is no longer constructed or will not be constructed in a short period of time, according to the approval of the relevant department. Stopped or suspended project in the statistical period is still listed as construction projects in statistics.

(9) Totally-completed project: the project that has completed the key parts and supporting facilities of the project according to the design, and has passed check and acceptance and transferred to production or user for operation.

Construction type The types of infrastructures are identified based on the feature of entire constructed project, and are divided into:

(1) Newly-constructed project: refers to enterprise, non-governmental organization and governmental department or independent project that starts from nothing. The currently existed enterprise, non-governmental organization or governmental department does not belong to newly-constructed project. However, if the original scope of unit is rather small and the newly-added assets exceeds three times of the original assets of the enterprise, non-governmental organization and governmental department after construction, it is also regarded as new-constructed project.

(2) Expanded construction: refers to enterprises and non-governmental organizations that build new workshop (or key project), branch or independent production line within the plant or other places, in order to expand the existing production capacity (or benefit) or increase production capacity of new product. The construction of office building of non-governmental organization and governmental department (for example newly-constructed teaching building of college, university or school, newly-built clinics and wards of hospitals) is also regarded as expanded construction.

Enterprises and non-governmental organizations construct one or more key workshops (or key project) or branches, in order to increase the original production capacity or add production capacity of new product, together with rehabilitation project are also listed as expanded construction projects.

(3) Rehabilitation project: Enterprises and non-governmental organizations conduct technical rehabilitation or re-modernization (including production support facilities or living and welfare facilities), but without expansion of main workshop or branch.

(4) Construction of living facilities: enterprise, non-governmental organization and governmental department build living and welfare facilities only, such as apartment building of employee, kindergarten, school for children of employee, clinic, bathroom, and canteen without expansion or rehabilitation of buildings for production or office buildings.

(5) Relocated construction: relocation of enterprise or non-governmental organizations to other places due to the change of production pattern, requirement of urban environment protection or safe production.

(6) Recovery construction: a unit with investment for recovery construction because of natural disaster or war that completely or partially destroys its fixed assets.

(7) Procurement only: Enterprise, non-governmental organization or governmental department purchases equipment, tool or instrument only, without installation or construction.

Relationship of administrative subordination Capital construction project is defined on the basis of managerial authorities that construction unit is directly under its jurisdiction or higher competent authority in-charge.

Relationship of administrative subordination is divided into five categories: Central Government, province (autonomous region, municipality directly under the central government), prefecture (autonomous district, municipality directly under the provincial government), county (autonomous county, county-level municipality) and others.

(1) Central Government: Capital construction project, enterprise, non-governmental organization or governmental department directly under administration or management of the Central Committee of Chinese Communist Party, Standing Committee of Chinese People's Congress, or ministries, commissions, bureaus under the State Council and parent companies. Investment plan of fixed assets of these entities are directly worked out and transmitted by the relevant departments under the State Council; allocated materials or equipment for construction are arranged by the relevant Central Government departments.

(2) Province (autonomous region, municipality directly under the central government): Capital construction project, enterprise, non-governmental organization or governmental department directly under administration and management of provincial governments (autonomous region, municipality directly under the central government) or competent department directly in charge.

(3) Prefecture (autonomous district, municipality directly under the provincial government): Capital construction project, enterprise, non-governmental organization or governmental department directly under administration and management of government of prefecture, autonomous district or municipality directly under the provincial government.

(4) County (autonomous county, county-level municipality): Capital construction project, enterprise, non-governmental organization or governmental department directly under administration and management of government of county, autonomous county or county-level city.

(5) Others: Capital construction project, enterprise, non-governmental organization or governmental department not in the scope of administration and management of government agencies mentioned above, such as foreign investment enterprise or enterprise without supervised agency.

7 农村水电

Rural Hydropower Development

简要说明

农村水电统计资料主要包括小水电电站和设备建设情况、水力发电设备容量和发电容量、农村水电电网、输变配电设备、电气化县建设情况等。主要按地区分组汇总。

自2008年起农村水电由以往水利系统水电变更为装机5万千瓦及5万千瓦以下水电。

2008年以前水利系统水电统计包括水利系统综合利用枢纽电站数据等，1000千瓦以下水电站均打捆上报。

Brief Introduction

Statistical data of rural hydropower development mainly includes construction of small hydropower stations and utilities, installed capacity and output of hydropower generating units, electricity network of rural hydropower, electricity transmission and distribution facilities, construction of electrification counties, etc. The data is divided into groups according to regions.

The data of rural hydropower development is collected on the basis of installed capacity of hydropower at 50,000kW and below 50,000kW since 2008.

The data collected before 2008 includes multi-purpose dam projects, and the grouped data of small hydropower stations under 1,000kW are used.

7-1　历年农村水电发电设备装机容量

Installed Capacity of Rural Hydropower by Years

年份 Year	农村水电新增发电设备装机容量 （千瓦） Newly-Increased Installed Capacity of Rural Hydropower (kW)	年末农村水电发电设备装机容量 （千瓦） Installed Capacity of Rural Hydropower by the End of the Year (kW)	发电设备平均利用小时 （小时） Average Utilization Hours of Power Generation Equipment (h)
1949		3634	1414
1950	60	3696	1435
1951	1435	5125	1438
1952	399	5524	1428
1953	84	5608	1441
1954	895	6503	1384
1955	465	6968	1499
1956	3571	10539	1581
1957	9615	20153	1512
1958	57187	77340	1498
1959	72942	150282	1503
1960	101168	251450	1572
1961		216182	1561
1962	11238	227420	1560
1963	27538	254958	1600
1964	30040	285000	1560
1965	45000	330000	1515
1966	50000	380000	1578
1967	60000	440000	1591
1968	60000	500000	1600
1969	229522	729522	1600
1970	339440	1018963	1600
1971	567270	1536231	1935
1972	350000	1830855	1830
1973	414530	2200762	1840
1974	442740	2593500	1877
1975	539700	3083200	2169
1976	568200	3601400	1983
1977	763800	4315200	1971
1978	1001300	5266500	1893
1979	1112900	6329400	1883
1980	696100	6929500	1938
1981	748100	7573600	2006
1982	606100	8079700	2237
1983	525000	8504700	2450
1984	928400	9066400	2467
1985	644900	9521000	2650
1986	313100	10095300	2536
1987	1111200	11106300	2744
1988	784400	11792100	2820
1989	683043	12356000	2917
1990		13180300	2913
1991		13853400	2803
1992		14419100	3019
1993	800164	15167235	3255
1994	547493	10539760	
1995	948314	16646083	3475
1996	1191742	19200752	3385
1997	1413352	20519603	3512
1998	1651781	22024180	3430
1999	1588535	23480690	3231
2000	1506127	24851721	3372

7-2 历年农村水电发电量

Amount of Electricity Generation of Rural Hydropower by Years

年份 Year	农村水电年发电量 （万千瓦时） Annual Electricity Generation of Rural Hydropower (10^4 kWh)	比上年增长 （%） Increase Comparing to the Year Before (%)
1949	523	
1950	531	1.5
1951	738	39.0
1952	795	7.7
1953	808	1.6
1954	936	15.8
1955	1045	11.6
1956	1581	51.3
1957	3023	91.2
1958	11601	283.8
1959	22542	94.3
1960	39542	75.4
1961	33742	−14.7
1962	35478	5.1
1963	39773	12.1
1964	44460	11.8
1965	52800	18.8
1966	60800	15.2
1967	70400	15.8
1968	80000	13.6
1969	116742	45.9
1970	163034	39.7
1971	296000	81.6
1972	335000	13.2
1973	405000	20.9
1974	486800	20.2
1975	668600	37.3
1976	714200	6.8
1977	850700	19.1
1978	997300	17.2
1979	1192000	19.5
1980	1271900	6.7
1981	1444000	13.5
1982	1722300	19.3
1983	1992900	15.7
1984	2083600	4.6
1985	2413400	15.8
1986	2442400	1.2
1987	2790200	14.2
1988	3158000	13.2
1989	3524900	11.6
1990	3928300	11.4
1991	3732700	−5.0
1992	4420100	18.4
1993	4764661	7.8
1994	3204091	−32.8
1995	5537593	72.8
1996	6196009	11.9
1997	6834036	10.3
1998	7133922	4.4
1999	7200704	0.9
2000	7998249	11.1

7-3 历年农村水电装机容量及年发电量

Installed Capacity and Annual Generation of Rural Hydropower by Years

年份 Year	农村水电装机容量 （千瓦） Installed Capacity of Rural Hydropower (kW)	农村水电年发电量 （万千瓦时） Annual Electricity Generation of Rural Hydropower (10^4 kWh)	农村水电新增装机容量 （千瓦） Newly-Increased Installed Capacity (kW)
2001	26262406	8714102	1419454
2002	28489286	9472446	1883648
2003	30832992	9791633	2618834
2004	34661348	9779541	3591322
2005	38534445	12090340	4127272
2006	43183551	13612942	5459520
2007	47388997	14370080	4593193
2008	51274371	16275901	4194106
2009	55121211	15672470	3807072
2010	59240191	20444256	3793551

7-4　2010年农村水电装机容量及年发电量（按地区分）

Installed Capacity and Annual Generation of Rural Hydropower in 2010 (by Regions)

地　区	Region	农村水电年末装机容量（千瓦）Installed Capacity of Rural Hydropower (kW)	农村水电年发电量（万千瓦时）Annual Electricity Generation of Rural Hydropower (10^4 kWh)	农村水电新增装机容量（千瓦）Newly-Increased Installed Capacity (kW)
合　计	**Total**	**59240191**	**20444256**	**3793551**
北　京	Beijing	42920	2489	
天　津	Tianjin	5000	1400	
河　北	Hebei	370983	35087	1055
山　西	Shanxi	173245	20309	850
内蒙古	Inner Mongolia	63960	10232	10500
辽　宁	Liaoning	311488	106461	4155
吉　林	Jilin	399310	145847	11265
黑龙江	Heilongjiang	241605	59603	150
江　苏	Jiangsu	52396	9963	
浙　江	Zhejiang	3698568	1092619	104830
安　徽	Anhui	840484	232856	13155
福　建	Fujian	6994576	2895219	170597
江　西	Jiangxi	2635634	795307	56840
山　东	Shandong	73052	7699	5919
河　南	Henan	368356	78377	12290
湖　北	Hubei	2900244	820752	211509
湖　南	Hunan	5127968	1534473	264900
广　东	Guangdong	6997224	2772822	235121
广　西	Guangxi	3676328	1091919	245770
海　南	Hainan	347531	99451	50820
重　庆	Chongqing	1671691	588136	202180
四　川	Sichuan	7161930	3102543	368125
贵　州	Guizhou	2168566	720948	219770
云　南	Yunnan	8223596	2543189	1088410
西　藏	Tibet	180158	37461	10320
陕　西	Shaanxi	925618	295353	101270
甘　肃	Gansu	1703667	632247	155120
青　海	Qinghai	744650	332819	151620
宁　夏	Ningxia	3200	800	
新　疆	Xinjiang	750688	221786	62230
新疆生产建设兵团	Xinjiang Production and Construction Corps	280255	102528	34780
部直属	Organization Directly under the Ministry	105300	53563	

7-5　历年年末输变配电设备

Installed Power Transmission and Distribution Equipment at the End of the Year by Years

年份 Year	变电所总容量 （千伏安） Total Storage Capacity of Switchyard (kVA)	变压器总容量 （千伏安） Total Storage Capacity of Transformer (kVA)	高压线路 （千米） High-Pressure Transmission Line (km)	低压线路 （千米） Low-Pressure Transmission Line (km)
2002	50779480	58628453	1020018	2158102
2003	54580398	61844457	1082549	2334065
2004	63583050	67770640	1110746	2470468
2005	70161609	71325744	1119668	2490911
2006	30403474	29645661	476642	965547
2007	41942477	39162242	609663	1321037
2008	42121613	37266114	563907	1260067
2009	42465559	34629678	515040	1116782
2010	48378124	37083012	540715	1152621

7-6 2010 年年末输变配电设备（按地区分）

Installed Power Transmission and Distribution Equipment at the End of 2010 (by Regions)

地区	Region	变电所总容量（千伏安）Total Storage Capacity of Switchyard (kVA)	变压器总容量（千伏安）Total Storage Capacity of Transformer (kVA)	高压线路（千米）High-Pressure Transmission Line (km)	低压线路（千米）Low-Pressure Transmission Line (km)
合　计	**Total**	**48378124**	**37083012**	**540715**	**1152621**
北　京	Beijing		19175	66	34
天　津	Tianjin				
河　北	Hebei				
山　西	Shanxi	124210	100390	2807	2291
内蒙古	Inner Mongolia	62450	5045	130	50
辽　宁	Liaoning				
吉　林	Jilin	551010	602885	6501	4254
黑龙江	Heilongjiang				
江　苏	Jiangsu				
浙　江	Zhejiang	290000	776791	626	1166
安　徽	Anhui	334575	297024	6291	20834
福　建	Fujian				
江　西	Jiangxi				
山　东	Shandong		3050	18	4
河　南	Henan	117850	189325	6140	11798
湖　北	Hubei				
湖　南	Hunan	7850940	5634131	74777	142909
广　东	Guangdong	14000	6500	91	27
广　西	Guangxi	8442500	7498525	96188	139788
海　南	Hainan				
重　庆	Chongqing				
四　川	Sichuan	16545471	12778230	189401	648459
贵　州	Guizhou	4794338	2847560	53210	86569
云　南	Yunnan	1656000	677882	12452	15902
西　藏	Tibet	39820	155668	7437	3869
陕　西	Shaanxi	810370	526088	10413	15075
甘　肃	Gansu	2785629	2686101	50045	47754
青　海	Qinghai	15170	63260	2193	1399
宁　夏	Ningxia				
新　疆	Xinjiang				
新疆生产建设兵团	Xinjiang Production and Construction Corps	3349491	1928254	21804	10369
部直属	Organization Directly under the Ministry	594300	287128	124	70

7-7 历年新增输变配电设备

Newly-Increased Power Transmission and Distribution Equipment by Years

年份 Year	变电所总容量（千伏安） Total Storage Capacity of Switchyard (kVA)	变压器总容量（千伏安） Total Storage Capacity of Transformer (kVA)	高压线路（千米） High-Pressure Transmission Line (km)	低压线路（千米） Low-Pressure Transmission Line (km)
2002	5642849	5362828	75801	260248
2003	6623092	5821911	80241	178433
2004	9819672	7682270	57380	312806
2005	8327685	6294266	43492	58650
2006	3875365	4193753	19872	77041
2007	5227365	3199561	23204	69539
2008	6051940	2195958	21749	116773
2009	5842525	2717898	26318	44557
2010	5913300	2984107	34020	81892

7-8 2010年新增输变配电设备（按地区分）

Newly-Increased Power Transmission and Distribution Equipment in 2010 (by Regions)

地区	Region	变电所总容量（千伏安）Total Storage Capacity of Switchyard (kVA)	变压器总容量（千伏安）Total Storage Capacity of Transformer (kVA)	高压线路（千米）High-Pressure Transmission Line (km)	低压线路（千米）Low-Pressure Transmission Line (km)
合　计	**Total**	**5913300**	**2984107**	**34020**	**81892**
北　京	Beijing				
天　津	Tianjin				
河　北	Hebei				
山　西	Shanxi	6350	14815	15	23
内蒙古	Inner Mongolia			8	3
辽　宁	Liaoning				
吉　林	Jilin	56300	20040	152	55
黑龙江	Heilongjiang				
江　苏	Jiangsu				
浙　江	Zhejiang	44000			18
安　徽	Anhui	7600	30920	106	29
福　建	Fujian				
江　西	Jiangxi				
山　东	Shandong		160		
河　南	Henan				
湖　北	Hubei				
湖　南	Hunan	1815300	527963	7860	6957
广　东	Guangdong	14000	6500	98	35
广　西	Guangxi	821910	1009728	5280	5909
海　南	Hainan				
重　庆	Chongqing				
四　川	Sichuan	1416576	565491	13084	58622
贵　州	Guizhou	74378	267988	1225	2454
云　南	Yunnan	386200	50780	1075	1742
西　藏	Tibet		2113	167	124
陕　西	Shaanxi	290230	193299	3418	4877
甘　肃	Gansu	189300	191938	975	704
青　海	Qinghai		1700	53	205
宁　夏	Ningxia				
新　疆	Xinjiang				
新疆生产建设兵团	Xinjiang Production and Construction Corps	791156	98112	503	136
部直属	Organization Directly under the Ministry		2560	1	

7-9 历年有农村水电的县通电情况

Counties with Electricity Generated by Hydropower by Years

年份 Year	乡（镇）Township (town)		居民 Residents		
	行政区划数（个）Administrative Regions (unit)	农村水电网联网乡（镇）（个）Townships Connected with Rural Electrification Network (unit)	总户数（户）Total Household (household)	户通电率（%）Percentage of Electricity Access (%)	无电人口（人）Population without Electricity (person)
2002	28630	43	192906050	97.53	10150642
2003	26704	10141	182856700	98.44	8171995
2004	25886	10269	187390297	98.85	6572018
2005	25201	8488	188151249	99.14	5356596
2006	24343		194455879	99.30	
2007	23936		198154188	99.48	
2008	24269	5793	207980548	99.60	3080048
2009	24071	5048	211655947	99.69	2265586
2010	24039	4625	213874537	99.75	1947594

7-10　2010年有农村水电的县通电情况（按地区分）

Counties with Electricity Generated by Hydropower in 2010 (by Regions)

地区	Region	乡（镇）Township（town）		居民 Residents		
		行政区划数（个）Administrative Regions (unit)	农村水电网联网乡（镇）（个）Townships Connected with Rural Electrification Network (unit)	总户数（户）Total Household (household)	户通电率（%）Percentage of Electricity Access (%)	无电人口（人）Population without Electricity (person)
合　计	**Total**	**24039**	**4625**	**213874537**	**99.75**	**1947594**
北　京	Beijing	107		1319000	100.00	
天　津	Tianjin					
河　北	Hebei	710		5674261	100.00	
山　西	Shanxi	449	27	2897746	99.97	3790
内蒙古	Inner Mongolia	102		900420	100.00	
辽　宁	Liaoning	396		3696978	100.00	
吉　林	Jilin	279	60	3527594	100.00	
黑龙江	Heilongjiang	375		3130564	100.00	
江　苏	Jiangsu	59		1205713	100.00	
浙　江	Zhejiang	1151	8	12047724	100.00	
安　徽	Anhui	476	39	4561153	100.00	
福　建	Fujian	892	1	7406555	100.00	156
江　西	Jiangxi	1417		11858460	99.97	14918
山　东	Shandong	500		9392204	100.00	
河　南	Henan	1063		11056296	99.86	56897
湖　北	Hubei	730		10876937	99.94	19961
湖　南	Hunan	2064	514	16713795	99.96	17081
广　东	Guangdong	1221	41	17256052	99.98	9496
广　西	Guangxi	1043	523	12799478	99.80	100714
海　南	Hainan	211		2287325	99.90	7681
重　庆	Chongqing	846		10627329	99.94	21487
四　川	Sichuan	4290	2500	26446247	99.34	675265
贵　州	Guizhou	1380	669	9449337	99.93	26151
云　南	Yunnan	1297	72	12010641	98.90	649294
西　藏	Tibet					
陕　西	Shaanxi	1111	92	6159627	99.94	13034
甘　肃	Gansu	816	10	3959635	99.83	30242
青　海	Qinghai	307	58	1395441	99.05	40773
宁　夏	Ningxia			60604	100.00	
新　疆	Xinjiang	736		4588073	97.23	260654
新疆生产建设兵团	Xinjiang Production and Construction Corps	11	11	569348	100.00	

7-11 各时期农村电气化县建成数（按地区分）

Number of Electrification Counties in Rural Areas by Periods (by Regions)

单位：个 unit: unit

地区	Region	农村水电初级电气化县 Number of Preliminary Electrification County in Rural Areas			"十五"期间水电农村电气化县 10th Five-Year Plan Period	"十一五"期间水电农村电气化县 11th Five-Year Plan Period
		"七五"时期 7th Five-Year Plan Period	"八五"时期 8th Five-Year Plan Period	"九五"时期 9th Five-Year Plan Period		
合 计	**Total**	**109**	**209**	**335**	**409**	**432**
北 京	Beijing					
天 津	Tianjin					
河 北	Hebei		1	1	4	11
山 西	Shanxi	1	1	4		4
内蒙古	Inner Mongolia	1	1	2	4	3
辽 宁	Liaoning	1	2	6	9	8
吉 林	Jilin	3	6	3	7	8
黑龙江	Heilongjiang	1	2	1	5	5
上 海	Shanghai					
江 苏	Jiangsu					
浙 江	Zhejiang	11	15		21	19
安 徽	Anhui	1	2	8	7	10
福 建	Fujian	11	22	20	21	29
江 西	Jiangxi	9	16	20	10	24
山 东	Shandong					
河 南	Henan		1	11	14	15
湖 北	Hubei	7	15	5	25	25
湖 南	Hunan	11	20	13	40	38
广 东	Guangdong	10	10	13	22	22
广 西	Guangxi	9	22	18	26	21
海 南	Hainan		1			
重 庆	Chongqing			15	19	22
四 川	Sichuan	15	27	68	65	40
贵 州	Guizhou	4	7	10	13	21
云 南	Yunnan	9	19	48	30	33
西 藏	Tibet					
陕 西	Shaanxi	1	5	25	14	16
甘 肃	Gansu	1	5	22	23	22
青 海	Qinghai	1	3	6	6	7
宁 夏	Ningxia					
新 疆	Xinjiang	2	5	14	19	19
新疆生产建设兵团	Xinjiang Production and Construction Corps		1	2	5	10

7-12 2010年农村水电电气化县指标（按地区分）

Indicators of Rural Electrification Counties in 2010 (by Regions)

地区	Region	户均年生活用电量（千瓦时每户）Average Annual Electricity Consumption per Household（kWh/household）	乡通电率（%）Percentage of Electricity Access (%)	村通电率（%）Village Access to Electricity (%)	户通电率（%）Household Access to Electricity (%)
合　计	**Total**	**1025**	**798**	**99.81**	**99.78**
北　京	Beijing				
天　津	Tianjin				
河　北	Hebei	1082	671	100	100
山　西	Shanxi	1156	776	100	100
内蒙古	Inner Mongolia	817	644	100	100
辽　宁	Liaoning	816	663	100	100
吉　林	Jilin	830	1015	100	100
黑龙江	Heilongjiang	941	1085	100	100
江　苏	Jiangsu				
浙　江	Zhejiang	1958	978	100	100
安　徽	Anhui	714	656	100	100
福　建	Fujian	1720	1288	100	100
江　西	Jiangxi	802	645	100	99.98
山　东	Shandong				
河　南	Henan	890	668	100	99.95
湖　北	Hubei	947	688	100	99.97
湖　南	Hunan	863	699	99.99	99.87
广　东	Guangdong	1022	745	100	99.91
广　西	Guangxi	1057	781	100	99.83
海　南	Hainan				
重　庆	Chongqing	942	805	99.98	99.83
四　川	Sichuan	956	797	98.41	99.14
贵　州	Guizhou	857	841	100	99.81
云　南	Yunnan	1194	921	99.87	99.38
西　藏	Tibet				
陕　西	Shaanxi	703	749	100	99.46
甘　肃	Gansu	763	641	100	99.72
青　海	Qinghai	576	603	99.99	99.85
宁　夏	Ningxia	1048	636	100	99.45
新　疆	Xinjiang	2398	1216	100	99.64
新疆生产建设兵团	Xinjiang Production and Construction Corps	1025	798	99.81	99.78

注　以上为“十一五”水电农村电气化县2010年末统计数据。

Note　The figures are about rural electrification counties by the end of 11th Five-Year.

主要统计指标解释

农村水电 农村水电是以小水电站为主体，直接为农村经济社会发展服务的水电站及供电网络。

发电量 指电厂（发电机组）在报告期内生产的电能量。

售电量 指电力企业出售给用户或其他电力企业的用于消费或生产的电量。

Explanatory Notes of Main Statistical Indicators

Rural hydropower Hydropower stations and supply network, taking small hydropower station as its main part, provide services to rural areas for social and economic development.

Annual Electricity generation Electricity produced by power generating plants (electricity generating units) in the report period.

Electricity sale The quantity of electricity sold by electricity enterprises to the users or other electricity enterprises for consumption.

8 水文站网

Hydrological Network

简 要 说 明

水文站网统计资料主要包括水文站、水位站、雨量站、水质站、地下水监测站等水文测站的数量及其按测站类别、观测项目、测验方法分类的数据，以及从业人员和经费等。

本部分资料按流域所属机构和地区分组。历史资料汇总 1949 年至今数据。

1. “水文测站”资料包括水文站、水位站、雨量站、水质站、地下水监测站、实验站、拍报水情站、发布预报站和固定洪调点资料等。

2. “观测项目”包括流量、水位、水质、泥沙、水温、冰情、比降、地下水、蒸发、降水、水文调查等。

3. “测验方法”包括常年驻测、汛期驻测、全年巡测、委托观测、站队结合等。

Brief Introduction

Statistical data of hydrological network mainly includes number of hydrological station, gauging station, precipitation station, water quality station, groundwater monitoring station etc, and data sorted according to the types of monitoring stations, observation items and methods, as well as working staff and expenses.

The data is divided into groups based on the organization and the region where river basin belongs to. Historical data is collected from 1949 until present.

1. The data of hydrological observation stations includes hydrological station, gauging station, precipitation station, water quality station, groundwater monitoring station, experiment station, perennial hydrologic reporting station, forecast report station, and fixed flood regulation point, etc.

2. Observation items include flow, water level, water quality, sediment, water temperature, ice condition, gradient, groundwater, evaporation, precipitation and hydrologic investigation and so on.

3. Measuring methods include perennial stationary gauging, stationary gauging in flood season, full-year tour gauging, contracting gauging, measured by both stations and mobile teams.

8-1 历年水文站网、职工人数和经费

Hydrological Network, Employees and Expenses by Years

年份 Year	水文站网（处）Hydrological Network（unit）						报汛站（处）Hydrometric Station（unit）	职工人数（人）Number of employee (person)	经费（万元）Expenses (10^4 yuan)	
	水文站 Hydrological Station	水位站 Gauging Station	雨量站 Precipitation Station	地下水监测站 Groundwater Monitoring Station	水质站 Water Quality Station	实验站 Experiment Station			事业费 Operating Expenses	基建费 Capital Investment
1949	148	203	2					756	1.9	
1950	419	425	234			1	386	1892	68.9	
1951	796	701	1145			8	685	4208	388.7	
1952	933	831	1554			3	875	5811	550.7	
1953	1059	1006	1754			8	1173	7292	813.8	
1954	1229	1132	1973			9	1652	8589	1134.5	
1955	1396	1205	2337			11	1962	10312	1581.1	
1956	1769	1449	3371			24	2251	13952	2156.8	
1957	2023	1500	3695			41	2778	14167	2304.8	
1958	2766	1308	5494			132	3548	13806	2174.6	
1959	2995	1338	5487			282	4922	16861	2322.5	
1960	3611	1404	5684			318	6013	16867	2470.3	
1961	3402	1252	5587			149	5102	17266	1740.1	
1962	2842	1199	5980			104	5049	15524	1909.4	
1963	2664	1096	6178			96	5051	16862	1881.0	
1964	2692	1116	7252			90	5058	19424	2064.7	
1965	2751	1129	7909			88		19520	2022.0	
1966	2883	1155	10280			49	4838	18369	3174.8	470.4
1967	2681	1127	9477			82	6133	18272	2881.5	269.0
1968	2559	1048	9500			67	5403	18405	2638.3	221.7
1969	2579	1101	10173			32	5390	17661	2846.8	194.9
1970	2663	1144	10154			37	5501	16866	2874.0	229.7
1971	2727	1191	10486			38	6294	17038	2837.7	343.8
1972	2674	1071	10356			62	5576	17516	3200.0	443.1
1973	2690	1329	10447	1322	134	52	6629	17902	2824.2	671.5
1974	2778	1349	11416	3702	80	31	6110	18170	2886.0	812.3

注 1. 表中1949～1965年间经费统计为事业费和基建费之和。
2. 1958～1964年实验站数的统计中均包括了部分径流站。
3. 1960年水文站数为年报统计数，偏大。经查核，水文年鉴刊布有流量资料的为3365站，年报数仅供参考。
4. 1957～1965年测站数中包括水利（电）勘测部门的站。
5. 1959～1965年水文职工数中包括水利（电）勘测部门的水文工作人员。
6. 水文站数据含外部门管理的处数。

Note 1. No separate statistical data of operating expenses and capital investment are given for the data during 1949-1965.
2. The statistics of experiment stations during 1958-1964 includes parts of runoff stations.
3. Hydrological stations in 1960 is based on Annual Report. After recheck, the stations with runoff data in the Hydrology Year-Book are 3365,and the data of Annual Report is for reference only.
4. Observation stations during 1957-1965 include station under water (power) reconnaissance and design institutions.
5. Employee of hydrological stations during 1959-1965 include hydrological engineers and workers working for water (power) reconnaissance and design institutions.
6. Hydrological stations include stations under the other departments.

8-1　续表 continued

年份 Year	水文站网（处）Hydrological Network（unit）						报汛站（处）Hydrometric Station（unit）	职工人数（人）Number of employee (person)	经费（万元）Expenses (10^4 yuan)	
	水文站 Hydrological Station	水位站 Gauging Station	雨量站 Precipitation Station	地下水监测站 Groundwater Monitoring Station	水质站 Water Quality Station	实验站 Experiment Station			事业费 Operating Expenses	基建费 Capital Investment
1975	2840	1196	10738	7681	520	24	6949	19180	3193.9	869.3
1976	2882	1336	11855	6858	663	29	8563	19981	3432.3	1215.0
1977	2917	1326	12817		609	26	8369	20886	3661.5	1118.5
1978	2922	1320	13309	11326	758	33	9010	21571	4293.7	1413.4
1979	3034	1202	14424	12992	681	45	8265	22856	7432.3	1889.1
1980	3294	1320	15732	16112	747	53	8731	24374	7562.1	1701.7
1981	3341	1317	15969	13343	848	57	8646	26240	7805.1	1085.2
1982	3401	1373	16437		1209	60	8369	27076	8182.9	1374.2
1983	3418	1413	16545	12487	1024	60	8401	27744	8621.0	1677.7
1984	3396	1425	16734	12134	977	63	8418	28316	9942.0	1669.0
1985	3384	1420	16406	12188	1011	63	8381	28426	10910.9	1959.9
1986	3400	1380	16697	11893	1648	58	8583	28549	12581.9	2405.7
1987	3397	1316	16448	11880	1946	56	8539	28793	12863.8	2447.5
1988	3450	1263	16273	13648	1846	64	8843	28516	14201.0	2715.3
1989	3269	1258	15605			58	8617	28257	15583.4	2645.6
1990	3265	1178	15602		2052	61	8604	28065	17233.2	4189.7
1991	3238	1201	15356	13523	2113	60	8482	28211	21285.0	5378.4
1992	3172	1149	15368	11400	2327	56	8525	28202	22725.8	6476.0
1993	3099	1156	15505			48	7485	27439	23981.0	6469.3
1994	3090	1148	14202	11807	1944	66	7423	27278	34160.9	7729.7
1995	3039	1158	14613	11518	1839	69	7165	26404	35347.0	11312.2
1996	3006	1107	14158	11179	2401	61	6987	26555	36321.0	12744.7
1997	3040	1093	14191	10874	2572	128	7296	26118	40386.3	14049.7
1998	3683	1084	13910	11509	2694	129	7484	25929	64311.5	15372.1
1999	3657	1079	13855	11528	2753	125	7584	25238	63628.5	15115.7
2000	3124	1093	14242	11768	2861	81	7559	25146	78514.3	24346.4
2001	3146	1084	14337	11786	3025	75	7716	25180	90125.6	30209.0
2002	3130	1073	14454	11620	3228	74	7893	25436	114414.0	31307.0
2003	3158	1135	14196	12116	3695	80	7648	25640	139392.0	26230.0
2004	3182	1134	14108	11757	3946	70	7595	25906	133830.0	31515.0
2005	3191	1160	14373	12313	4557	69	7815	26133	152446.0	22673.0
2006	3183	1180	13866	12598	5140	78	8220	26654	170812.0	45421.0
2007	3162	1221	14211	12551	5468	90	8561	26237	199286.0	43031.0
2008	3171	1244	14602	12683	5668	51	9678	26480	237430.0	56371.0
2009	3183	1407	15750	12522	6097	49	10294	26438	283268.0	59182.0
2010	3193	1467	17245	12991	6535	57	12786	26366	295179.0	75445.0

8-2　2010年水文站网（按地区分）

Hydrological Network in 2010 (by Regions)

单位：处　　　　unit: unit

地区	Region	水文站合计 Total Hydrological Station	河道 River Course	水库 Reservoir	湖泊 Lake	潮流量 Tide Flow	水位站合计 Total Gauging Station	河道 River Course	水库 Reservoir	湖泊 Lake	潮水 Tide
合　计	**Total**	**3003**	**2961**	**241**	**35**	**36**	**1467**	**754**	**366**	**141**	**206**
北　京	Beijing	11	11								
天　津	Tianjin	23	23				2	2			
河　北	Hebei	135	114	19	2		15	4	4	7	
山　西	Shanxi	69	62	7							
内蒙古	Inner Mongolia	143	141	2			9	4	3	2	
辽　宁	Liaoning	97	96	1			9	6			3
吉　林	Jilin	107	99	8			14	14			
黑龙江	Heilongjiang	119	109	10			47	43	2	2	
上　海	Shanghai	9				9	44				44
江　苏	Jiangsu	154	148	6			135	96	6	17	16
浙　江	Zhejiang	90	76	11		3	128	96			32
安　徽	Anhui	113	68	43		2	91	47	26	16	2
福　建	Fujian	55	54	1			43	32			11
江　西	Jiangxi	111	107		4		83	51	25	7	
山　东	Shandong	135	97	37	1		17	9		5	3
河　南	Henan	128	107	21			16	12	4		
湖　北	Hubei	96	83	7	6		93	17	61	15	
湖　南	Hunan	112	111	1			10	10			
广　东	Guangdong	77	71	3		3	92	37	1		54
广　西	Guangxi	126	123	2		1	21	17			4
海　南	Hainan	13	11	2			8	5			3
重　庆	Chongqing	20	20				59	59			
四　川	Sichuan	133	133				30	29		1	
贵　州	Guizhou	87	87				3	3			
云　南	Yunnan	153	145	3	5		7	4		3	
西　藏	Tibet	34	34				5	4		1	
陕　西	Shaanxi	77	77				5	5			
甘　肃	Gansu	95	83	12							
青　海	Qinghai	38	38				1			1	
宁　夏	Ningxia	28	28				8	8			
新　疆	Xinjiang	128	127	1			1			1	
新疆生产建设兵团	Xinjiang Production and Construction Corps	20	12	8			117		117		
长江委	Yangtze River Water Resources Commission	116	74	25	17		264	88	107	61	8
黄　委	Yellow River Water Resources Commission	117	109	8			72	42	10	2	18
珠　委	Pearl River Water Resources Commission	17				17	8				8
海　委	Haihe River Water Resources Commission	11	8	3			10	10			
松辽委	Songliao River Water Resources Commission	3	3								
淮　委	Huaihe River Water Resources Commission										
太湖局	Taihu Basin Authority	3	2			1					

注　水文站处数为水文部门管理的数量。

Note　The data of hydrological stations are under the hydrological department.

8-2 续表 continued

地区	Region	雨量站合计 Total Precipitation Station	常年 Perennial	汛期 Flood Season	水质站 Water Quality Station	蒸发站 Evaporation Station	地下水监测站 Groundwater Monitoring Station
合 计	**Total**	**17245**	**13579**	**3666**	**6535**	**12**	**12991**
北 京	Beijing	121	121		537		527
天 津	Tianjin	28	11	17	148		516
河 北	Hebei	938	705	233	233	1	905
山 西	Shanxi	804	723	81	129		780
内蒙古	Inner Mongolia	642	541	101	45		958
辽 宁	Liaoning	435	265	170	61	2	676
吉 林	Jilin	285	236	49	113	1	1285
黑龙江	Heilongjiang	626	405	221	105		1393
上 海	Shanghai	10	10		309		3
江 苏	Jiangsu	237	229	8	688		1167
浙 江	Zhejiang	492	492		688		10
安 徽	Anhui	664	630	34	340	1	184
福 建	Fujian	401	401		128	1	21
江 西	Jiangxi	2199	719	1480	272		18
山 东	Shandong	663	346	317	176		2670
河 南	Henan	1119	463	656	120		1295
湖 北	Hubei	618	614	4	217		33
湖 南	Hunan	456	456		79		
广 东	Guangdong	752	752		375	1	10
广 西	Guangxi	960	960		128		5
海 南	Hainan	175	175		10		
重 庆	Chongqing	594	594		110	2	
四 川	Sichuan	534	521	13	280		61
贵 州	Guizhou	557	557		77		
云 南	Yunnan	1151	1151		256		
西 藏	Tibet	35	35		47		21
陕 西	Shaanxi	556	423	133	33		
甘 肃	Gansu	242	242		56		185
青 海	Qinghai	85	79	6	104		30
宁 夏	Ningxia	155	125	30	41		230
新 疆	Xinjiang	9	9		213		
新疆生产建设兵团	Xinjiang Production and Construction Corps				16	1	1
长江委	Yangtze River Water Resources Commission	50	25	25	112	1	
黄 委	Yellow River Water Resources Commission	651	563	88	50	1	6
珠 委	Pearl River Water Resources Commission	1	1		103		
海 委	Haihe River Water Resources Commission						1
松辽委	Songliao River Water Resources Commission				3		
淮 委	Huaihe River Water Resources Commission						
太湖局	Taihu Basin Authority				133		

8-2 续表 continued

地区	Region	实验站合计 Total Experiment Station	径流 Runoff	蒸发 Evaporation	测验方法 Experiment Method	水库 Reservoir	地下水 Groundwater	兼水文站 Used as Hydro-logical Station Despite of Other Usage
合 计	**Total**	**57**	**21**	**16**	**1**	**2**	**17**	**15**
北 京	Beijing	1	1					1
天 津	Tianjin							
河 北	Hebei	2	1	1				
山 西	Shanxi	2					2	
内蒙古	Inner Mongolia							
辽 宁	Liaoning	3	2	1				
吉 林	Jilin	7	3	4				
黑龙江	Heilongjiang	4	3	1				3
上 海	Shanghai							
江 苏	Jiangsu	1	1					
浙 江	Zhejiang	1	1					
安 徽	Anhui	6	4	1			1	4
福 建	Fujian	1		1				
江 西	Jiangxi	1		1				1
山 东	Shandong							
河 南	Henan							
湖 北	Hubei							
湖 南	Hunan							
广 东	Guangdong	1		1				
广 西	Guangxi							
海 南	Hainan							
重 庆	Chongqing							
四 川	Sichuan							1
贵 州	Guizhou	1		1				1
云 南	Yunnan							
西 藏	Tibet	3	2	1				2
陕 西	Shaanxi							
甘 肃	Gansu							
青 海	Qinghai							
宁 夏	Ningxia							
新 疆	Xinjiang	1	1					1
新疆生产建设兵团	Xinjiang Production and Construction Corps	2		1			1	
长江委	Yangtze River Water Resources Commission	3		1			2	1
黄 委	Yellow River Water Resources Commission	10	1	1		2	6	
珠 委	Pearl River Water Resources Commission							
海 委	Haihe River Water Resources Commission							
松辽委	Songliao River Water Resources Commission							
淮 委	Huaihe River Water Resources Commission	6	1				5	
太湖局	Taihu Basin Authority	1			1			

8-2 续表 continued

地区	Region	拍报水情测站合计 Total Hydrologic Reporting Station	水文站 Hydrological Station	水位站 Gauging Station	雨量站 Precipi-tation Station	发布预报测站 Forecast Report Station	辅助断面 Supple-mentary Cross Section	固定洪调点 Fixed Flood Regulation Point	水文部门专用水文站 Hydrological Stations Only Managed by Hydrological Department	其他部门管理的水文站 Hydrological Stations Managed by Other Department
合 计	**Total**	**12786**	**2923**	**1418**	**8445**	**1005**	**1671**	**379**	**258**	**190**
北 京	Beijing	155	81		74	21			1	30
天 津	Tianjin	45	40	2	3	1				5
河 北	Hebei	624	135	7	482	50	116		21	5
山 西	Shanxi	300	70		230	2				
内蒙古	Inner Mongolia	241	131		110					
辽 宁	Liaoning	248	94	5	149	58		35	6	21
吉 林	Jilin	233	88	13	132	43				
黑龙江	Heilongjiang	607	91	40	476	81				
上 海	Shanghai	43	3	34	6	3			88	
江 苏	Jiangsu	480	332	77	71	7	23	12		
浙 江	Zhejiang	290	67	77	146	21	81		22	12
安 徽	Anhui	537	118	202	217	70	48		4	7
福 建	Fujian	209	43	47	119	47				2
江 西	Jiangxi	352	76	99	177	87	3		3	14
山 东	Shandong	495	122	11	362	60	181		15	
河 南	Henan	1241	110	141	990	43	130	50		2
湖 北	Hubei	395	130	124	141	24			5	15
湖 南	Hunan	720	112	10	598	60				
广 东	Guangdong	1473	76	197	1200		39		3	5
广 西	Guangxi	943	126	21	796	44	7		7	34
海 南	Hainan	21	13	8		7	12			
重 庆	Chongqing	113	17	9	87	24				
四 川	Sichuan	414	122	35	257	35			4	12
贵 州	Guizhou	647	86	4	557	10	2			3
云 南	Yunnan	519	120	2	397		43			
西 藏	Tibet	24	18	2	4					
陕 西	Shaanxi	432	80	11	341	35	4		5	3
甘 肃	Gansu	80	80			25	22	207		
青 海	Qinghai	35	32	1	2	14	13	31	1	
宁 夏	Ningxia	30	14		16		15	44	1	10
新 疆	Xinjiang	68	67	1		60			24	10
新疆生产建设兵团	Xinjiang Production and Construction Corps	137	20	117						
长江委	Yangtze River Water Resources Commission	196	86	85	25	57			16	
黄 委	Yellow River Water Resources Commission	409	104	25	280	12	833		19	
珠 委	Pearl River Water Resources Commission	3	3				29			
海 委	Haihe River Water Resources Commission	21	11	10		3			13	
松辽委	Songliao River Water Resources Commission	3	3							
淮 委	Huaihe River Water Resources Commission									
太湖局	Taihu Basin Authority	3	2	1		1	70			

8-2 续表 continued

地区	Region	观测项目类别 Observation Items						
		流量 Flow	水位 Water Level	水质 Water Quality	泥沙 Sediment			
					悬移质 Suspended Load	推移质 Bed Load	河床质 Bedsand	颗粒分析 Particle Analysis
合 计	**Total**	**3847**	**5083**	**6594**	**1421**	**19**	**148**	**402**
北 京	Beijing	42	42	537	16			11
天 津	Tianjin	48	71	148	20			7
河 北	Hebei	222	240	233	110			54
山 西	Shanxi	69	69	129	67			34
内蒙古	Inner Mongolia	143	166	45	86			4
辽 宁	Liaoning	97	106	61	77			34
吉 林	Jilin	130	121	113	46			
黑龙江	Heilongjiang	119	166	105	25			
上 海	Shanghai	9	60	309	1			
江 苏	Jiangsu	201	354	688	21			
浙 江	Zhejiang	218	214	688	15			
安 徽	Anhui	141	261	340	35			1
福 建	Fujian	55	97	128	28			
江 西	Jiangxi	113	144	272	30			14
山 东	Shandong	140	157	176	45			3
河 南	Henan	169	276	120	42			
湖 北	Hubei	133	251	217	18			5
湖 南	Hunan	112	122	79	29			11
广 东	Guangdong	90	184	375	22			5
广 西	Guangxi	126	147	128	40			
海 南	Hainan	25	21	10	5			
重 庆	Chongqing	20	79	110	12			
四 川	Sichuan	137	167	280	59			16
贵 州	Guizhou	87	90	77	33			
云 南	Yunnan	153	160	256	60			
西 藏	Tibet	34	39	47	12			
陕 西	Shaanxi	92	96	33	65			20
甘 肃	Gansu	129	129	66	63			14
青 海	Qinghai	51	43	104	31			1
宁 夏	Ningxia	44	36	41				
新 疆	Xinjiang	158	159	213	82			
新疆生产建设兵团	Xinjiang Production and Construction Corps	137	138	16	14	2	2	2
长江委	Yangtze River Water Resources Commission	118	382	112	71	17	24	54
黄 委	Yellow River Water Resources Commission	134	189	50	78		78	66
珠 委	Pearl River Water Resources Commission	46	54	103	44		44	44
海 委	Haihe River Water Resources Commission	31	45	49	16			
松辽委	Songliao River Water Resources Commission	3	3	3	3			2
淮 委	Huaihe River Water Resources Commission	1						
太湖局	Taihu Basin Authority	70	5	133				

8-2 续表 continued

地区	Region	观测项目类别 Observation Items							
		水温 Water Temperature	冰情 Ice Condition	比降 Gradient	地下水 Groundwater	蒸发 Evaporation	降水 Precipitation	水文调查 Hydrological Investigation	辅助气象项目 Assistant Metrological Project
合 计	**Total**	**1341**	**1062**	**1208**	**12999**	**1358**	**20264**	**1848**	**508**
北 京	Beijing	25	32	15	527	26	121	42	14
天 津	Tianjin	10	46		516	7	49	17	11
河 北	Hebei	73	107	11	905	44	1069		11
山 西	Shanxi	59	19	62	780	17	804	69	1
内蒙古	Inner Mongolia	76	105	100	958		642	109	109
辽 宁	Liaoning	50	66	74	676	40	539	101	1
吉 林	Jilin	73	79	62	1285	27	400	74	35
黑龙江	Heilongjiang	127	142	45	1393	72	770	115	88
上 海	Shanghai	11			3	14	57	10	5
江 苏	Jiangsu	7		1	1167	36	439		
浙 江	Zhejiang	33		12	10	77	628	4	3
安 徽	Anhui	32		30	184	40	787		6
福 建	Fujian	21		41	21	27	497		1
江 西	Jiangxi	27		25	20	57	2199		3
山 东	Shandong	2	89	39	2670	48	803	109	
河 南	Henan	35	19	45	1295	47	1262	130	46
湖 北	Hubei	18		44	33	40	791	611	
湖 南	Hunan	26		67		46	568		2
广 东	Guangdong			45	10	37	909	14	36
广 西	Guangxi	43		67	5	72	1103		22
海 南	Hainan	5		9		6	196	8	1
重 庆	Chongqing			4		11	673		
四 川	Sichuan	21	3	41	61	72	695		7
贵 州	Guizhou	43					557		
云 南	Yunnan	42				146	1310		
西 藏	Tibet	34	34		21	34	71		
陕 西	Shaanxi	21	6	80		53	638	34	
甘 肃	Gansu	42	74	81	185	71	330	207	34
青 海	Qinghai	17	34	23	30	37	121	44	1
宁 夏	Ningxia	5	16	15	230		175	70	
新 疆	Xinjiang	103	90	60		87	102		21
新疆生产建设兵团	Xinjiang Production and Construction Corps	20	19		1	6	8	2	5
长江委	Yangtze River Water Resources Commission	39	4	1	1	16	165		3
黄 委	Yellow River Water Resources Commission	57	67	104	6	36	763	75	26
珠 委	Pearl River Water Resources Commission						1		
海 委	Haihe River Water Resources Commission	8	8	2	1	6	18	3	6
松辽委	Songliao River Water Resources Commission	3	3	3		2	2		2
淮 委	Huaihe River Water Resources Commission				5				4
太湖局	Taihu Basin Authority	133				1	2		4

8-2 续表 continued

地区	Region	水文站测验方法 Observation Methods of Hydrological Stations					
		常年驻测 Perennial Stationary Gauging	汛期驻测 Stationary Gauging in Flood Season	全年巡测 Full-Year Tour Gauging	委托观测 Contracted Gauging	桥测 Bridge Gauging	站队结合 Measurement by both Stations and Mobile Teams
合 计	**Total**	**2338**	**365**	**463**	**50**	**315**	**1032**
北 京	Beijing	35	3	2	2	4	
天 津	Tianjin	23		5			
河 北	Hebei	112	19	1	3	27	83
山 西	Shanxi	66	3			1	
内蒙古	Inner Mongolia	115	21	1	2	26	13
辽 宁	Liaoning	86	7	4		32	72
吉 林	Jilin	54	30	23		13	107
黑龙江	Heilongjiang	85	6	28		13	
上 海	Shanghai	9					
江 苏	Jiangsu	137	16	2	2	19	131
浙 江	Zhejiang	87		3	12	6	
安 徽	Anhui	118	18	5	3	8	88
福 建	Fujian	54					
江 西	Jiangxi	82	9	3	1	9	20
山 东	Shandong	21	70	57	2	35	78
河 南	Henan	102		23	12	20	56
湖 北	Hubei	62	12	22	4	13	57
湖 南	Hunan	70	3				68
广 东	Guangdong	49	7	18		1	32
广 西	Guangxi	118	1	7			
海 南	Hainan	12	1			2	
重 庆	Chongqing	20					
四 川	Sichuan	62	58	13	4		
贵 州	Guizhou	87					
云 南	Yunnan	144		9			
西 藏	Tibet	28	2	5		6	3
陕 西	Shaanxi	55	22		1	3	43
甘 肃	Gansu	95					
青 海	Qinghai	32	2	4		3	
宁 夏	Ningxia	8	11	3			22
新 疆	Xinjiang	118	3	8	1	4	
新疆生产建设兵团	Xinjiang Production and Construction Corps	20					
长江委	Yangtze River Water Resources Commission	65	1	50			94
黄 委	Yellow River Water Resources Commission	90	40	6			46
珠 委	Pearl River Water Resources Commission	1		16			16
海 委	Haihe River Water Resources Commission	13		12	1		
松辽委	Songliao River Water Resources Commission						3
淮 委	Huaihe River Water Resources Commission						
太湖局	Taihu Basin Authority	3		133		70	

8-2 续表 continued

地区	Region	水位站测验方法 Observation Methods of Hydrological Stations				雨量站测验方法 Observation Methods of Precipitation Stations			
		委托观测 Contracted Gauging	普通自记 Self-Recording	固态存储 Solid-State Storage	自动测报 Automatic Reporting	委托观测 Contracted Gauging	普通自记 Self-Recording	固态存储 Solid-State Storage	自动测报 Automatic Reporting
合　计	**Total**	**727**	**1051**	**971**	**1788**	**14701**	**3995**	**8985**	**11225**
北　京	Beijing					79	41	121	121
天　津	Tianjin	2				28		28	
河　北	Hebei	15	2	3	7	938	410	390	646
山　西	Shanxi					735	173	381	
内蒙古	Inner Mongolia	2				537	147	84	
辽　宁	Liaoning	6	2			435	369	262	648
吉　林	Jilin	14	14			285	245	40	
黑龙江	Heilongjiang	24			35	626	6	58	450
上　海	Shanghai	8	19	60	41	4	12	55	41
江　苏	Jiangsu	77	90	18	208	232	128	86	133
浙　江	Zhejiang	84	76	76	99	516	341	398	398
安　徽	Anhui	83	148	38	163	670	342	13	498
福　建	Fujian	29	26			401	67	334	123
江　西	Jiangxi	13	58	61	107	423	51	2111	2086
山　东	Shandong	13	1	1		663	87	103	285
河　南	Henan	8	33	143	143	1119	360	930	930
湖　北	Hubei	86	4	89	89	605	80	480	480
湖　南	Hunan		31		220	456	205	35	378
广　东	Guangdong	52	9	22	179	765	1	92	901
广　西	Guangxi	2	131	131	130	960	143	1103	1103
海　南	Hainan		8			175	20	155	
重　庆	Chongqing	3			56	46	18		577
四　川	Sichuan	18	8			534	79	111	81
贵　州	Guizhou		3			557	187	87	454
云　南	Yunnan	4	129	30	27	1154	177	652	613
西　藏	Tibet					35		10	4
陕　西	Shaanxi	2		2		556	2	132	
甘　肃	Gansu					242	69	19	
青　海	Qinghai				1	85	1	76	
宁　夏	Ningxia	2			6	155	22	96	
新　疆	Xinjiang	1	81	26	38	9	42	60	1
新疆生产建设兵团	Xinjiang Production and Construction Corps		117						
长江委	Yangtze River Water Resources Commission	165		217	118	25		25	25
黄　委	Yellow River Water Resources Commission	12	31	12		651	158	440	113
珠　委	Pearl River Water Resources Commission	1		8			1	1	
海　委	Haihe River Water Resources Commission	1	30	29	29		11	15	15
松辽委	Songliao River Water Resources Commission								
淮　委	Huaihe River Water Resources Commission				30				72
太湖局	Taihu Basin Authority			5	62			2	49

主要统计指标解释

水文测站 为经常收集水文数据而在河、渠、湖、库上或流域内设立的各种水文观测场所的总称。

基本站 为公用目的，经统一规划设立，能获取基本水文要素值多年变化资料的水文测站。它应进行较长期的连续观测，资料长期存贮。

水文站 设在河、渠、湖、库上以测定水位和流量为主的水文测站，根据需要还可兼测降水、水面蒸发、泥沙、水质等有关项目。

水位站 以观测水位为主，可兼测降水量等项目的水文测站。

雨量站（降水量站） 观测降水量的水文测站。

水面蒸发站 观测水面蒸发量的水文测站。

水质站（水质监测站） 为掌握水质动态，收集和积累水质基本资料而设置的水文测站。

地下水监测站 为探求地下水运动规律，进行地下水动态观测的水文测站。

水文实验站 在天然和人为特定实验条件下，由一个或一组水文观测试验项目站点组成的专门场所。

巡测站 对部分或全部水文要素视其变化定时或不定时到现场进行测验的水文测站。

Explanatory Notes of Main Statistical Indicators

Hydrological station Hydrological station is the general term of hydrological observation places located in rivers, canals, lakes, reservoirs or inside river basins for gathering hydrological data.

Basic station Basic station is built for public purposes and designed according to unified plans to gather multi-years long series hydrological data. This kind of station carries out long time and continuous observation and stores gathered data for a long-term usage.

Hydrological station Hydrometric stations are placed in rivers, canals, lakes or reservoirs to mainly observe water level and water flow. When necessary, they are also used to observe precipitation, evaporation, sediment, water quality and other related elements.

Stage gauging station Hydrometric stations mainly observe water level, and can observe precipitation and other related data at the same time.

Rainfall station (Precipitation station) Rainfall station is used to observe the amount of precipitation.

Evaporation station Stations used to observe evaporation of water surface.

Water quality station (Water quality monitoring station) Water quality station is used to gather and accumulate basic data of water quality and dynamic condition of water quality.

Groundwater monitoring station Groundwater monitoring station is used to observe principle of groundwater movement and carry out dynamic observation of aquifer.

Hydrologic experimental station Hydrologic experimental station is specially formed by one or a series of experimental stations for hydrological observation under natural or artificial experimental conditions.

Tour hydrological station On-the-spot hydrometric stations observe all or part hydrological elements on the regular or irregular basis according to their changing situations.

9 从业人员情况

Employees

简要说明

从业人员情况统计资料主要包括水利部机关、直属单位、各省（自治区、直辖市）和计划单列市水利（水务）厅局的从业人员和技术工人情况等。

本部分资料分水利部机关和流域委员会、水利部在京直属单位、其他京外直属单位和地方水利部门。

Brief Introduction

Statistical data of this chapter presents the situation of employees of water sector, including staff and workers employed by the Ministry of Water Resources and organizations under the ministry, provinces (autonomous region and municipality) as well as planned separate cities.

The data is divided into groups of Ministry of Water Resources and river basin commission under the Ministry, affiliate organizations of the Ministry in Beijing and affiliate organizations of the Ministry out of Beijing and local water departments.

9-1 2010 年水利部直属单位从业人员

Employees of Affiliate Organizations of the Ministry of Water Resources in 2010

单　位	Institution	单位个数（个）Number of Institutions (unit)	年末人数 Number at the End of the Year					
			单位从业人员（人）Employees (person)	在岗职工 Fully Employed Staff	其他从业人员 Other Employees	女性（人）Female (person)	非全日制（人）Part-Time Workers (person)	离开本单位仍保留劳动关系的职工人数（人）Number of Staff Who are Temporarily Absent Because of Study, Disease, and Other Reasons (person)
水利部直属单位	**Affiliate Organizations Directly of the Ministry of Water Resources**	**660**	**75521**	**74242**	**1279**	**21853**	**959**	**3845**
水利部机关和流域机构	The Ministry and River Basin Commissions	539	55345	54834	511	15433	596	3193
水利部在京直属单位	Affiliate Organizations of the Ministry in Beijing	107	15442	14826	616	5104	358	567
其他京外直属单位	Affiliate Organizations of the Ministry out of Beijing	14	4734	4582	152	1316	5	85

9-1 续表 continued

单 位	Institution	平均人数 Average Number 单位从业人员（人） Employees （person）	在岗职工 Fully Employed Staff	其他从业人员 Other Employees	离开本单位仍保留劳动关系的职工（人） Staff Who are Temporarily Absent Because of Study, Disease, and Other Reasons (person)
水利部直属单位	**Affiliate Organizations Directly of the Ministry of Water Resources**	**75300**	**74036**	**1265**	**3951**
水利部机关和流域机构	The Ministry and River Besin Commissions	55330	54819	511	3268
水利部在京直属单位	Affiliate Organizations of the Ministry in Beijing	15274	14670	604	597
其他京外直属单位	Affiliate Organizations of the Ministry out of Beijing	4697	4547	150	86

9-1 续表 continued

单　位	Institution	单位劳务派遣用工情况 Labor Dispatching Employment		
		本单位使用的劳务派遣工年末人数（人）Number of Dispatched Probationary Employee（person）	#已统计在本单位从业人员中的人数 Number of Employee Included in the Statistics	本单位试用的劳务派遣工全年平均人数（人）Average Number of Probationary Employee Dispatching to Other Organization（person）
水利部直属单位	**Affiliate Organizations Directly of the Ministry of Water Resources**	**2870**	**629**	**2496**
水利部机关和流域机构	The Ministry and River Basin Commissions	2039	241	1778
水利部在京直属单位	Affiliate Organizations of the Ministry in Beijing	184	25	172
其他京外直属单位	Affiliate Organizations of the Ministry out of Beijing	647	363	546

9-2 2010年地方水利部门从业人员
Employees of Local Water Departments in 2010

单位	Institution	单位个数（个）Number of Institutions (unit)	单位从业人员年末人数（人）Employees at the End of the Year (person)	#女性 Female	在岗职工 Fully Employed Staff	其他从业人员 Other Employees	离开本单位仍保留劳动关系的职工（人）Staff Who are Temporarily Absent because of Study, Disease, and Other Reasons (person)
地方水利部门	**Local water departments**	**40671**	**990770**	**286881**	**962661**	**28109**	**46654**
北京市水务局	Beijing Water Authority	279	11204	3621	11112	92	90
天津市水务局	Tianjin Water Authority	220	10515	2822	10447	68	13
河北省水利厅	Hebei Provincial Water Resources Department	1651	52688	16764	52648	40	1684
山西省水利厅	Shanxi Provincial Water Resources Department	1928	41032	12001	40633	399	608
内蒙古自治区水利厅	Water Resources Department of Inner Mongolia Autonomous Region	933	31020	9841	30927	93	762
辽宁省水利厅	Liaoning Provincial Water Resources Department	1388	31272	9585	30676	596	1450
吉林省水利厅	Jilin Provincial Water Resources Department	1425	30802	9170	30800	2	3441
黑龙江省水利厅	Heilongjiang Provincial Water Resources Department	1344	36366	10188	34791	1575	1889
上海市水务局	Shanghai Water Authority	149	4300	899	4237	63	1
江苏省水利厅	Jiangsu Provincial Water Resources Department	2393	37006	9019	36707	299	752
浙江省水利厅	Zhejiang Provincial Water Resources Department	1532	32535	7116	32315	220	387
安徽省水利厅	Anhui Provincial Water Resources Department	1558	35855	9166	35236	619	1120
福建省水利厅	Fujian Provincial Water Resources Department	919	18684	5098	18684		244
江西省水利厅	Jiangxi Provincial Water Resources Department	1260	23651	5744	23046	605	1157
山东省水利厅	Shandong Provincial Water Resources Department	2683	54347	15408	53636	711	2452
河南省水利厅	Henan Provincial Water Resources Department	1801	64339	20822	63991	348	2709
湖北省水利厅	Hubei Provincial Water Resources Department	1785	46454	13876	44531	1923	6147
湖南省水利厅	Hunan Provincial Water Resources Department	2324	60666	18296	56974	3692	11931
广东省水利厅	Guangdong Provincial Water Resources Department	2052	55271	15321	54044	1227	2437
广西壮族自治区水利厅	Water Resources Department of Guangxi Zhuang Autonomous Region	1727	56431	16379	46025	10406	3369
海南省水务厅	Hainan Water Authority	192	9825	2960	9370	455	567
重庆市水利局	Chongqing Water Resources Bureau	737	16064	4749	15756	308	402
四川省水利厅	Sichuan Provincial Water Resources Department	2146	44467	13682	43506	961	888
贵州省水利厅	Guizhou Provincial Water Resources Department	1463	15475	4422	15011	464	415
云南省水利厅	Yunnan Provincial Water Resources Department	2099	23522	6398	23392	130	52
西藏自治区水利厅	Water Resources Department of Tibet Autonomous Region	161	2458	704	2179	279	
陕西省水利厅	Shaanxi Provincial Water Resources Department	1659	49030	15234	49030		235
甘肃省水利厅	Gansu Provincial Water Resources Department	993	30831	8870	30511	320	353
青海省水利厅	Qinghai Provincial Water Resources Department	355	7632	2171	7218	414	181
宁夏回族自治区水利厅	Water Resources Department of Ningxia Hui Autonomous Region	266	10704	3098	10661	43	17
新疆维吾尔自治区水利厅	Water Resources Department of Xinjiang Uygur Autonomous Region	704	30348	9235	29354	994	69
大连市水务局	Dalian Water Authority	116	6642	1786	6224	418	600
宁波市水利局	Ningbo Water Resources Bureau	146	2174	448	2029	145	104
厦门市水利局	Xiamen Water Resources Bureau	34	423	80	423		
青岛市水利局	Qingdao Water Resources Bureau	181	4794	1429	4789	5	128
深圳市水务局	Shenzhen Water Authority	68	1943	479	1748	195	

9-2　续表 continued

单　　位	Institution	单位从业人员平均人数（人）Average of Employees of Each Institution (person)	#在岗职工 Fully Employed Staff	离开本单位仍保留劳动关系的职工平均人数（人）Average Number of Staff Who are Temporarily Absent because of Study, Disease, and Other Reasons (person)
地方水利部门	**Local water departments**	**993955**	**959812**	**51930**
北京市水务局	Beijing Water Authority	11844	11744	122
天津市水务局	Tianjin Water Authority	10596	10532	12
河北省水利厅	Hebei Provincial Water Resources Department	52554	52448	1910
山西省水利厅	Shanxi Provincial Water Resources Department	40067	39623	598
内蒙古自治区水利厅	Water Resources Department of Inner Mongolia Autonomous Region	30927	30927	762
辽宁省水利厅	Liaoning Provincial Water Resources Department	31329	30389	1459
吉林省水利厅	Jilin Provincial Water Resources Department	30964	30962	3454
黑龙江省水利厅	Heilongjiang Provincial Water Resources Department	37957	36379	1897
上海市水务局	Shanghai Water Authority	4239	4186	2
江苏省水利厅	Jiangsu Provincial Water Resources Department	37041	36691	744
浙江省水利厅	Zhejiang Provincial Water Resources Department	32227	31873	262
安徽省水利厅	Anhui Provincial Water Resources Department	35708	34931	1121
福建省水利厅	Fujian Provincial Water Resources Department	18612	18492	250
江西省水利厅	Jiangxi Provincial Water Resources Department	23640	22978	1214
山东省水利厅	Shandong Provincial Water Resources Department	54148	53432	2591
河南省水利厅	Henan Provincial Water Resources Department	64884	64365	2522
湖北省水利厅	Hubei Provincial Water Resources Department	46770	44622	6497
湖南省水利厅	Hunan Provincial Water Resources Department	61038	55611	11337
广东省水利厅	Guangdong Provincial Water Resources Department	56635	53474	2666
广西壮族自治区水利厅	Water Resources Department of Guangxi Zhuang Autonomous Region	56160	45638	3444
海南省水务厅	Hainan Water Authority	9747	9318	481
重庆市水利局	Chongqing Water Resources Bureau	15376	15119	344
四川省水利厅	Sichuan Provincial Water Resources Department	45655	44569	1535
贵州省水利厅	Guizhou Provincial Water Resources Department	15469	14869	4979
云南省水利厅	Yunnan Provincial Water Resources Department	23493	23352	51
西藏自治区水利厅	Water Resources Department of Tibet Autonomous Region	2458	2179	
陕西省水利厅	Shaanxi Provincial Water Resources Department	49030	49030	235
甘肃省水利厅	Gansu Provincial Water Resources Department	30782	29957	353
青海省水利厅	Qinghai Provincial Water Resources Department	7965	7482	141
宁夏回族自治区水利厅	Water Resources Department of Ningxia Hui Autonomous Region	10521	10362	17
新疆维吾尔自治区水利厅	Water Resources Department of Xinjiang Uygur Autonomous Region	30325	29362	102
大连市水务局	Dalian Water Authority	6695	6140	599
宁波市水利局	Ningbo Water Resources Bureau	2148	2011	101
厦门市水利局	Xiamen Water Resources Bureau	428	425	
青岛市水利局	Qingdao Water Resources Bureau	4589	4583	128
深圳市水务局	Shenzhen Water Authority	1934	1758	

9-3 2010年水利部直属单位技术工人结构

Statistics of Skilled Workers of Affiliate Organizations of the Ministry of Water Resources in 2010

单位	Institution	合计（人） Total (person)	无等级（人） Non-Graded Workers (person)	初级工（人） Elementary Workers (person)	#获证人数 with Certificate	#当年获证 Getting Certificate of the Year
水利部直属单位	**Affiliate Organizations Directly of the Ministry of Water Resources**	**34933**	**4820**	**4160**	**3240**	**237**
水利部机关和流域机构	The Ministry and River Basin Commissions	26369	1788	2869	2533	189
水利部在京直属单位	Affiliate Organizations of the Ministry in Beijing	6667	2162	1126	543	48
其他京外直属单位	Affiliate Organizations of the Ministry out of Beijing	1897	870	165	164	

9-3 续表 continued

单 位	Institution	中级工（人）Intermediate Workers (person)	#获证人数（人）with Certificate（person）	#当年获证 Getting Certificate of the Year	高级工（人）Senior Workers (person)	#获证人数 with Certificate	#当年获证 Getting Certificate of the Year
水利部直属单位	**Affiliate Organizations Directly of the Ministry of Water Resources**	**5518**	**5007**	**123**	**14540**	**14346**	**341**
水利部机关和流域机构	The Ministry and River Basin Commissions	3786	3779	118	12762	12756	259
水利部在京直属单位	Affiliate Organizations of the Ministry in Beijing	1398	894	4	1369	1181	71
其他京外直属单位	Affiliate Organizations of the Ministry out of Beijing	334	334	1	409	409	11

9-3 续表 continued

单　位	Institution	技师（人）Technician (person)	#获证人数 with Certificate	#当年获证 Getting Certificate of the Year	高级技师（人）Senior Technician (person)	#获证人数 with Certificate	#当年获证 Getting Certificate of the Year
水利部直属单位	**Affiliate Organizations Directly of the Ministry of Water Resources**	**5400**	**5357**	**637**	**495**	**493**	**79**
水利部机关和流域机构	The Ministry and River Basin Commissions	4762	4754	595	402	402	65
水利部在京直属单位	Affiliate Organizations of the Ministry in Beijing	531	496	41	81	79	14
其他京外直属单位	Affiliate Organizations of the Ministry out of Beijing	107	107	1	12	12	

9-4 2010 年地方水利部门技术工人结构

Statistics of Skilled Workers of Local Water Departments in 2010

单 位	Institution	合计（人）Total (person)	无等级（人）Non-Graded Workers (person)	初级工（人）Elementary Workers (person)	#获证人数 with Certificate	#当年获证 Getting Certificate of the Year
地方水利部门	**Local water departments**	**533114**	**111882**	**96603**	**84576**	**3023**
北京市水务局	Beijing Water Authority	3304	427	575	454	7
天津市水务局	Tianjin Water Authority	5147	72	392	392	7
河北省水利厅	Hebei Provincial Water Resources Department	31484	4880	5132	4720	
山西省水利厅	Shanxi Provincial Water Resources Department	21624	4344	6089	4286	76
内蒙古自治区水利厅	Water Resources Department of Inner Mongolia Autonomous Region	20153	8728	1324	1324	
辽宁省水利厅	Liaoning Provincial Water Resources Department	15147	2566	2698	2645	56
吉林省水利厅	Jilin Provincial Water Resources Department	16074	6594	4080	3065	201
黑龙江省水利厅	Heilongjiang Provincial Water Resources Department	16355	8811	1151	1121	24
上海市水务局	Shanghai Water Authority	1807	406	429	399	4
江苏省水利厅	Jiangsu Provincial Water Resources Department	19668	1517	4240	2782	204
浙江省水利厅	Zhejiang Provincial Water Resources Department	7378	2205	478	465	35
安徽省水利厅	Anhui Provincial Water Resources Department	20712	1976	4002	2955	54
福建省水利厅	Fujian Provincial Water Resources Department	10679	2921	2041	1979	13
江西省水利厅	Jiangxi Provincial Water Resources Department	13808	2266	2515	2337	37
山东省水利厅	Shandong Provincial Water Resources Department	21460	7321	3121	2979	100
河南省水利厅	Henan Provincial Water Resources Department	40951	1947	7515	7079	420
湖北省水利厅	Hubei Provincial Water Resources Department	27700	2775	5375	5116	81
湖南省水利厅	Hunan Provincial Water Resources Department	42343	4857	10351	8752	334
广东省水利厅	Guangdong Provincial Water Resources Department	35672	15041	6201	6023	196
广西壮族自治区水利厅	Water Resources Department of Guangxi Zhuang Autonomous Region	36031	7239	6156	5146	239
海南省水务厅	Hainan Water Authority	7301	4907	1146	1109	14
重庆市水利局	Chongqing Water Resources Bureau	5647	1253	1387	1343	70
四川省水利厅	Sichuan Provincial Water Resources Department	21622	4448	2648	2444	113
贵州省水利厅	Guizhou Provincial Water Resources Department	5359	1981	914	821	23
云南省水利厅	Yunnan Provincial Water Resources Department	9605		1840	1025	13
西藏自治区水利厅	Water Resources Department of Tibet Autonomous Region	552	205	62	57	11
陕西省水利厅	Shaanxi Provincial Water Resources Department	28276	2576	5417	5218	369
甘肃省水利厅	Gansu Provincial Water Resources Department	16802	2000	3674	3464	164
青海省水利厅	Qinghai Provincial Water Resources Department	2727	235	738	735	2
宁夏回族自治区水利厅	Water Resources Department of Ningxia Hui Autonomous Region	5181	1009	709	519	68
新疆维吾尔自治区水利厅	Water Resources Department of Xinjiang Uygur Autonomous Region	14594	2499	3190	2917	73
大连市水务局	Dalian Water Authority	4345	2936	177	167	
宁波市水利局	Ningbo Water Resources Bureau	711	244	65	48	1
厦门市水利局	Xiamen Water Resources Bureau	204		7	7	
青岛市水利局	Qingdao Water Resources Bureau	1969	554	518	490	8
深圳市水务局	Shenzhen Water Authority	722	142	246	193	6

9-4 续表 continued

单 位	Institution	中级工（人）Intermediate Workers (person)	#获证人数（人）with Certificate（person）	#当年获证 Getting Certificate of the Year	高级工（人）Senior Workers (person)	#获证人数 with Certificate	#当年获证 Getting Certificate of the Year
地方水利部门	**Local water departments**	**138556**	**130486**	**6628**	**159985**	**155119**	**8948**
北京市水务局	Beijing Water Authority	1427	1421	36	875	868	22
天津市水务局	Tianjin Water Authority	1006	1005	39	3657	3657	95
河北省水利厅	Hebei Provincial Water Resources Department	6902	6902		10958	10958	
山西省水利厅	Shanxi Provincial Water Resources Department	5541	4387	207	3798	3424	441
内蒙古自治区水利厅	Water Resources Department of Inner Mongolia Autonomous Region	1333	1332		4935	4935	8
辽宁省水利厅	Liaoning Provincial Water Resources Department	4046	3991	104	5595	5381	311
吉林省水利厅	Jilin Provincial Water Resources Department	3204	2727	287	1756	1756	201
黑龙江省水利厅	Heilongjiang Provincial Water Resources Department	2139	2026	100	2596	2457	208
上海市水务局	Shanghai Water Authority	761	753	5	195	188	3
江苏省水利厅	Jiangsu Provincial Water Resources Department	6763	4610	245	6613	6484	412
浙江省水利厅	Zhejiang Provincial Water Resources Department	1002	1002	32	2380	2380	84
安徽省水利厅	Anhui Provincial Water Resources Department	5564	5204	455	8962	8569	611
福建省水利厅	Fujian Provincial Water Resources Department	2756	2663	34	2729	2622	30
江西省水利厅	Jiangxi Provincial Water Resources Department	3852	3783	108	4476	4360	192
山东省水利厅	Shandong Provincial Water Resources Department	5010	4899	102	5680	5579	99
河南省水利厅	Henan Provincial Water Resources Department	12421	12137	876	18336	17704	1303
湖北省水利厅	Hubei Provincial Water Resources Department	6193	6042	398	9179	8988	681
湖南省水利厅	Hunan Provincial Water Resources Department	14029	13567	964	12439	11735	994
广东省水利厅	Guangdong Provincial Water Resources Department	7542	6908	267	6733	6507	304
广西壮族自治区水利厅	Water Resources Department of Guangxi Zhuang Autonomous Region	10872	9903	618	10581	10106	960
海南省水务厅	Hainan Water Authority	738	737	10	484	479	6
重庆市水利局	Chongqing Water Resources Bureau	1813	1780	107	998	927	51
四川省水利厅	Sichuan Provincial Water Resources Department	5822	5676	387	7415	7168	720
贵州省水利厅	Guizhou Provincial Water Resources Department	1380	1302	63	1048	890	43
云南省水利厅	Yunnan Provincial Water Resources Department	2643	2616	90	4787	4585	189
西藏自治区水利厅	Water Resources Department of Tibet Autonomous Region	76	69	5	192	159	2
陕西省水利厅	Shaanxi Provincial Water Resources Department	9996	9811	562	9462	9350	338
甘肃省水利厅	Gansu Provincial Water Resources Department	6078	5875	261	4950	4867	161
青海省水利厅	Qinghai Provincial Water Resources Department	715	715	12	872	871	52
宁夏回族自治区水利厅	Water Resources Department of Ningxia Hui Autonomous Region	1722	1586	98	1186	1128	142
新疆维吾尔自治区水利厅	Water Resources Department of Xinjiang Uygur Autonomous Region	3712	3669	124	4801	4761	171
大连市水务局	Dalian Water Authority	501	501		673	672	92
宁波市水利局	Ningbo Water Resources Bureau	76	67		177	167	3
厦门市水利局	Xiamen Water Resources Bureau	49	49	2	136	136	1
青岛市水利局	Qingdao Water Resources Bureau	625	609	27	260	252	18
深圳市水务局	Shenzhen Water Authority	247	162	3	71	49	

9-4 续表 continued

单位	Institution	技师（人）Technician (person)	#获证人数 with Certificate	#当年获证 Getting Certificate of the Year	高级技师（人）Senior Technician (person)	#获证人数 with Certificate	#当年获证 Getting Certificate of the Year
地方水利部门	**Local water departments**	**25210**	**24586**	**2046**	**878**	**834**	**91**
北京市水务局	Beijing Water Authority						
天津市水务局	Tianjin Water Authority	20	20	2			
河北省水利厅	Hebei Provincial Water Resources Department	3606	3606		6	6	
山西省水利厅	Shanxi Provincial Water Resources Department	1851	1745	200	1	1	1
内蒙古自治区水利厅	Water Resources Department of Inner Mongolia Autonomous Region	3481	3481		352	352	
辽宁省水利厅	Liaoning Provincial Water Resources Department	240	222	24	2	2	
吉林省水利厅	Jilin Provincial Water Resources Department	425	425	55	15	15	4
黑龙江省水利厅	Heilongjiang Provincial Water Resources Department	1647	1640	102	11	10	1
上海市水务局	Shanghai Water Authority	16	13				
江苏省水利厅	Jiangsu Provincial Water Resources Department	518	505	56	17	17	1
浙江省水利厅	Zhejiang Provincial Water Resources Department	1244	1243	107	69	61	21
安徽省水利厅	Anhui Provincial Water Resources Department	208	201	26			
福建省水利厅	Fujian Provincial Water Resources Department	228	219	7	4	4	3
江西省水利厅	Jiangxi Provincial Water Resources Department	693	682	27	6	6	
山东省水利厅	Shandong Provincial Water Resources Department	313	313	9	15	15	
河南省水利厅	Henan Provincial Water Resources Department	732	729	153			
湖北省水利厅	Hubei Provincial Water Resources Department	4057	3892	506	121	121	28
湖南省水利厅	Hunan Provincial Water Resources Department	574	566		93	92	6
广东省水利厅	Guangdong Provincial Water Resources Department	145	139	8	10	7	
广西壮族自治区水利厅	Water Resources Department of Guangxi Zhuang Autonomous Region	1146	939	86	37	36	2
海南省水务厅	Hainan Water Authority	25	25		1	1	
重庆市水利局	Chongqing Water Resources Bureau	157	157	21	39	14	3
四川省水利厅	Sichuan Provincial Water Resources Department	1259	1239	300	30	28	16
贵州省水利厅	Guizhou Provincial Water Resources Department	36	36	7			
云南省水利厅	Yunnan Provincial Water Resources Department	333	328	30	2	2	
西藏自治区水利厅	Water Resources Department of Tibet Autonomous Region	17	17	5			
陕西省水利厅	Shaanxi Provincial Water Resources Department	825	822	12			
甘肃省水利厅	Gansu Provincial Water Resources Department	99	99	47	1	1	
青海省水利厅	Qinghai Provincial Water Resources Department	165	165	69	2	2	2
宁夏回族自治区水利厅	Water Resources Department of Ningxia Hui Autonomous Region	555	537	129			
新疆维吾尔自治区水利厅	Water Resources Department of Xinjiang Uygur Autonomous Region	368	368	32	24	24	1
大连市水务局	Dalian Water Authority	53	53		5	5	
宁波市水利局	Ningbo Water Resources Bureau	140	131	26	9	9	2
厦门市水利局	Xiamen Water Resources Bureau	11	11		1	1	
青岛市水利局	Qingdao Water Resources Bureau	12	12				
深圳市水务局	Shenzhen Water Authority	11	6		5	2	

主要统计指标解释

从业人员 指在各级国家机关、政党、社会团体及企业、事业单位中工作，取得工资或其他形式的劳动报酬的全部人员，包括：在岗职工、再就业的离退休人员、民办教师以及在各单位中工作的外方人员和港澳台方人员、兼职人员、借用的外单位人员和第二职业者。不包括离开本单位仍保留劳动关系的职工。

Explanatory Notes of Main Statistical Indicators

Employees Total staff work in governmental agencies, party and administration organizations, social groups, enterprises and non-governmental organizations at all levels, and obtain paid salaries or other types of labor remuneration, who are on-post employment, re-employed retirees, rural school teachers, hired staff and workers from other countries, Hong Kong, Macao and Taiwan, part-time staff and workers, borrowed staff and second-job staff and workers, and staff and workers who are temporarily absent because of study, disease, and other reasons are excluded.